高等院

The Economics of Taxation

税收经济学

基础理论与研究前沿

华锦阳 ◎ 编著

上海财经大学出版社
上海学术·经济学出版中心

图书在版编目(CIP)数据

税收经济学：基础理论与研究前沿 / 华锦阳编著. --上海：上海财经大学出版社,2024.11
高等院校经济管理类课程教材
ISBN 978-7-5642-4352-4/F.4352

Ⅰ.①税… Ⅱ.①华… Ⅲ.①税收理论-高等学校-教材 Ⅳ.①F810.42

中国国家版本馆 CIP 数据核字(2024)第 065989 号

本书受上海财经大学研究生重点课程建设项目资助

□ 责任编辑　施春杰
□ 封面设计　贺加贝

税收经济学
基础理论与研究前沿
华锦阳　编著

上海财经大学出版社出版发行
(上海市中山北一路 369 号　邮编 200083)
网　　址:http://www.sufep.com
电子邮箱:webmaster @ sufep.com
全国新华书店经销
上海景条印刷有限公司印刷装订
2024 年 11 月第 1 版　2024 年 11 月第 1 次印刷

787mm×1092mm　1/16　12.75 印张　310 千字
定价:49.00 元

前　言

党的二十大报告指出,要完善税收制度,加大税收的调节力度,规范收入分配秩序。税收作为国家调节宏观经济和收入分配的重要手段,在未来必将继续发挥重要作用。

本书定位于税收经济学的研究性学习教材用书,以基础性、典型性和系统性为原则选取知识点构建税收经济学知识体系。

全书分为基础篇、标准分析框架篇、专题分析篇三篇,其中:基础篇包括税收经济学研学导论、税收的职能和原则、税种与税负三章;标准分析框架篇是传统税收经济学的经典内容,包括税负转嫁与归宿、税收的微观经济效应、税收的宏观经济效应、最优税收理论四章;专题分析篇包括税制结构及其改革的经济分析、税收竞争的经济分析、税收征管的经济分析、税收的行为经济学分析四章。各章的内容编排遵循"基础知识＋专题研究"的思路,在介绍基本理论的基础上,通过专题研究的方式深化和拓展,其中专题研究部分通过"专题""论文概览"和"拓展资料"(用二维码形式呈现)三种学习资料开展研究性学习。

本书适合税收学、财政学专业的本科生和研究生,以及非全日制税务、公共管理等专业硕士学习使用,也可供税务干部、企业税务管理人员、科研院所研究人员及其他感兴趣的读者自学参考,学习者可以根据各自的具体情况对教材内容进行选择使用。

本书在编撰过程中学习、引用了国内外许多专家学者的研究成果,无法将相关作者一一列出,在此一并表示感谢,并对在税收领域辛苦耕耘的学者们表示由衷敬意。由于本书涉及面较广,部分属于研究性质,加之作者水平有限,很多内容可能不够成熟,只作抛砖引玉之用,不足之处,恳请读者给予批评指正,以便继续改进完善。

作　者
2024 年 6 月

目 录

PART 1 基 础 篇

第一章 税收经济学研学导论 ········· 3
　名人名言 ········· 3
　教学目标 ········· 3
　第一节 税收经济学的研究对象和内容 ········· 3
　　一、征税的依据 ········· 3
　　二、征税的范围 ········· 3
　　三、征税的形式 ········· 4
　　四、征税的过程 ········· 4
　第二节 税收经济学的学科内涵和边界 ········· 4
　　一、税收经济学与经济学 ········· 4
　　二、税收经济学与财政学 ········· 4
　　三、税收经济学与政治学 ········· 5
　　　专题1-1 什么是公共选择理论 ········· 5
　　四、税收经济学与法学 ········· 8
　　五、税收经济学与税收管理学 ········· 8
　　　专题1-2 经济学和管理学范式的区别何在？ ········· 8
　第三节 税收经济学的研究方法 ········· 11
　　一、规范分析与实证分析相结合 ········· 11
　　二、理论分析与经验分析相结合 ········· 12
　　三、案例分析与计量分析相结合 ········· 12
　　四、横向与纵向比较分析 ········· 12
　　五、实验分析方法 ········· 13
　第四节 研习税收经济学需注意的问题 ········· 13

一、研究方法方面 ··· 13
　　　专题1-3　实证经济研究中"致命的自负" ·· 14
　　二、研究定位和立场方面 ··· 14
课程思政 ··· 15
本章小结 ··· 15
复习思考题 ··· 15

第二章　税收的职能和原则 ··· 16
名人名言 ··· 16
教学目标 ··· 16
第一节　税收存在的逻辑起点 ·· 16
　　一、什么是税收 ··· 16
　　二、为什么需要有税收 ··· 17
　　三、为什么可以有税收 ··· 19
第二节　税收的基本职能 ·· 19
　　一、筹集财政收入职能 ··· 19
　　　专题2-1　货币发行收入：铸币税与通胀税 ·· 20
　　二、调节收入分配职能 ··· 22
　　三、调控经济职能 ··· 22
　　　专题2-2　我国税收职能的演变 ··· 23
第三节　税收的基本原则 ·· 24
　　一、税收的财政原则 ··· 25
　　论文概览2-1　新房产税的充分性测算 ··· 26
　　　专题2-3　税收收入应"量入为出"还是"量出制入" ······························ 26
　　二、税收的公平原则 ··· 28
　　　专题2-4　税收优惠是否违背税收公平原则？ ·· 29
　　三、税收的效率原则 ··· 30
　　　专题2-5　为何我国征税成本远高于发达国家？ ····································· 31
　　　专题2-6　税收效率的多维框架 ··· 32
课程思政 ··· 33
本章小结 ··· 33
复习思考题 ··· 33

第三章　税种与税负 ··· 34
名人名言 ··· 34

教学目标 ……………………………………………………………………… 34
　第一节　税种的类型与变化 ……………………………………………………… 34
　　　一、税种的基本类型 ………………………………………………………… 34
　　　二、税种的变化和演变 ……………………………………………………… 36
　第二节　税负的分类和衡量 ……………………………………………………… 40
　　　一、税负的分类 ……………………………………………………………… 40
　　　论文概览3-1　税收任务、策略性征管与企业实际税负 ………………… 41
　　　专题3-1　税收幻觉的影响因素 …………………………………………… 42
　　　二、税负水平的衡量 ………………………………………………………… 42
　　　专题3-2　为何我国宏观税负与微观税负存在不一致？ ………………… 45
　　　三、我国的宏观税负率 ……………………………………………………… 45
　第三节　宏观税负水平的影响因素 ……………………………………………… 47
　　　一、经济因素 ………………………………………………………………… 47
　　　专题3-3　瓦格纳法则 ……………………………………………………… 48
　　　二、宏观政策因素 …………………………………………………………… 49
　　　论文概览3-2　宏观税负水平和政府履职必要成本 ……………………… 50
　　　三、税收制度因素 …………………………………………………………… 50
　　　四、征管因素 ………………………………………………………………… 51
　　　专题3-4　税负粘性研究 …………………………………………………… 51
　课程思政 …………………………………………………………………………… 52
　本章小结 …………………………………………………………………………… 52
　复习思考题 ………………………………………………………………………… 52

PART 2　标准分析框架篇

第四章　税负转嫁与归宿 …………………………………………………………… 57
　名人名言 …………………………………………………………………………… 57
　教学目标 …………………………………………………………………………… 57
　第一节　税负转嫁与归宿概述 …………………………………………………… 57
　　　一、税负转嫁与归宿的概念 ………………………………………………… 57
　　　二、税负转嫁的方式 ………………………………………………………… 58
　　　三、税负转嫁的影响效应 …………………………………………………… 58
　　　专题4-1　税负转嫁涉及的主体类型及其研究方法 ……………………… 59
　第二节　税负转嫁与归宿的局部均衡分析 ……………………………………… 59
　　　一、税负转嫁与归宿的过程机理 …………………………………………… 59

二、税负转嫁的条件和影响因素 …………………………………… 60
三、税负转嫁能力的测量 ………………………………………… 61
论文概览 4-1 增值税非税收中性？基于可抵扣范围与税负转嫁能力的分析框架 …………………………………………… 62
第三节 税负转嫁与归宿的一般均衡分析 …………………………… 62
一、税负归宿一般均衡分析的早期模型 ………………………… 63
二、税负归宿一般均衡模型的发展 ……………………………… 63
论文概览 4-2 中国间接税税负归宿测算 ………………………… 64
专题 4-2 关于增值税转嫁情况的国内外实证研究 ……………… 64
课程思政 …………………………………………………………………… 65
本章小结 …………………………………………………………………… 66
复习思考题 ………………………………………………………………… 66

第五章 税收的微观经济效应 …………………………………………… 67
名人名言 …………………………………………………………………… 67
教学目标 …………………………………………………………………… 67
第一节 税收对劳动供给的影响 ……………………………………… 67
一、税收影响劳动供给的理论机制 ……………………………… 67
二、税收影响劳动供给的实证研究 ……………………………… 68
第二节 税收对家庭储蓄的影响 ……………………………………… 69
一、税收对家庭储蓄的影响机制 ………………………………… 69
二、不同税率形式对家庭储蓄行为的影响 ……………………… 70
三、不同税种对家庭储蓄行为的影响 …………………………… 70
四、税收对家庭储蓄影响效应的综合评价 ……………………… 71
专题 5-1 税收优惠与养老保险 ……………………………………… 72
第三节 税收对私人投资的影响 ……………………………………… 73
一、税收对投资收益和投资成本的影响 ………………………… 74
二、税收对资产组合和投资风险的影响 ………………………… 74
三、税收优惠待遇对资产价格的影响 …………………………… 75
第四节 税收对技术进步的影响 ……………………………………… 76
一、税收优惠对企业技术创新投入的激励 ……………………… 76
论文概览 5-1 中国研发加计扣除税收政策的效果评估 ………… 78
二、税收对人力资本投资的影响 ………………………………… 78
论文概览 5-2 税收政策激励与企业人力资本升级 ……………… 79
课程思政 …………………………………………………………………… 79

本章小结 ……………………………………………………………………………… 80
　　复习思考题 …………………………………………………………………………… 80

第六章　税收的宏观经济效应 …………………………………………………………… 81
　　名人名言 ……………………………………………………………………………… 81
　　教学目标 ……………………………………………………………………………… 81
　　第一节　税收与经济增长 …………………………………………………………… 81
　　　　一、税收乘数与政府支出乘数 ………………………………………………… 81
　　　　专题6-1　收入估计中的"恒定GDP"假设问题 …………………………… 82
　　　　二、平衡预算原理 ……………………………………………………………… 82
　　第二节　税收与经济稳定 …………………………………………………………… 83
　　　　一、税收稳定经济的方式 ……………………………………………………… 83
　　　　二、税收稳定经济的机制 ……………………………………………………… 84
　　　　专题6-2　硬币的另一面：税收对稳定可能的负效应 ……………………… 86
　　　　三、税收对经济周期的作用理论 ……………………………………………… 88
　　　　论文概览6-1　周期性下滑还是结构性拐点？ ……………………………… 90
　　　　论文概览6-2　中国非税收入的顺周期 ……………………………………… 90
　　第三节　税收与收入分配公平 ……………………………………………………… 90
　　　　一、收入分配理论基础 ………………………………………………………… 91
　　　　二、税收对收入分配的影响机制 ……………………………………………… 91
　　　　专题6-3　负所得税与收入分配 ……………………………………………… 92
　　　　三、税收收入分配效应的评价指标 …………………………………………… 94
　　课程思政 ……………………………………………………………………………… 95
　　本章小结 ……………………………………………………………………………… 95
　　复习思考题 …………………………………………………………………………… 96

第七章　最优税收理论 …………………………………………………………………… 97
　　名人名言 ……………………………………………………………………………… 97
　　教学目标 ……………………………………………………………………………… 97
　　第一节　标准最优税收理论 ………………………………………………………… 97
　　　　一、标准理论概述 ……………………………………………………………… 97
　　　　二、最优商品税理论 …………………………………………………………… 98
　　　　三、最优所得税理论 …………………………………………………………… 100
　　　　四、最优混合税理论 …………………………………………………………… 102
　　第二节　供给学派的最优税收理论 ………………………………………………… 104

　　　　一、供给学派主要观点 …………………………………………………………… 104
　　　　二、供给学派最优理论总结 ……………………………………………………… 104
　　　　专题 7-1　影响"拉弗曲线"形态的因素 ……………………………………… 105
　第三节　公共选择学派的最优税收理论 …………………………………………………… 106
　　　　一、公共选择理论对政府目标和税收福利成本的解说 ………………………… 106
　　　　二、公共选择理论对最优商品税的解说 ………………………………………… 107
　　　　专题 7-2　政治成本使得税收更有效率还是更无效率？ …………………… 107
　　　　三、公共选择理论对最优所得课税的解说 ……………………………………… 108
　　　　四、公共选择学派最优税收理论的贡献 ………………………………………… 108
　第四节　征管视角的最优税收理论 ………………………………………………………… 109
　　　　一、考虑税收的征管成本 ………………………………………………………… 109
　　　　专题 7-3　征管视角下如何调整标准最优税收法则？ ……………………… 109
　　　　二、考虑税种的可管理性 ………………………………………………………… 110
　　　　三、最优税收体系理论的提出 …………………………………………………… 110
　第五节　引入不确定性的最优税收理论 …………………………………………………… 111
　　　　一、不确定性的含义 ……………………………………………………………… 111
　　　　二、最优税收理论研究引入不确定性的必要性 ………………………………… 111
　　　　三、引入不确定性的分析思路 …………………………………………………… 112
　　　　四、现阶段引入不确定性的基本研究内容 ……………………………………… 112
　课程思政 ……………………………………………………………………………………… 113
　本章小结 ……………………………………………………………………………………… 113
　复习思考题 …………………………………………………………………………………… 114

PART 3　专题分析篇

第八章　税制结构及其改革的经济分析 …………………………………………………… 117
　名人名言 ……………………………………………………………………………………… 117
　教学目标 ……………………………………………………………………………………… 117
　第一节　税制的含义和要素 ………………………………………………………………… 117
　　　　一、税制与税法、税收政策 ……………………………………………………… 117
　　　　二、税收优惠 ……………………………………………………………………… 118
　　　　三、税式支出 ……………………………………………………………………… 119
　第二节　税制结构的类型和演变 …………………………………………………………… 121
　　　　一、税制结构的含义和类型 ……………………………………………………… 121
　　　　二、税制结构的演变 ……………………………………………………………… 122

第三节　税制结构的影响因素 ··· 123
　　一、经济因素 ··· 124
　　专题 8-1　经济数字化转型与税制结构 ·· 124
　　二、政策目标因素 ··· 124
　　三、税收征管因素 ··· 124
　　四、历史文化因素 ··· 125
第四节　税制改革的基本问题 ··· 125
　　一、什么是税制改革 ··· 125
　　专题 8-2　我国税制改革的方向 ··· 125
　　二、为什么要税制改革 ··· 127
　　三、如何进行税制改革 ··· 127
课程思政 ·· 131
本章小结 ·· 131
复习思考题 ·· 131

第九章　税收竞争的经济分析 ·· 133
名人名言 ·· 133
教学目标 ·· 133
第一节　税收竞争概述 ··· 133
　　一、税收竞争的概念和发展概况 ··· 133
　　二、税收竞争的类型 ··· 134
第二节　税收竞争的相关理论 ··· 134
　　一、蒂布特和奥茨的理论 ··· 134
　　二、税收竞争经典模型和发展 ··· 135
　　三、公共选择理论视角的税收竞争 ··· 137
第三节　税收竞争的影响效应 ··· 138
　　一、税收竞争的正面效应和负面效应 ··· 138
　　论文概览 9-1　税收竞争、税收执法与企业避税 ·· 139
　　二、有害税收竞争的判断标准 ··· 139
第四节　税收竞争的应对 ··· 140
　　一、如何推动有益税收竞争 ··· 140
　　二、如何打击有害税收竞争 ··· 141
　　专题 9-1　支柱二方案能否遏制国际税收竞争？ ·· 142
课程思政 ·· 143
本章小结 ·· 143

复习思考题 ……………………………………………………………………… 143

第十章　税收征管的经济分析 …………………………………………………… 144
　　名人名言 …………………………………………………………………………… 144
　　教学目标 …………………………………………………………………………… 144
　　第一节　逃税的微观经济分析 …………………………………………………… 144
　　　一、A-S 模型 …………………………………………………………………… 144
　　　二、期望效用框架内的扩展研究 ……………………………………………… 145
　　　　专题 10-1　大公司的逃避税分析 …………………………………………… 148
　　　三、偏离期望效用框架的拓展研究 …………………………………………… 149
　　　　专题 10-2　对逃税的经济学分析的不同视角 ……………………………… 150
　　第二节　税收遵从成本的测算 …………………………………………………… 151
　　　一、税收遵从的相关概念 ……………………………………………………… 151
　　　二、税收遵从成本的测算方法 ………………………………………………… 152
　　　三、税收遵从成本数据的采集 ………………………………………………… 153
　　　　专题 10-3　中国的税收营商环境和遵从成本 ……………………………… 153
　　第三节　税收缺口的测量 ………………………………………………………… 154
　　　一、传统方法 …………………………………………………………………… 154
　　　二、现代方法 …………………………………………………………………… 155
　　　　论文概览 10-1　征纳合谋、寻租与企业逃税 ……………………………… 155
　　第四节　税收赦免分析 …………………………………………………………… 156
　　　一、税收赦免的含义和种类 …………………………………………………… 156
　　　二、税收赦免的原因和目的 …………………………………………………… 157
　　　三、税收赦免制度的发展历程和各国实践 …………………………………… 157
　　　四、税收赦免的影响效应 ……………………………………………………… 159
　　　　专题 10-4　税收赦免的几个相关研究 ……………………………………… 159
　　　　专题 10-5　我国个税改革中引入税收赦免制度的可行性 ………………… 160
　　课程思政 …………………………………………………………………………… 160
　　本章小结 …………………………………………………………………………… 160
　　复习思考题 ………………………………………………………………………… 161

第十一章　税收的行为经济学分析 ……………………………………………… 162
　　名人名言 …………………………………………………………………………… 162
　　教学目标 …………………………………………………………………………… 162
　　　　专题 11-1　曼昆"交棒" ……………………………………………………… 162

第一节	行为经济学的基本观点和理论	165
	一、行为经济学的一般观点	165
	二、行为偏离方面的主要理论	166
	论文概览11-1　有限理性的税负感知与卷烟消费税率调整	169
第二节	行为经济学视角下的税收	170
	一、行为经济视角对逃税模型的解读	170
	二、行为经济学视角对最优税制的理解	171
	专题11-2　复杂性、精明度筛选与政策效率	172
第三节	基于行为经济学的税收问题研究	172
	一、前景理论应用于预缴税款制度	172
	二、框架效应理论应用于税收宣传和催缴	173
	三、税收显著性的定量和实证研究	173
	论文概览11-2　企业税负、税收凸显性与企业固定资产投资	174
课程思政		174
本章小结		175
复习思考题		175

"论文概览"中的文献目录 ··· 176
参考文献 ··· 177

PART 1 基础篇

第一章

税收经济学研学导论

名人名言

这个世界上只有两件事是不可避免的,那就是税收和死亡。 ——本杰明·富兰克林

税收如母亲,经常被误解,但很少被遗忘。 ——劳德·布兰威尔

教学目标

通过本章学习,理解税收经济学的研究对象是什么、有哪些常用的研究方法、它跟一些相关学科有什么区别和联系,以及研学过程中需要注意什么,为后面正式开展学习奠定基础。

第一节 税收经济学的研究对象和内容

税收经济学,顾名思义,是一门主要运用经济学基本原理研究税收本质属性和运行规律的科学。税收是国家参与社会产品分配的一种方式,因而税收经济学的研究对象,就是国家通过征税方式参与社会产品分配的过程和形式中呈现的规律性特征。税收经济学的具体研究内容非常广泛,可以概括为征税的依据、征税的范围、征税的形式和征税的过程四个方面。[①]

一、征税的依据

国家何以征税?国家征税的依据是,作为社会管理者,国家承担了为社会提供公共安全、基础设施、公共事业等公共产品的职能。不同国家或同一国家在不同发展阶段,经济、文化、政治体制等发展水平不同,就有不同的社会目标,从而决定了政府需要履行的社会职能范围。为履行这些职能,国家需要通过征税获取收入。税收经济学的研究内容之一就是根据不同阶段的目标,确定政府需要履行的社会职能范围,以此界定国家通过征税参与社会分配的程度。同时,税收除了是国家获取收入的方式以外,本身也是国家实现社会职能目标的一种政策手段,因此税收经济学的研究内容也包括对税收制度和政策的经济效应进行分析。

二、征税的范围

在社会各类产品中,税收的征收范围理应是扣除社会必要产品和补偿产品之后的剩余

---

① 马国强. 论税收经济学的研究对象与方法[J]. 财经问题研究,1991(11). 本书编著者作了改编。

产品。国家在保证维持劳动力再生产必要费用和生产资料消耗费用的前提下,对剩余产品进行税率设计,确定国家占有并支配的份额。例如,个人所得税的免征额即包含了个人的必要产品和补偿产品,个人所得税的征收对象是在扣除免征额之后的剩余产品。但"必要产品和补偿产品"与"剩余产品"之间的界线不是固定不变的,为此税收经济学的研究内容之一就是在不同社会背景下寻找到那条最适宜的界线。

三、征税的形式

国家可以采取的征税形式是多样的,形成了复杂的税收结构。首先是税种的多少及各税种在整个税收分配中的地位,即主体税和辅助税的安排;其次是税系的构造,每个税系的特殊存在领域和作用;最基础层次的是税种的构成,包括征税对象、纳税人、税基、税率等要素的具体形式。税收经济学的研究内容之一就是对税收的各种形式进行经济分析,寻求最适的制度安排。

四、征税的过程

征税的过程是根据征税对象向纳税人取得收入,实质是向负税人取得一部分剩余产品。这涉及征纳主体之间的关系,包括国家与纳税人、国家与税务机关、税务机关与纳税人、纳税人与实际负税人之间的博弈,其间存在各种信息不对称和不确定性,是一个复杂的过程。税收经济学的研究内容之一就是探讨征纳过程中各方主体基于利益冲突的决策问题和均衡问题。

上述这几个方面之间的交织互动贯穿于整个税收经济活动中,是税收经济学的研究对象。可见,税收经济学的研究内容非常丰富和多样化。

第二节 税收经济学的学科内涵和边界

税收学专业课程一般包括税收经济学、税收管理学、税法学、税收制度学(包括中国税制、中外税制比较等)、税收筹划等课程。那么税收经济学同其他学科和课程的边界何在?作为一门运用经济学基本原理研究税收本质属性和运行规律的学科,税收经济学在税收专业课程中居于核心和基础位置。这是由其学科特点决定的。下面我们通过梳理税收经济学与一些主要学科之间的联系,来进一步理解税收经济学的学科内涵和边界。[①]

一、税收经济学与经济学

税收经济学从经济学的视角来研究税收问题,是经济学的一个分支学科。经济学为税收经济学提供了共性的理论基础,经济学研究方法的更新,直接应用在税收经济学之中。例如行为经济学的兴起,对经济学而言是一场革命,给税收经济学带来了直接的冲击。而税收经济学理论也是经济学理论的重要组成部分,其发展和丰富也促进了经济学理论的发展。

二、税收经济学与财政学

财政学主要研究政府部门如何为满足社会公共需要而筹集、使用和管理资金的理论、制

---

① 本节部分内容参考了杨志勇编著.税收经济学[M],东北财经大学出版社,2011,导论。

度和管理方法。税收是现代财政收入的最重要组成部分,也是历史上最早出现的财政范畴,从根本上说就是为满足财政支出的需要而存在的。因此,税收经济学也是财政学的一个分支学科。现实财政活动的变化,会直接引致财政支出的变化,势必影响财政收入,进而影响税收经济学的研究内容。财政学的发展也直接影响税收经济学的研究内容。

三、税收经济学与政治学

税收问题既是经济问题,又是政治问题,因而税收经济学与政治学有着密切关系,甚至可以说,税收经济学是一门经济学和政治学的交叉学科。同时,现代政治学的发展也越来越强调经济学方法的运用。例如,现代税收经济学中常用的公共选择理论就既可以看作经济理论,也可以看作政治学理论,参见专题1-1。

专题 1-1

什么是公共选择理论[①]

(一) 公共选择理论概述

公共选择理论(Public Choice Theory,PCT)主要运用经济学的理论假定和分析方法来研究公共决策(特别是政府决策)问题,是一门经济学和政治学的交叉学科。PCT的研究对象是公共选择问题,即人们提供和分配公共物品以及设立相应规则的行为与过程。同个人选择通过市场过程来决策不同,公共选择是通过立法过程来决定资源的配置,本质上是一种政治过程(见表1-1)。

表 1-1 个人选择和公共选择

	个 人 选 择	公 共 选 择
决策主体	个人	政治家和官员
供需方	需方为居民,供方为厂商	需方为投票人,包括居民与厂商;供方为政府
决策过程	按市场程序,以货币为选票进行分散选择的过程	按立法程序,以政治为选票进行集中选择的过程
强制性	自愿原则,个人能够得其所愿而不必少数服从多数	少数服从多数,有一定的强制性
与结果的关系	个人选择与结果有直接联系	个人选择与结果没有直接联系

资料来源:作者根据相关资料整理。

因而PCT的研究对象是政治市场,其研究主题与传统的政治科学相同,涉及国家理论、投票规则、投票者行为、政党政治、官僚机构等;但PCT使用的是经济学的方法,研究者也大多是经济学家。如PCT之父布坎南(JM. Buchanan)所言,"公共选择是政

---

① 作者基于网络资料整理改编。

治上的观点,因经济学家的工具和方法大量应用于集体或非市场决策而产生"。正因此,PCT 又被称为"新政治经济学"或"政治学的经济学"(Economics of Politics),有时候又称"官僚经济学"。

(二) 所使用的经济学方法

PCT 所使用的经济学方法,按布坎南的说法可归结为三种,即经济人假说、方法论个人主义和经济学的交换范式。

经济人假说就是把人看作有理性的利己主义者,认为个人天生追求效用或利益的最大化。公共选择理论家以这一假说来说明政府及其官员的行为动机,指出政府及其官员所追求的并不是公共利益,而是自身的利益及其最大化。经济人假说是 PCT 与传统的政治理论相区别的根本原因。政治学的传统是假设政府是代表公民利益的,政府官员和政治家的目标是社会利益的最大化,政治学的基本内容是关于如何建立一个美好社会的规范性论述。而 PCT 用"追求个人利益最大化"来概括政府官员的行为动机,得到了一系列"政府失灵"的分析结论。

方法论个人主义就是把作为微观经济分析的出发点的个人同样作为集体行为的出发点,将个人的选择或决策当作公共选择或集体决策的基础。PCT 从决策的角度探究政治问题,探究由不同的个体形成的社会如何进行选择和做出社会决策,认为社会选择是个人选择的集结,只有个人才具有理性分析和思考的能力,个人有目的的行动和选择是一切社会选择的起因。PCT 这一由个人选择入手分析社会选择的研究路径称为"方法论上的个人主义"。因此,PCT 注重分析集体行为中个人(投票者、政治家、官员等)的行为,力图揭示个人行为是如何通过政治过程而对集体行为及经济活动产生影响的。

经济学交换范式就是将经济学看作一门交换的科学,将政治和政治制度唯一或主要地归因于复杂交换、契约和协议,简言之,把政府—政治过程看作一种类似于市场的交换过程。

(三) 政府失败的表现及原因

公共选择理论家们用上述经济学方法来说明市场经济条件下政府干预行为的局限性或政府失败问题,这是公共选择理论的一个核心主题(布坎南,1972)。他们认为,政府失败主要表现为四个方面:

1. 公共决策失误。导致公共决策失误的原因有多方面:(1) 社会实际上并不存在作为政府决策目标的所谓公共利益,公共决策或集体决策中也并不存在根据公共利益进行选择的过程,而只存在各种特殊利益之间的"缔约"过程,"阿罗定理"(Arrow's Theory)已经证明了将个人偏好或利益加总为集体偏好或利益的内在困难;(2) 即使现实社会中存在着某种意义上的公共利益,现有的公共决策机制因其自身的内在缺陷(如存在投票悖论)也难以实现这种利益;(3) 决策信息不充分,容易导致决策失误;(4) 选民有"短见效应";(5) 选民的"理性而无知"。

2. 政府机构工作的低效率。原因包括:(1) 缺乏竞争性压力;(2) 没有降低成本的激励机制;(3) 缺乏监督信息。

3. 政府的内部性与扩张。内部性的存在意味着"私人的"或组织的成本和利润的考虑很可能支配了公共决策的计算,决定了公共官僚机构的运行及官员的行为。在非市场条件下,"内部性"提高了机构成本,随"内部性"而来的较高的单位成本和比社会有效水平更低的非市场产出水平,产生了非市场缺陷。政府部门的扩张包括政府部门组成人员的增加和政府部门支出水平的增长。布坎南指出,政府官员也是个人利益最大化者,他们总是希望不断扩大机构规模,增加其层次,扩大其权力,以相应地提高其机构的级别和个人的待遇,同时也使他们去制定更多的规章制度,增加自己的俸禄和享受,结果导致社会资源浪费、资源配置效率低下、社会福利减少。

4. 政府的寻租活动。政府寻租活动导致经济资源配置扭曲,是资源无效配置的一个根源;作为一种非生产性活动,它并不增加任何新产品或新财富,只不过是改变生产要素的产权关系,把更大部分的国民收入装进私人腰包;它也导致不同政府部门间官员的争权夺利,影响政府声誉和增加廉政成本,导致社会资源浪费。

(四) PCT 的局限性和积极意义

PCT 及其政府与市场关系论具有明显的局限性。它过分地依赖于"经济人"假说,并把政治过程与经济过程机械类比,把商品经济的原则无限制地运用于政治领域,从而因政府干预行为的局限性而得出反对国家干预、要求放任自流的保守主义结论。任何单一的、对目标函数有明确界定的个人行为模型都不可能涵盖所有人类行为,现实中确实有许多政府官员和政治家在政治领域是以社会利益最大化为行动指南的。正因为如此,PCT 在正统的政治学看来是离经叛道,受到一些学者的猛烈批评。

然而,作为当代西方经济学的最新流派之一,PCT 亦具有创新、合理和可供借鉴之处,对现代经济学和政治学都具有一定的创新和方法论意义。

从经济学的角度看,传统税收理论认为,税收制度和税收政策体现的是政府的意志,政府决定着对什么征税、征多少税、如何征税以及税收用于何处,个人的需求偏好仅仅影响和受制于市场选择,个人意志对诸如税收立法之类的政治问题一般不起作用,然而,PCT 把政治、制度的因素看作经济过程的内生变量,把政府行为和制度因素纳入经济学分析的框架之中,克服了传统经济学把国家、政府或政治因素当作经济过程的一个外生变量排斥于经济学体系之外的缺陷,较好地反映了当代社会中政治与经济的关系,特别是政治对经济的巨大影响、政治过程与经济过程相互交织的现实。

从政治学的角度看,PCT 从经济的方法入手分析政治问题,为政治学研究提供了一个新的视野和新的研究途径,是对现代政治学研究的一个有益补充。因为政治是经济的集中表现,政治领域无时无刻不包含着经济的因素,政府行为及政府的公共政策不可避免地包含有经济的方面;政府的运作也必须遵循理性原则,政府机构及其官员在许多情况下必须考虑损益问题,力求以最小的代价获取最大的利益。

从实践上说,PCT 对西方市场经济条件下政府干预行为的局限性及由此带来的种种弊端进行了颇为深刻的分析。它以"经济人"假说为其基本行为假设并将之推广到政治市场上供求双方的行为分析,最终得出"政府失败"的基本结论,证明了市场的缺陷并不是把问题转交给政府去处理的充分条件,并提出了矫正"政府失败"的思路,如引入竞争机制、进行立宪改革、完善公共决策制度等。应该说,其理论体系、前提假设、基本结论及改革举措还是具有相当启发和借鉴意义的,其应用范围也已远远超出了主流经济学和传统政治学的研究范围,几乎涉猎当今社会所有的热点问题,具有广阔的应用前景。它在客观上粉碎了资本主义国家的政府及官员一心为公的神话,揭示了西方代议民主制的内在矛盾,指出过半数规则及其他投票规则、利益集团的影响力、政治家和官僚的利己主义等因素的存在必然产生无效或低效甚至有害的公共政策。PCT在一定程度上指出了这样一种事实,即当代西方国家所面临的"滞胀"及其他经济问题,原因主要并不在经济方面,而是在政治方面,即政治过程中人们的利己行为而现行政治决策规则却不能有效驾驭。它分析了政府成长或扩张的原因,指出了政府失败的种种表现及成因,并提出某些设想或建议。所有这些都包含着合理的成分。

思考讨论题:公共选择理论的核心观点是什么?可以用来分析和解释税收领域的哪些问题?

四、税收经济学与法学

税收制度是法律制度的组成部分。税法属于经济法律体系,调整经济法所干预、管理和调控的具有社会公共性的经济关系。法学涉及大量公共秩序的规范问题,与税收经济学所关注的税法问题有着众多共同之处。

五、税收经济学与税收管理学

税收管理是国家及税务机关对税收参与社会分配活动全过程进行决策、计划、组织、协调、监控和服务,以保证税收职能得以实现的一种管理活动。税收管理学是公共管理学的一个分支,它将管理学的职能应用于税收活动,总结税收管理活动的规律,目的是为制定税收政策、研究税制、指导税收实践工作等提供依据。

税收经济学与税收管理学或公共管理学的关系,根本上体现的是经济学与管理学的关系。而经济学和管理学在学科范式上有什么样的区别和联系,是一个基础但重要的问题,很多初学者都曾有过困惑。下面对此作一梳理(参见专题1-2)。

专题 1-2

经济学和管理学范式的区别何在?

经济学和管理学作为社会科学学科中的两大基础学科,都以研究资源利用问题而成为经纶济世的显学,其中经济学是科学性最强的学科,管理学则是实用性最强的学科,在社会研究中都具有非常重要的地位,经常会被研究者同时选择作为理论工具。有人在使用过程中可能将两者混淆,或以为这两门学科正在融为一体。这不利于两门学科的独立发展和繁荣。

(一)经济学和管理学范式的区别

传统经济学与管理学研究领域的分界线是很明显的。两者在学科范式上的区别,

可以从如下几个方面理解：①

1. 研究目的与视角

虽然经济学和管理学的研究都涉及资源利用问题，但两者的研究目的不同。经济学偏重于解释"who"和"why"，研究如何在不确定条件下公平而有效地配置有限资源，目的是增加整个社会的财富；而管理学偏重于指导"how"，研究如何通过激励人的积极性来提高组织效率，目的是实现组织的目标和人的价值。

经济学主要从经济利益的角度来分析社会资源的利用和配置问题，例如曼昆（1999）概括为"经济学研究社会如何管理自己的稀缺资源"；而管理学主要从组织激励的角度，以组织提供的经济刺激、社会需要、价值体现等方面作为诱导来调节组织资源。

此外，经济学主要是对过去已存在的现象进行研究，揭示经济运行的共性规律，其价值更多的在于解释和预测能力；而现代管理学则倡导面向外部和未来的贡献创造，具有很强的现实性和实践指导作用。

2. 研究内容和范围

研究目的与视角的不同决定了研究内容和范围的差异。经济学研究的是整个社会的资源使用，是宏观、抽象、有代表性的，以大多数主体的一般行为为研究对象，不关注个体的具体活动，就算是研究微观层面的分支，也是抽象的，它不研究具体组织内的活动，不考虑具体怎么去实践的问题。而管理学以研究特定组织资源的使用为主要内容，例如"现代管理之父"德鲁克认为，管理就是界定企业的使命，并激励和组织人力资源去实现这个使命。管理学研究的对象是组织，是一个组织内外部的活动，它关注所有组织成员的个体行为，包括少数人的特殊行为，讨论的内容都很具体、很实际，比如战略管理、质量管理等，都是实现一个具体组织目标的手段，是怎么去做的问题。

3. 研究方法和逻辑

研究内容的不同，导致两者在研究方法的运用上也有所不同。

（1）解析主义/整体主义。经济学运用解析主义方法，把社会经济包含的内容区分为相互隔离的个体，然后研究个体之间的对立关系。管理学运用整体主义方法，把组织作为一个有机体，用系统论的观点来分析组织构成要素之间相互独立、转化和依存的关系。

（2）演绎法/归纳法。经济学以演绎法为主，从一般到个别，从逻辑或理论上预期一种模式到观察检验预期的模式是否确实存在，抽象程度较高。一般通过设定很多假设前提条件，才能从现实中发现具有共性的经济规律。而管理学以归纳法为主，从个别到一般，从一系列特定的观察中发现一种模式。管理学的研究中一般少有前提假设条件，少有数学模型，更多的是贴合实际情况的管理学问题，是经验的总结和运用，其理论只为直观地解释具体的管理活动。

（3）定量分析/定性定量分析并重。经济学以定量分析为主，管理学则是定性与

---

① 参考武博、严旭、陈晓文的"管理学与经济学的区别和联系"，百度文库资料。

定量分析并重。经济学主要研究经济资源问题,研究的对象能够定量化。经济学广泛地运用各种数理分析方法进行定量分析,分析工具主要是各种图像模型和数学模型,数学在现代经济学研究中的地位日益强化。而管理学主要还是运用定性分析方法,使用非数据语言来进行表述和分析。管理学主要研究组织的经济、政治和文化资源,其中对经济资源的研究使用定量分析方法,而对其他资源的研究更多地运用定性分析方法。定性分析法不利于理论分析的精确性,也容易产生理解上的歧义,但在特定问题上有其优势。

（4）价值判断。主流经济学家主张在经济学研究中保持价值中立,用科学的态度来审视社会经济问题,用数理分析方法来阐释经济现象,回避道德规范问题。管理学认为组织中的人不仅是"经济人",也是"社会人",因此在研究中注重组织中人的社会责任和义务,包含了价值判断。

4. 基本理论假设

经济学与管理学的理论研究都是以两个基本假设为前提的,即关于人的假设和资源稀缺与否的假设。

（1）关于人(包括人性和人际关系)的假设。两个学科都以人的行为为主要研究对象,经济学研究人的经济行为,管理学研究人的组织行为。人的行为动机是由人性决定的,对人性的假设是基本前提。经济学研究社会经济问题,因而经济学假定人是具有机会主义倾向的"经济人",行为主体在人格和地位上都是自由、平等的。管理学强调组织的经济、社会和文化的功能来充分利用组织资源,因而管理学假定人性是变化多端、复杂多样的,先后提出"经济人""社会人""自我实现人""管理人""文化人"乃至"学习人"的人性假设。管理学中的行为主体在人格上是平等的,但处于不同组织中的不同层次并行使不同职能,形成复杂的差序关系。

（2）关于资源稀缺与否的假设。经济学暗含资源的有限性假设,管理学暗含资源的非有限性假设。经济学认为社会资源相对于人类的需求而言是非常有限的,所以才需要研究合理配置资源、节约资源。管理学则认为组织可利用的资源是可以通过组织管理不断向内挖掘和向外扩充的,并不是有限的,但为了降低成本,还是要研究如何有效使用组织资源。

（二）经济学与管理学之间的联系及相互渗透趋势

近几十年来,经济学与管理学相互渗透与借鉴,且这种趋势越来越明显。其中,经济学对管理学研究领域的渗透体现在对组织内部管理行为细节的进一步探索,集中在四个方面:

（1）对组织结构的经济分析。交易费用理论就是经济学深入组织内部研究组织结构选择的理论基础。

（2）对组织政治行为进行经济分析。公共选择理论就是经济学深入研究政府组织政治行为的理论基础。

（3）对组织内部个体行为选择的经济分析。博弈论就是经济学研究组织内外个体经济行为选择的理论基础。

（4）对组织文化现象进行经济分析。制度经济学对组织治理制度和制度环境的研究为组织文化建设提供了理论基础。这些关于企业内部的经济分析、结构分析和制度分析的研究，一直被认为是属于管理学的研究领域。

另一方面，管理学对经济学研究领域的渗透体现在对组织整体经济行为的外延和内涵系统深入的研究，集中在两个方面：

（1）管理学对战略管理的研究突破了组织局部问题研究的界限，开始对组织之间和组织环境进行整体的研究。建立在分工理论基础之上的战略联盟、流程再造和学习性组织理论的提出都显示管理学开始关注产业经济学研究的领域。

（2）管理学谋求对管理行为背后动机的深入研究，这通常是微观经济学的研究领域。管理学运用博弈论研究厂商组织间的竞争和合作关系，运用信息经济学理论研究厂商组织的投资风险问题，运用产权理论和委托—代理理论研究厂商组织内部的激励问题。

尽管学科间相互借鉴与渗透，经济学与管理学之间因为研究目的不同而形成的诸多区别仍是客观存在的。经济学家和管理学家在研究共同关注的社会经济问题时应从研究的目的上去把握方向，履行各自不同的责任，这样便于沿着自身的轨迹不断发展和创新。

思考讨论题：从经济学视角研究税收问题，与从管理学视角研究税收问题有哪些差异？

第三节 税收经济学的研究方法

作为一门经济学学科，税收经济学研究的基本方法同其他经济学学科的研究方法并没有本质的不同，需要注意的只是：为获得可靠的研究结论，应将一些基本方法进行结合，并能够根据学科的发展和研究内容的演进，对研究方法进行相应更新。

一、规范分析与实证分析相结合

规范（Normative）分析方法是一种通过价值判断做出结论的分析方法，重视价值赋予，认为寻求公正、合理的价值应是人类行为的基本准则。使用该方法的操作规程是：先确立一定的理念、价值标准或行为规范，然后据此对所研究内容的"是""非"作出一定的评价，从而回答"应该怎么样"的问题。

实证（Positive）分析方法则只对经济现象、经济行为或经济活动及其发展趋势进行客观分析，得出一些规律性的结论，回答"实际是什么"的不带有价值判断的问题。实证分析方法所研究的问题具有客观性，得出的结论可以通过经验事实进行验证；其终极目的就是在此基础上发展出一种"理论"或"假说"，据此对尚未观察到的现象进行推演预测。

规范分析方法是税收经济学的重要研究方法，因为税收经济学经常要涉及公平问题。而由于现代经济学越来越强调以计量和数理统计为核心的实证分析方法，尤其自1953年弗里德曼的名篇《实证经济学方法论》发表之后，实证分析方法在税收经济学研究中得到日益广泛的应用。随着科学的发展,尤其是计量经济学理论的发展和数据处理水平的不断提高,以及高质量经济数据的获取逐渐变得容易,许多以前认为是规范研究的问题,今后可能就进入实证研究的范畴。未来税收经济学的研究将更注重规范分析与实证分析的有机结合,其中,规范分析侧重对经济变量之间的内在机理进行分析,并梳理出传导机制,揭示政府及公共部门经济活动的本质规律;实证分析则侧重统计数据及实证方法选取的科学性、适用性和合理性等,注重统计方法、计量方法、数理方法和实验方法之间的有机结合,相机抉择使用。

二、理论分析与经验分析相结合

税收经济学研究也经常进行理论分析,规范研究所基于的价值判断之一往往来自理论指导。理论(Theoretical)分析的方法包括比较研究、逻辑演绎、数理统计等。近年,学术界的理论研究基本上已等同于数理分析,只不过经济学的理论研究偏重其中的经济学思想,而非纯数学工具本身。理论研究得出的数学模型是否成立,往往要经过计量经济学方法的检验。

经验(Empirical)分析方法,则是以经验知识、事例为依据,通过分析、归纳和演绎等方法,对某个社会现象或问题进行解释和预测的一种分析方法。这种方法通常依赖二手数据,例如通过调查、统计等途径获取的数据。

严格地说,经验研究与实证研究方法是有区别的,后者通常需要研究者通过自己观察,或设计实验或调查问卷来获取第一手数据,为检验某理论假设而展开研究,因此具有鲜明的直接经验特征。不过国内社会科学界已经习惯于将经验研究与实证研究等同,许多社会科学的研究文献中"实证分析"实际上是指经验分析。

三、案例分析与计量分析相结合

案例分析法是实证研究经常使用的方法,用来验证理论对现实的解释能力,尤其在管理学领域。在经济学发展早期阶段,实证研究通常也使用案例分析或间接验证的方法,比如亚当·斯密在《国富论》中就是通过对扣针工厂的案例分析来解释专业化分工的优势所在。

现今案例分析方法仍然有用,但由于样本的有限性,其代表性和说服力常常受到质疑,因此通常作为实证研究的探索性和辅助性分析。然而,如果所研究的经济现象和问题属于新领域新问题时,案例分析等定性分析方法不可或缺,可以为后期大样本的计量经济分析探明道路。因此,在研究问题属于不成熟的复杂问题时,严格的实证分析需要结合使用案例分析和计量经济学方法。

四、横向与纵向比较分析

比较分析方法是指把事物不同的或相似的特征放在一起进行对比,从中找出共同点、本质性或规律性的东西,以指导实践的研究方法。它既适用于空间序列,又适用于时间序列,相应地也称为横向比较和纵向比较。历史分析方法实质就是一种纵向比较方法。

用作比较的税收范畴很多,包括税收思想、税收原则、税收制度、税收管理职能、税收管理体制、税收管理手段等等。其中较为常见的,一是税收制度的比较,包括税收分配总量与结构、每种税的征收范围和计算办法等;二是税收管理体制的比较,包括管理级次的划分、各级管理机构的职权等。

比较研究须注意克服极端倾向,即一味地以发达国家的税收制度作为目标和标准,主张全盘学习模仿；或者拒绝和排斥他国的一切做法，以国情有别为由不作认真的分析和借鉴。

五、实验分析方法

实验法源于自然科学。随着方法的发展，目前实验法比较典型的形式包括实验室实验、自然实验和准自然实验。实验室实验是在特定的实验室条件下进行的，研究者在实验现场呈现一定的刺激，然后观察被试的反应。自然实验是指实验受试者被自然地或被其他非观察者控制的因素暴露在试验或控制条件下，观察在一定激励下的行为反应。其所研究的变量不是由实验者操纵的，而是由环境提供的，实验者只利用一定条件进行实验研究，研究情境中的事件是按照自然顺序进行的。自然实验是完全随机的实验，在相同条件下可对某随机现象进行大量重复观测。

准自然实验是采用一定的操控程序，利用自然场景，灵活地控制实验对象。与真正的实验设计不同之处在于，准自然实验并不是严格的完全随机实验，只是近似于完全随机实验，没有随机分配实验对象到实验组和控制组，严谨性略低，因而所产生的因果结论的效度比真正的实验研究低，但优点在于所要求的条件灵活，在无法控制所有可能影响实验结果的无关变量时，该方法具有广泛的适用性。

在税收经济学中，准自然实验方法是通过设计模拟实验，将税收领域的某些现象和发展过程再现出来，以发现它们在现实社会中的真实面貌，为科学地开展税收管理提供可靠依据。比如，将税收的某一项制度、某一项政策、某一种新的管理方法进行实验，在局部取得经验后，再将其全面推广。

实验方法在税收领域的应用正方兴未艾，尤其是随着行为经济学在税收研究领域的应用，通过自然实验和准自然实验，乃至实验室实验考察一些税收政策对人们的影响效果，近年已成为研究热点之一。

上述各种研究方法并不是互相排斥的，具体运用哪种方法取决于研究的需要。要综合运用，互相补充，以创新的思维实现税收经济学与其他各学科理论和研究方法的融会贯通，分析和探究税收领域面临的新问题和新挑战。

第四节 研习税收经济学需注意的问题

一、研究方法方面

要重视理论研究，或者说经验研究需要有理论基础。爱因斯坦指出："你能不能观察到眼前的现象取决于你运用什么样的理论，理论决定着你到底能观察到什么。"哈佛大学韦茨曼（Martin Weitzman）教授也说，受过现代经济学系统训练的经济学家的头脑中总有几个参照系，这样，分析经济问题时就有一致性，不会零敲碎打。很多初学者做经验研究不太注重所研究问题的理论背景，也不太注重所使用的方法的理论背景，或者偏重实证研究尤其是有数学模型的实证研究，忽视理论研究工作，导致理论机理不明、变量间的逻辑关系不清，所做的研究几乎沦为仅仅是对已有数理模型进行改变量、换数据、软件调试等工作，对实证分析的结果也常常无法给出有说服力的解释（见专题1-3）。

要加强规范研究的训练。鉴于当代科学的发展水平还不具备对所有问题开展证实或证伪的能力,规范研究是所有学科都无法避免的。规范研究也必须以严格的逻辑推理(最好是数学模型)和深厚的理论素养为基础,而这需要长期的积累。

专题 1-3

实证经济研究中"致命的自负"

主流经济学强调实证分析,期望实证分析实现三个基本目的:解释、预测和改造社会。但朱富强(2008)指出,单纯做实证分析并不能实现上述三个目的中的任何一个,其合理性、可信性和有用性都受到严重质疑。[①]

年轻学子中存在的一个流行的实证研究方式是:首先获得一些数据,其次借助于一些统计软件对这些数据进行分析,再次依据分析结果来解释哪些因素对因变量影响最大,最后据此提出一些政策建议。问题是,现实中那些产生重要影响的因素就一定是合理而可信的吗?这显然存在一个严重的逻辑困境。那些缺乏逻辑条理的实证结果往往千差万别,因而并不能提供有意义的启发和借鉴。事实上,仅仅通过实证研究分析不但无法真正解决问题,由此得出的政策建议甚至常常是荒谬的。

在经济学中也没有纯粹的实证分析,任何实证都体现特定个体或时代的价值观。规范分析与实证分析之间的界限是不确定的,很难截然分开。研究者研究问题往往囿于自身的经历与能力,且很难保证毫无偏见,导致其开展的实证分析很难保证绝对的客观性,而是潜藏着深深的价值观。以个人所得税的工资薪金所得费用扣除标准为例,个人所得税的工资薪金所得费用扣除标准是否应该从现在的 5 000 元提高到 8 000 元,这是一个规范问题,提高扣除标准后会给老百姓收入分配和政府财政收入带来什么样的影响,则属于实证分析的内容,但即便是在相同的实际数据面前,不同人也会有不同的解释和理解,也许在基本的行为准则方面存在根本性分歧,从而影响其对扣除标准是否应提高的规范分析结论。这是造成广泛分歧的根源(凯恩斯、弗里德曼[②])。

思考讨论题: 如何正确地看待实证研究的作用?在具体研究工作中可以怎样结合使用其他研究方法?

二、研究定位和立场方面

税收经济学的很多理论成果源于对发达国家税收经济问题的研究,其中一些理论同样适用于中国的市场经济实践,能够解释中国的一些经济现象。但由于制度文化背景和经济发展水平的不同,一些约束条件存在差异。要重视理论知识的固有结论与我们观察到的新现象之间的冲突,在对中国实际有深入了解的基础上,通过理论抽象提出科学问题。聚焦自己的研究方向,连续跟踪,坚持不懈,通过理论创新,并熟练掌握现代经济学方法,来回答和解决这些科学问题。

---

① 参考朱富强. 实证经济学中"致命的自负"——实证分析的合理性、可信性及有用性质疑[J]. 社会科学战线,2008(7). 本书作者进行了整理和改编。

② 约翰·梅纳德·凯恩斯的名著《政治经济学的范围与方法》,米尔顿·弗里德曼的名篇"实证经济学的方法论",1953 年。

中国的税收改革实践起步较晚,但发展迅速,税收制度不断完善,其改革探索的实践为理论研究提供了丰富的素材。我国学者杨瑞龙指出,中国的经济学者有特殊的使命,除了做象牙塔的问题研究,还要有志于研究大问题和真问题,对一些重大的理论和实践问题进行回应。[①] 当前我国经济发展进入新常态,财政税收领域的学者可以运用自己所掌握的专业知识,为解决我国经济转型和新常态下出现的大量现实问题贡献自己的智慧。

中国在税收领域的改革实践也为税收经济理论的发展创造了条件。研习者可以在跟踪国外理论和中国独特实践的基础上,总结和提炼中国税收经济发展的规律,努力构建中国自己的税收经济理论,丰富税收经济学理论体系。

课程思政

通过本章学习,引导学生勇于担负起作为中国经济学者的特殊使命,能够有志于研究大问题和真问题,通过运用所掌握的财税专业知识,为解决中国经济转型和新常态下出现的大量现实问题出谋划策,贡献自己的力量和智慧。

本章小结

税收经济学是一门主要运用经济学基本原理研究税收本质属性和运行规律的科学,其研究对象和研究内容包括征税的依据、征税的范围、征税的形式和征税的过程。

税收经济学的研究方法包括规范分析与实证分析相结合、理论分析与经验分析相结合、案例分析与计量分析相结合、横向与纵向比较分析,以及实验分析方法等。

税收经济学是税收学专业的核心和基础课程,与经济学、财政学、政治学、法学以及税收管理学之间有着密切的联系,但也有着各自的边界。

研习税收经济学,既要学习西方发达国家的税收经济理论,同时也要立足国情,并保持与时俱进,跟踪理论和实务发展的前沿。在方法上尤其要重视理论研究和规范分析,注意避免单方面强调实证分析。

复习思考题

1. 征税的范围是一个总产品中的哪部分,为何不能对全部产品征税?
2. 征税过程涉及哪些相关主体之间的博弈?
3. 税收经济学与经济学、财政学、政治学、法学以及税收管理学的边界怎么划分?
4. 什么是公共选择理论?其基本理论观点是什么?所使用的经济学方法是什么?
5. 如何理解经济学和管理学学科范式的区别,在研究内容和研究方法上有什么不同的偏重?其联系是什么?
6. 税收经济学常用的研究方法有哪些?
7. 初学者研习税收经济学有哪些需要注意的地方?

---

① 杨瑞龙教授在第十届中国经济理论创新奖颁奖典礼上的获奖感想,2023年9月17日。

第二章

税收的职能和原则

名人名言

税收是喂养政府的奶娘。　　　　　　　　　　　　　　　　　　——马克思
税收是我们为文明支付的代价。　　　　　　　　　　　——奥利弗·温德尔·霍姆斯
纳税是为权利受保护付费。　　　　　　　　　　　　　　　　——詹姆士·韦恩
拥有很多财富的人,缴税应该也很多,反之亦然。这才是公平。　　——亚里士多德
好牧羊人的职责是剪羊毛,而不是扒羊皮。　　　　　　　　——提布瑞思·恺撒
税收上的任何特权都是不公平的。　　　　　　　　　　　　　　——伏尔泰

教学目标

通过本章学习,理解三个问题,即什么是税收、为什么需要有税收、为什么税收可以存在;掌握税收的基本职能和作用,以及有哪些基本原则。

第一节　税收存在的逻辑起点

一、什么是税收

税收是日常生活中常见的现象,所见之处,都不可避免与税收产生联系。关于税收的第一个问题是:什么是税收?从表面上看,税收是国家参与社会产品分配的一种方式,但为什么国家要参与分配,税收的本质到底是什么?不同学科视角对此有不同的理解。

1. 传统财政学角度:权力论或国家分配论

该理论认为税收是国家凭借政治权力,依法无偿地取得实物或货币的一种特殊分配活动(刘邦驰和汪叔九,1995)。该视角强调税收的三性,认为征税是以国家为主体、由国家单方面发起的行为,侧重于强调纳税人对国家负有的纳税义务。在这种理论下,纳税人与政府之间是不平等的关系,因而纳税人容易产生抵制纳税的情绪。

2. 税法学角度:公共产品论

该理论认为税收是公共产品的价格,是人民依法向征税机关缴纳一定的财产,形成国家财政收入,从而使国家得以提供公共产品的一种活动(刘剑文,2002)。该视角考虑更多的是税收征收过程中征纳双方权利义务如何实现的问题,认为税法不过是以人民的授权为前提,

将其意志法制化的结果,从而保证其对公共产品的需要能够得到持续的、更好的满足。在该理论下,纳税人与政府之间是平等的,双方是一种公共产品的交易关系,税收则是公共产品的价格。

3. 公共选择理论角度:契约论

如前所述,公共选择理论把政府—政治过程看作一种类似于市场的交换过程,将政治和政治制度唯一或主要地归因于复杂交换、契约和协议。从公共选择的角度来看,税收的本质是国家与纳税人之间存在的一种契约关系,征税目标并不在于税收收入本身,税收只是公民为了享用国家提供的公共产品而愿意承担的必要费用,国家取得税收是为了将其作为财政收入以履行国家职责和维持政府。现代公共选择理论的奠基人维克塞尔(Wicksell,1967)指出,税收交换可以通过在一定管辖范围内一致限制下的谈判来实现;公民应有权表达意见,只有他们能够揭示公共支出的增加是否值得增加税收;对于每一项值得花费的公共开支,税收份额必须在纳税人中达成一致意见。

可见,契约论同公共产品论比较接近,都是将纳税人与政府视为平等互利的关系,只不过税法学角度和公共产品论侧重法律权利与义务对等,公共选择理论和契约论则侧重市场交易。

二、为什么需要有税收

关于税收的第二个问题是:为什么要有税收?我们为什么要纳税,国家为什么要征税,我们所纳之税去了哪里?若我们承认市场基础原则和市场优先原则,即要让市场这只"看不见的手"发挥资源配置的基础性作用,在任何经济领域优先发挥市场机制的调节作用,市场能够做的,就交给市场,政府干预应仅局限于市场失灵的范围,那么基于前述关于税收本质的观点,不管是哪种视角,均可以将税收出现和存在的逻辑起点归结到市场失灵。税收存在的终极原因,就是纠正市场失灵。

市场失灵有很多表现,税收几乎都可以发挥弥补和纠正作用。一方面,通过为政府提供财政收入,使政府有财力干预市场、行使社会管理职能;另一方面,税收也可以直接发挥调控作用。

1. 公共品的提供

很多物品可以通过市场获得,但国防、公共安全、义务教育等公共物品却无法通过市场有效提供。由于具有非竞争性(Non-rival)和非排他性(Nonexclusive),公共物品的供给存在市场失灵,只能通过政府提供。而政府提供公共物品的资金来源,无法由公共物品的享受者自愿提供,必须使用强制方式索取。国家为了满足公共需求,凭借政治权力,依法对具备税收构成要件的人实施的强制的、非直接偿还性的并以金钱支付为手段的征收行为,就是税收。正因此,公共产品论将税收视为人们为其所享受的公共品支付的价格。

美国著名法学家霍姆斯有句名言:"税收是文明的对价。"什么是文明?文明是人类所创造的物质财富和精神财富的总和,体现为人口聚居中心、纪念性建筑物、书面语言、地区管理体系等等。从过去至现在,每一个文明的载体都需要财政滋养,没有免费的文明供给。税收为文明的产生、发展提供了物质支持,使得人类社会从蛮荒无序走向繁荣有序。世界上的主要古代文明都曾独立地发展出相似的税收制度,税收制度的发展是文明演进的一部分。美国经济学家奥尔森(M. Olson，1932—1998)在讨论国家的起源时，也曾提出类似的税收起源观(见拓展资料2-1)。没有税收，就不可能有文明。文明又反作用于税收，促进了税收制度的完善。没有文明，税收也就失去了存在的意义。

2. 收入分配与税收

市场机制在带来活力和效率的同时，会产生收入上的不公平现象，收入分配不公是一个普遍的社会现象。"20/80"规律在收入分配中表现为：最富的20%的人拥有社会中80%的财富。威尔伯和詹姆森(1993)在其所著《经济学的贫困》中指出，"那些给大多数人以最低收入而给个别或极少数家庭以巨额财富的社会是不可能提供尊重或友爱的"。[①] 市场竞争不一定能使最大多数人得到最大程度的满足和各种资源得到最公平合理的利用，需要政府通过税收的方式介入收入分配。

3. 外部性与税收

外部性的"外部"是相对于市场体系而言的，是指在价格体系中未得到体现的那部分经济活动的副产品或副作用。有益的外部性即正外部性，如植树造林；有害的外部性则成为外部成本，如空气污染。庇古税(Pigovian Taxation)对外部性起到矫正作用，对负外部经济场合征收正值矫正税，如征收污染税、燃油税；对正外部经济场合征收负值矫正税，如对创新活动的税收优惠，使得厂商的外部收益或成本内部化，从而消除或减少收益或成本的外溢现象。

4. 垄断与税收

现实中的市场不是完全竞争市场，存在不同程度的垄断，既有因规模经济引起的自然垄断，也有因行业的特殊性被赋予特许权产生的非自然垄断。不管哪种垄断形式，都导致资源的低效配置，造成社会福利损失。

对于自然垄断，政府的治理方式之一是要求垄断厂商按边际成本定价，产生的边际成本同生产成本的差额即亏损额由政府部门给予补贴，而补贴的资金可能主要来源于税收。对于非自然垄断，政府可以实行高税负的做法，以平衡该行业同其他竞争行业的利润。

5. 不确定性与税收

现实世界中总是存在不确定性，导致市场失灵、资源配置低效率，税收同样可以解决不确定性，例如可以为贫困人群提供私人机构不愿意提供的社会保险。除了保险市场，通过加速折旧、税收抵免等税收优惠措施，也可以为企业承担部分风险，从而鼓励风险投资。

6. 信息不对称与税收

信息不对称可能导致逆向选择和道德风险问题，而政府可以担负提供"信息"产品的职责，建立中介机构对商品质量进行评估，并及时向市场发布信息。政府担负该职责需要通过税收收入提供物质基础。

7. 偏好不合理与矫正税

由于掌握知识和信息的有限或短视等原因，个人自主作出的决策并非都是有效率的经

---

① ［美］查尔斯·K.威尔伯(Charles K. Wilber)和肯尼思·P.詹姆森(Kenneth P. Jameson).经济学的贫困[M]. 范恒山，郑红亮译.北京经济学院出版社，1993：5.

济决策。不完全理性的个人,不能保证任何情况下都能根据自己的最佳利益行动。消费者评价低于合理评价的产品称为优效品(Merit Goods),如教育、保健等;反之则为劣效品(Demerit Goods),如烟、赌博等。政府可以通过对劣效品征高税,或对优效品征低税甚至免税,使个人消费量接近社会最优消费量,减少社会福利损失。

三、为什么可以有税收

尽管税收有其存在的价值,即纠正市场失灵,但这并不能保证税收就一定能够存在。关于税收的第三个问题是:为什么可以有税收,什么情况下可以有税收?这就是税收出现和存在的现实客观条件。

1. 经济私有制

如果国家直接拥有所有土地和财产的所有权,国家就可以直接获取收入,无须凭借政治权力对私人财产进行征税。可见私有制是国家税收产生和存在的经济条件,没有私有制,就没有课税的前提。

2. 政治权力

国家政治权力的存在是税收产生的又一前提。国家的强制性权力是行使社会公共职能的需要,通过军队、警察、监狱等国家机器,规范社会行为,调和阶级矛盾。国家政治权力的存在,一方面使税收的产生成为必要,另一方面也使得税收的存在成为可能。

综上,纠正市场失灵是税收产生和存在的价值和意义所在,而经济私有制和国家政治权力的存在则为税收的存在提供了现实保障。

第二节 税收的基本职能

税收作为一种公共政策手段,具有筹集财政收入、调节收入分配、调控经济等主要职能。

一、筹集财政收入职能

组织财政收入是税收最重要也是最基本的职能,所筹集财政收入为政府履行其他职能提供经济基础。不仅公共物品的提供需要税收作为资金来源,其他一些市场失灵现象的纠正也需要通过税收收入提供资金来源,例如用于矫正垄断或正外部性的财政补贴手段。

税收是将私人的一部分资金强制性转移到公共部门的一种方式。政府获取财政收入的来源,除了征税,还包括借款、收费、政府性基金、国有资本经营收入、彩票公益金、罚没收入、政府的受赠收入、利息收入等收入来源。其中,借款即发行公债(Public Debt),是政府以其信用为基础,按照债券的一般原则,通过向社会发行债券来筹集资金。对自己提供的产品和劳务收费,包括行政性收费(Administrative Charge)、国有资源和国有资产有偿使用收入、专卖收入等。政府性基金是依照法律、行政法规的规定在一定期限内向特定对象征收、收取或者以其他方式筹集的资金,专项用于特定公共事业的发展,例如车辆购置附加费、铁路建设资金等。此外,政府还可以通过发行新的货币获取一笔收入,这笔特殊收入被称为铸币税(见专题2-1)。近10年来,我国铸币税收入占GDP的比重基本保持在

3%～6%的水平。[①]

> **专题 2-1**
>
> ### 货币发行收入：铸币税与通胀税
>
> **(一) 什么是铸币税？**
>
> 铸币税(Seigniorage)，也称为"货币税"，指一国政府垄断货币发行权后通过发行货币得到的一笔特殊收入。一张100美元的钞票印刷成本也许只有1美元，但是却能购买100美元的商品，其中的99美元差价就是铸币税，即铸币税的价值源自货币造价同货币面值本身的差额。基于税的本质是强制每个人无偿拿出一部分财富交由政府进行统一支配，铸币税在本质上符合税的特征。这就是铸币税虽不属于传统税种范畴但被称为"税"的原因。
>
> 对于区域性货币，铸币税只能收割到区域内的特定人和组织的财富，但如果成为世界货币，特别是强势货币，那么其他国家和地区就会对该货币产生交易需求或储备需求，面对这种需求，只需开动印钞机，以低廉的造币成本就可以轻松收割全世界的财富。因此，世界各国货币都热衷于成为世界货币。
>
> **(二) 铸币税的估算**
>
> 铸币税收入是政府财政收入的重要来源。根据Neumann(1992)的研究和国际货币基金组织(IMF)的估计，1980—1995年期间，美国铸币税收入平均为每年142亿美元，发达国家铸币税收占GDP的比重平均在0.64%左右，发展中国家该比重平均在1.4%～3%。发展中国家因债券市场和税收体系不发达，可能更大程度上依靠铸币税来增加收入。中国在同一时期，铸币税占GDP的比重平均为6.52%(Masson et al.,1998)，除了少数几个发生过超级通货膨胀的国家之外，已是世界上最高的国家之一。
>
> 采用不同的方法得到的结果会有差异，但无论哪一种算法，中国铸币税都远远高于发达国家的平均水平，也在很大程度上超出发展中国家的平均水平。那么，中国铸币税这么高是否合理呢？进一步了解通货膨胀税，有助于回答这个问题。
>
> **(三) 什么是通货膨胀税？**
>
> 发行货币的组织或国家，在发行货币并吸纳等值黄金等财富后，会发生货币贬值、持币方财富减少、发行方(通常指政府)财富增加的经济现象。当政府大量发行货币，会导致通货膨胀，人民手中货币的购买力降低，相当于政府对货币持有者征收了税收，这种由通货膨胀引起的隐蔽性的增税，就是通货膨胀税(Inflation Tax)。
>
> **(四) 铸币税同通货膨胀税有何关系？**
>
> 从理论层面来看，货币增长率＝经济增长率＋通货膨胀率＋实际货币余额增长率，也就是说，货币增长率可以由三部分来吸收：一是满足经济增长的货币需求，这部分货币最终被产出的增加所吸收；二是被物价水平上涨所吸收；三是居民手中实际货

[①] 潘美丽.最优铸币税、通货膨胀与财政可持续性研究[J].商业研究，2020(7).

币余额增长(剔除掉物价变动),这里面就涉及货币发行与通货膨胀税的关系问题。货币发行获得的收入是铸币税,铸币税与通货膨胀税之间的关系是:货币发行铸币税＝经济增长货币税＋通货膨胀税＋实际货币余额的变动。可见,铸币税与通货膨胀税既有联系又有区别。

经济增长货币税、通货膨胀税和实际货币余额变动这三者之间可以相互转化。随着通货膨胀率上升,持有货币的机会成本上升,私人部门对实际货币余额的需求会下降,通货膨胀率与实际货币余额的变动方向相反。同样,在一定货币增长速度的情况下,经济增长较快,价格水平上涨就会相对较慢。在经济增长条件下,铸币税收入通常要超过通胀税收入。

当然如果社会公众持有的实际货币余额不变,在经济增长缓慢的情况下,铸币税几乎等于通货膨胀税,意味着货币供给增加全部导致物价水平的上升,货币增长的速度等于通货膨胀率,货币供给没有带来经济增长,全部转化为通货膨胀,这时候通货膨胀税达到最大。

一国政府可以通过新发行货币去购买商品和非货币性资产而获取实际收益,因此,货币当局总是可以增加货币供给提高铸币税,货币发行得越多,获得的铸币税也就越多。通常两种情况导致较高的货币发行量,一种是出于主动,一种是出于被动。被动情况下,货币发行较高主要是由于经济增长迅速,货币当局需要注入大量货币满足市场需求,有利于促进经济增长,这不一定导致较高的通货膨胀税。而在主动情况下,货币发行被作为一种收入工具在使用,尤其在一些高赤字的国家更是如此,政府希望通过货币发行获得更多的通货膨胀税,融通财政赤字。

通货膨胀税与普通的政府税收有相似之处,都使得老百姓福利水平下降,但又与普通税收有所不同。普通税收本身可以成为政府调节收入分配的工具,通过调节税率可实现财富的重新分配,而通货膨胀税是由于物价水平上涨给老百姓带来的损失,会扭曲收入分配结构。通货膨胀的影响体现在:第一,会扭曲收入分配结构,导致分配不公。一部分人名义上成为高收入者,其纳税比例提高,但实行定额纳税的经济实体则相对降低了纳税额。第二,会扭曲企业应纳所得税的税基。公司的应税收益中有一部分是虚增的,而计入公司成本的固定资产折旧和原材料消耗等都按照当初历史成本计价。第三,对所有税收都有侵蚀性效应。在纳税延迟的情况下,当价格总水平增长时,税收义务发生与税款实际征收之间的时滞性,使得实际价值下降(纳税人无形中得到了一笔税款扣减),通货膨胀率越高,政府税收收入损失就越大。因此,政府应对通货膨胀税加以控制。

思考讨论题:理解铸币税与通货膨胀税的关系,通货膨胀税与普通政府税收的相同和不同之处,以及通货膨胀税的作用和负面影响。

总的来说,与其他收入形式相比,税收适用范围广且不受限制,收入稳定而规范,具有不可比拟的优势,因而成为世界各国政府筹集财政收入的基本形式。绝大多数现代国家税收收入占财政收入的比重都达到了八成以上。我国2000—2022年的财政收入和税收收入如图2-1所示。

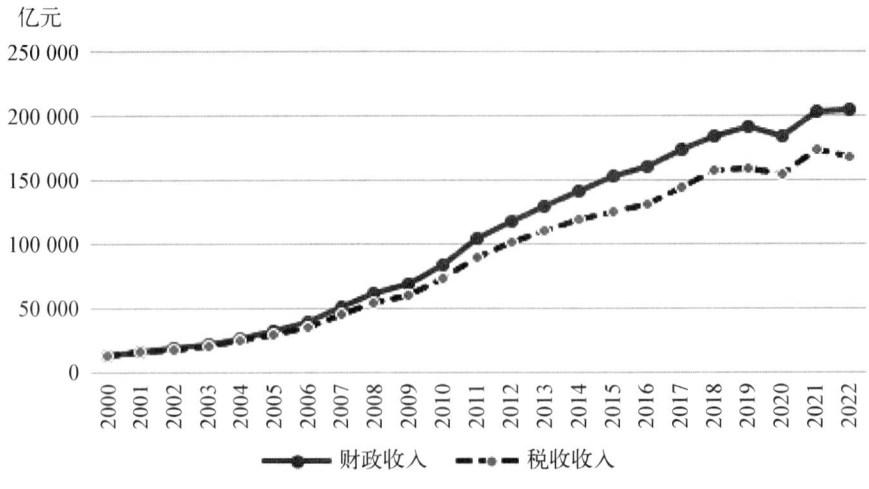

图 2-1　2000—2022 年我国财政收入和税收收入

数据来源：财政部官网。

二、调节收入分配职能

税收是调节收入分配的重要工具。市场经济领域中的初次分配遵循"效率优先，兼顾公平"的原则，竞争压力之下，市场经济主体必须通过提高资源利用效率来争取生产结果的分配，因此必然存在收入分配的差异，出现收入分配差距的拉大。这是市场经济本身无法避免的，也是具有正面意义的，能够刺激社会资源配置效率的提高，提高经济活力。但收入分配差距过大，会直接导致社会公平问题，影响社会的稳定，最终也会阻碍经济的进一步增长。

税收是财政参与国民收入分配和再分配最常用的手段之一。一方面建立征税制度，通过对高收入者多征税、对低收入者少征税，实现收入再分配，控制不同收入阶层的收入差距；通过对高端消费产品或劳务课以重税，对生活必需品实行轻税，调节不同收入阶层承担的税负水平。另一方面，将所征收税款通过公共支出和转移支付等方式向社会公众提供公共品，或将财政资金直接、无偿地分配给特定地区和个人等救助对象，进一步调节收入的再分配。

可见，税收的收入分配职能本质上就是通过税收手段实现"削峰""填谷"，缩小市场经济领域出现的收入差距，将收入差距控制在社会可以接受的范围内，因此是以公平优先为原则，在维系社会稳定和推动社会成员共同富裕方面发挥着重要作用。

三、调控经济职能

税收对经济活动的调控职能主要体现在以下几个方面：

1. 调节经济结构，提高经济效率

资源的配置效率问题是经济学的核心问题，一般情况下，市场机制是资源配置的最优机制，但市场也存在失灵的一面，导致资源配置出现盲目或存在偏差，无法达到最优。通过合理设置税种、制定科学的差别税率和针对性强的税收奖限政策等，形成税收上的利益差别机制，可以对现有经济资源的流向和流量起到调整和引导作用，从而改善资源配置状况，增进社会福利。

2. 调节经济总量,保持经济稳定

税收的经济稳定职能是指通过税收手段,能够平抑经济波动、保持经济平衡。由于市场机制存在的盲目性、滞后性等特点,不是总能保证总供给和总需求在充分利用社会资源的水平上实现均衡,可能会周期性地发生通货膨胀、失业、经济增长波动、国际收支失衡等经济问题。政府可以运用税收这个调节手段和经济杠杆,缓和周期性的经济波动,保证高水平的就业和价格稳定。

3. 维护国家权益,促进对外开放

在现代市场经济条件下,税收还具有维护国家权益、促进国际平等竞争的作用。包括:(1)根据独立自主、平等互利的原则,与各国进行税收谈判,签订避免双重征税协定,以利于发展中国的对外贸易和国际经济技术交往。(2)根据国家经济建设发展的需要,对进口商品征收进口关税,保护国内市场和新兴产业,维护国家的经济独立和经济利益;对某些出口产品征收出口关税,以限制国内紧缺资源的外流,保证国内生产、生活的需要。(3)为扩大出口,实行出口退税制度,鼓励国内产品走向国际市场,增强出口产品在国际市场上的竞争力。根据发展生产和技术进步的需要,实行税收优惠政策,鼓励引进国外资金、技术和设备,加速中国经济的发展。(4)对外国人和外国企业来源于中国的收入和所得征收所得税,维护国家主权和利益。

如上,筹集财政收入、调节收入分配和调控经济,是税收的三大基本职能。但税收作为一个历史范畴,其特定职能随国家和社会需要的变化而变化。新中国成立后税性收入占比经历了较大的起伏变化,实质是税收职能发生了变化(见专题2-2)。

专题 2-2

我国税收职能的演变

税收在我国的作用,在新中国成立之后经历了从"税收无用论""税收万能论"到辩证认识税收作用三个阶段。能够反映税收在国民经济中地位和作用的一个重要指标就是税收收入占预算内财政收入(即税收收入占比)的比重。图2-2所示是新中国成

图 2-2 新中国成立后税性收入占比的变化

资料来源:作者根据统计资料绘制。

立之后税性收入占比变化的情况。

从图中可见,我国税收的作用大致可以分为三个阶段:

(一) 1950—1984 年

新中国成立之初,我国处于计划经济时期,财政收入以计划价格和国有企业利润上缴为主,税收的必要性遭到否定。税制体系经历了从繁到简的体系化改革,于1958 年将商品流通税、货物税、营业税、印花税合并为工商统一税,并自 1973 年起再次简化税制,税制近乎单一税制。此阶段税性收入占比处于较低水平,维持在40%～57%。

(二) 1985—1994 年

1978 年党的十一届三中全会后,我国开始了改革开放和社会主义现代化建设的历史进程,税收的作用逐渐得到人们的认识,财税体制改革也掀开新的篇章。20 世纪 80 年代初初步形成了涉外税收制度,1983 年、1984 年分别在全国试行国营企业两步"利改税"和工商税制全面改革,逐步确立了多个税种组成的复合税制,强化了税收组织财政收入和宏观调控的功能,基本适应了我国经济发展和经济体制改革的需要。这一阶段税性收入占比大幅提高,每年都在94%以上。

(三) 1995 年至今

我国于 1994 年实施了分税制改革,结束了政府按照企业隶属关系划分收入的历史,在国家与企业、中央与地方之间建立起稳定规范的分配关系,形成了合理预期。由于地方政府的财权有所收缩,通过出让土地等来源获得的非税收入增加。从 1995 年起,我国税性收入占比逐步下降,目前已接近于 80%。

思考讨论题:从上述我国税收地位和作用的演变过程,是否可以看到我国部分税收职能的变化?若想要全面考察三个基本职能的演变情况,还需要补充了解哪些信息资料?

第三节 税收的基本原则

税收原则是一国设计税收制度及实施税收政策的过程中遵循的行为准则,它也是评价和判断该国税制优劣、衡量税务行政管理机构运行绩效水平的基本尺度。税收原则是决定税收制度存、废、改、立的深层次理念体系。

在不同历史时期和社会阶段,人们对税收原则的理解和认识是不同的。税收原则理论是西方税收理论重要的组成部分,西方一些经济学家根据自己所处立场和时代的需要,对税收原则理论不断补充和完善,提出了各种税收原则观点。其中,亚当·斯密、瓦格纳、纽马克、马斯格雷夫的税收原则观点较为系统和有代表性,如表 2-1 所示。

表 2-1 西方典型的税收原则理论

亚当·斯密	瓦格纳	纽马克	马斯格雷夫
	一、财政政策上的原则 1. 征收的充足性 2. 税收的可变动性	一、国库收入上、财政政策上的原则 1. 充足性 2. 伸张性	
	二、国民经济上的原则 3. 税源选择的妥当性 4. 税种选择的妥当性	三、经济政策的原则 7. 排除税收个别介入措施 8. 对个人领域介入最小化 9. 竞争中立性 10. 课税的积极灵活性 11. 课税的自动灵活性 12. 实现成长政策	2. 尽量不干预高效的市场经济决定 3. 尽量不损害促进投资等税收政策的公平性 4. 协调税收构造安定成长政策
一、公平	三、公正的原则 5. 课税的普遍性 6. 课税的公平性	二、伦理的、社会政策的原则 3. 普遍性 4. 公平 5. 根据给付能力 6. 所得、财产再分配	1. 税负的公平分配
二、确实 三、便利 四、最小费用	四、税务行政上的原则 7. 明确 8. 方便 9. 最低征税费	四、税法上、税务行政上的原则 13. 整合性和体系性 14. 明了性 15. 实行可能性 16. 持续性 17. 最低征税费 18. 方便	5. 公正且非恣意的税务行政和明了的税收体系 6. 最低的征税费以及纳税合作费

资料来源：神野直彦.财政学——财政现象的实体化分析[M].彭曦等译.南京大学出版社,2012.

总结上表中几位经济学家的观点,税收原则可以分为财政原则、公平原则和效率原则。

一、税收的财政原则

税收的财政原则是指通过征税得到的收入要充分,能够满足财政支出的需要。国家财政收入充裕,才可以满足国家实现职能的支出需要。这是一个动态的概念,具体要求：

（一）税收收入的充分性

通过征税得到的收入要充分,能够满足一定时期财政支出的需要。税收收入不足,会导致公共产品供给不充分,无法实现公共产品和私人产品的最优配置。例如,新房产税被寄希望于能够作为地方税主体税种,为地方财政收入提供重要来源,但有测算结果发现其充分性并不满足(参见论文概览 2-1)。为此,需要选择税基宽广而稳定、征管较便利、税源易于控制的征税对象。

> **论文概览 2-1**
>
> **新房产税的充分性测算**
>
> 充实地方税收收入、成为地方税主体税种被认为是新房产税的一个重要功能。但李文(2014)、司言武等(2014)分别利用全国层面宏观数据和浙江省某县微观数据测算了未来房产税在地方税收收入中的比例,认为房产税未来的收入规模并不足以使之成为地方税主体税种。刘金东和王生发(2015)利用中国家庭健康营养调查的家户调查数据进行微观模拟,得出房产税规模在地方税收入中占比不超过10%,根本无法充当地方税主体税种。据此,对新房产税的功能定位需要进行调整。
>
> 资料来源:刘金东和王生发.新房产税的累进性与充分性测试——基于家户调查数据的微观模拟[J].财经论丛,2015(12)等.

当然,税收收入也并非越多越好。税收过重,会挤压居民收入和企业积累,挫伤生产的积极性,同样导致社会财富下降、社会福利受损。那么,衡量税收收入"充分"与否的标准是什么呢?从其与财政支出的关系看,应是"量入为出"还是"量出制入"呢?参见专题2-3。

> **专题 2-3**
>
> **税收收入应"量入为出"还是"量出制入"**
>
> "量入为出"与"量出制入"是两个非常重要的税制原则。所谓"量入为出",是指根据国家财政收入的情况确定财政支出的数额,以收入确定支出,多收多支,少收少支;"量出制入"则是指政府根据支出的规模确定财政收入的数额,支出多则赋税增加,支出少则赋税相应地要减少。
>
> 中国自古代至近代,"量入为出"始终是占主导地位的赋税基本原则。"量出制入"也曾被提出和实行过,但大多是为应对财政困境而采取的临时性措施。与中国不同,在英国税收史中,从来就不曾有过"量入为出"的税制原则。英国征税从来都是有"出"才有"入",无"出"则无"入"。因此,"量出制入"是英国税收的基本指导思想。
>
> 滕淑娜和杨帅(2022)考察了"量入为出"与"量出制入"在中英两国的不同发展趋势,可以看出两国不同的政治经济制度、文化特征、法律习惯等对税制异向发展的重要影响。可见,一国税制采取何种税制基本原则从来就不是凭空而来的,而是受一定条件制约的。
>
> **思考讨论题**:怎么理解税收收入的充分性原则?从中英两国情况看,"量入为出"和"量出制入"原则各自有什么样的适用性?

(二) 税收收入要有弹性

税收收入有弹性,即能够随国民经济的增长而增长,从而适应财政支出的变化。税收收入弹性简称税收弹性,其系数等于税收增长速度同经济增长速度的比值。即：

$$ET = (\Delta T/T)/(\Delta Y/Y) \qquad (2-1)$$

若税收弹性系数等于1,说明税收收入的增长同国民收入增长同步;若税收弹性系数大于1,说明税收收入增长速度快于国民收入增长速度;反之则反是。弹性不足的税收,无法实现公私产品的有效配置。国民收入的增加意味着生产、流通的扩大,一般而言,每年的税收收入总是随国民收入增加而有一定增加,因此税收弹性系数总是大于0。但税收弹性是否大于1才更好呢?一般认为,弹性系数在0.8～1.2为合理区间。当经济过热、通胀率过高、投资过旺时,税收弹性系数应超过1,给经济降温;在供给与需求总量基本保持平衡时,税收弹性系数应维持在1左右较为适当;当经济不振、市场疲软、投资萎缩、需求不足时,税收弹性系数应调低在1以下,以刺激投资和需求,促进经济增长。

改革开放后迄今,我国税收弹性的变化情况如图2-3所示。由图可知,我国的税收收入弹性系数的变化趋势大致可分为三个阶段：

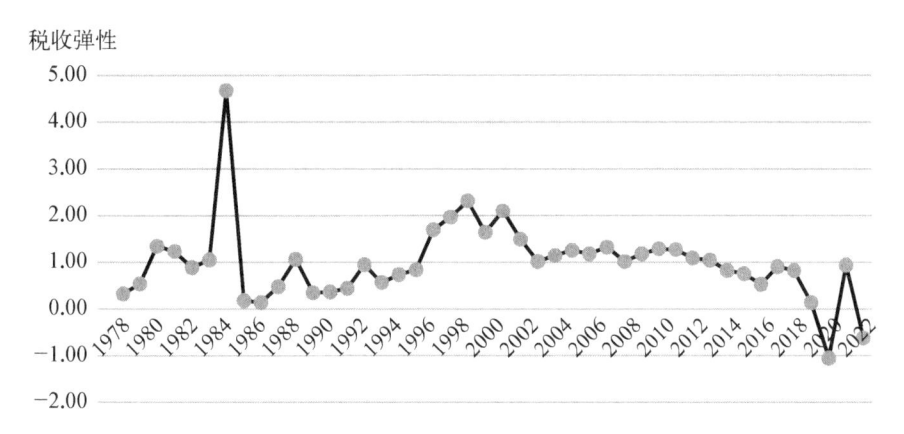

图2-3 我国税收收入弹性变化情况

数据来源：根据历年统计数据计算而得。

第一个阶段是1979—1996年,这期间,除了80年代初期两步"利改税"的特例外,税收弹性系数普遍低于1。

第二阶段是1997—2011年,自1994年工商税制改革后,税收收入弹性稳定保持在1以上。尤其是1997—2001年五年间,税收弹性系数剧升,原因跟这段时期适逢国家实行积极的财政政策有关。1998—2000年三年间,全国总投资规模达到24 000亿元。2000年开始在全国范围内统一开展整顿和规范市场经济秩序工作,加大打击走私的力度,受此影响关税收入有所提升。

第三阶段是2012年之后,伴随着我国进入经济结构转型期,经济增长由高速增长步入中高速增长的新常态时期,税收增速放缓,税收收入弹性回归到接近1的范围。2020年、2022年因"新冠"疫情的影响,我国推出了减税降费和新增财政资金直达机制等规模性助企纾困政策,全国税收收入分别出现首次和第二次下降,税收弹性小于零。

那么,税收弹性的大小主要取决于哪些因素呢?作为税收增速相对于国民经济增速的大小,税收弹性总体上是一国经济形势、宏观经济政策、税收制度以及征管水平等多种因素综合作用的结果：

（1）宏观经济政策因素。如前所述，如果国家施行扩张型经济政策，增加投资、扩大内需，势必会追加税收计划，税收弹性会上升。税收政策也是国家运用税收增减变化来影响和控制经济运行、经济结构和企业行为的政策手段之一，特定时期，增值税、所得税等税种所实行的优惠政策造成税收收入占 GDP 比重下降，证券投资市场活跃等取得的证券交易印花税大幅增加等因素会引致税收收入占比的上升。

（2）经济因素。影响税收弹性的经济因素主要包括经济结构、经济效益水平和价格水平等因素。经济结构主要体现为产业结构和所有制结构，其中产业结构变动体现着经济发展的阶段性规律，对税收收入的规模和结构变动起到主要的影响作用。经济效益水平方面，如果一国经济形势向好，企业经济效益提高，进出口贸易活跃，客观上为企业及时足额缴纳税款提供了坚实的基础，保证了征收率的高位运行，从而带动税收收入弹性系数的增加。当经济繁荣、国民经济增长快且经济效益较好时，税收弹性就可能大于 1。处于经济快速发展期的国家，税收弹性系数可能会保持在 1.2 到 2.0 之间的范围。此外，价格因素对税收增长也有较明显的影响。价格的提高使得税基名义上抬高，从而使得税收增长。这在累进税制下表现得最为明显。

（3）管理因素。税收征管水平差异直接影响当期税收收入量的变化从而对税收弹性产生影响。征管模式的科学化，税收征收方式的规范化，纳税人纳税意识的提高，都有助于税收收入的大幅增加。申报率是税收真实性的表现，过低会严重影响到税收收入的实现。税收入库率、欠税额都会对税收弹性系数产生一定的影响。

（4）税种和税制结构因素。经济增长是税收增长的基础，但影响税收增长的最直接因素是各税种对应税基的增长。不同税种的税基增长速度与 GDP 增长速度不一致，因而各税种的税收收入弹性也存在差异，参见拓展资料 2-2。此外，税收制度是税收参与社会分配、取得多少收入的决定性因素。我国现行税收制度结构中，存在税种覆盖面有限、行业与产业之间税负不平衡、税率结构不合理及出口产品实行"免抵退"制度等问题，税收减收因素较强。

拓展资料 2-2 不同税种与 GDP 的关系

总之，税收弹性由很多因素决定，既有总量上的原因，也有结构上的原因；既有内部的原因，也有外部的原因；既有制度政策上的因素，也有征管上的因素；既有正常因素，也有暂时的非正常因素。我国当前经济的总体发展处于转型期，本身管理体制和税制结构尚不稳定和成熟，因此不必简单地要求税收收入弹性总是围绕着 1 上下波动。

二、税收的公平原则

税收不仅是一个经济问题，也是一个政治和社会问题。税收应当是公平的，税收负担应合理地分配到每一位纳税人身上。公平原则是设计税收制度的重要原则，甚至被很多经济学家认为是最重要的原则。瓦格纳称之为社会正义原则。

然而，"公平"本身是一个非常复杂的概念，对税收公平原则内涵的理解不同就会衍生出出发点完全不同的具体原则。税收公平的内涵包括横向公平和纵向公平，即相同纳税条件的纳税人应当缴纳相同数额的税收，不同纳税条件的纳税人应当缴纳不同的税收。横向公平和纵向公平作为基本原则是没有异议的,但在实际操作中存在很大困难,因为怎样衡量纳税人是否具有相同或不同纳税条件,存在不同看法。

关于衡量税收公平的准则,主要有三种观点:

1. 机会准则

机会准则是主张按照纳税人获利机会的多少来分摊税收负担。而获利机会的多少是由其拥有的经济资源决定的,包括自然资源、财力资源、人力资源等等。一般而言,纳税人拥有相同的经济资源,就会有相同的获利机会,而且按照拥有经济资源的多寡来征税,也有利于资源的合理利用,减少资源浪费,符合税收效率原则。但现实的问题在于,拥有资源的多少只是取得收益的前提或可能,并不意味着真正能够获得相应的收益。因此,机会准则只能适用于一些自然资源的开采和利用的税种。

2. 受益准则(The Benefit Approach)

受益准则是主张根据纳税人从政府提供的公共物品中受益大小来确定税收负担。它源于市场交易中等价交换的价格理论。受益准则在实践中也存在一系列难题,例如,公共物品的消费具有不可分割性,因而无法精确计算每个人的消费数量和受益大小,也就无法确定其应承担的税收份额。因此,受益准则只能适用于那些在公共物品消费中能够确定所得受益份额的税收负担的分配,如社会保险、汽油消费、车船使用等的征税。

3. 量能准则(Ability-to-pay Approach)

量能课税准则是主张按照纳税人的负担能力来分担税收,亦称支付能力原则。支付能力的衡量又有客观标准和主观标准之分。客观标准包括按照收入大小、按照支出多少、按照财富多寡等标准,也各自存在一些缺陷和不足。主观标准则是以纳税人因纳税感受到的效用减少的程度来测定其支付能力。这种观点认为,如果征税行为能使每一个纳税人所感受到的牺牲程度相同,那么征税的数额也就同其支付能力相符,这样的税收制度就是公平的。虽然有其道理,但在现实世界中实际上无法运用,因为每个人所感受到的效用都是一个纯主观概念,无法准确衡量。

综合之,机会准则、受益准则和量能准则都有其理论价值和实践中的优越之处,但也都存在局限性。税收制度的设计需要根据特定的调控对象和目标来选择合适的征税原则。现实中,各国税制的设计常常会在考虑纳税人获利机会和个人受益程度的基础上,选择最能反映纳税人支付能力的要素作为征税的基础,以求尽量全面地体现税收公平的要求。

税收优惠政策是指对某些特定纳税人和征税对象给予鼓励和照顾的各种规定,直接目的和效果是减轻纳税人的税收负担。税收优惠几乎适用于所有的税种。过去有段时间,我国地方税收优惠政策在内容和形式上都存在泛滥现象,使得人们开始质疑其正当合理性,而其对税收公平原则的牺牲是被诟病的焦点所在。参见专题2-4。

专题 2-4

税收优惠是否违背税收公平原则?

税收优惠是一个国家进行宏观经济调控、实现国家政策目标的重要手段,简言之,税收优惠是以减少国家财政收入为代价来实现宏观调控目标的政策手段。税收优惠对税收公平的影响可以分为积极影响和消极影响两个方面的影响,这也体现了税收公平原则和税收优惠对立与统一的关系。一方面,税收优惠是实现收入公平分配的有益补充,科学的税收优惠有利于社会实质公平的维护。这是因为,社会公平有实质公平和形式公平之分,法律的普遍性与稳定性是形式公平,个案中涉及具体当事人的具体权益的是实质公平。实践中可能存在两者不能兼顾的情况,在保证法律的稳定性前提下,实行税收优惠就有助于实现个体的实质公平。税收优惠可以在一定程度上解决税收公平原则所无法调解的公平需求,对于增进社会福利、维护公平社会公平、维持社会稳定有着促进作用。另一方面,税收优惠对实现税收公平有着消极影响,不合理的税收优惠政策导致不同纳税主体税负失衡,例如导致贫富与地区的两极分化、行业间的税负出现不公平等,使得纳税者产生不满情绪,滋生逃税问题。

目前,我国的税收优惠政策实践存在混乱的情况,主要原因是税收优惠措施的制定违反了税收法定原则,国务院、国务院各部委、地方政府擅自在自己辖区内制定优惠措施。按照法律明文规定,税收优惠政策的制定权只能在立法机关。因此,税收优惠的立法权集中在立法机关手中是保证税收优惠正当合理性的最根本的条件之一。

税收优惠是法治国家税收制度的有机组成部分。作为一种税收政策工具,一定时期内仍然是我国经济社会发展所不可或缺的制度安排。必须承认,税收优惠是偏离税收公平原则的,但它能够与税收公平原则在法律上共存,关键在于如何保证税收优惠的正当合理性。税收优惠政策的正当性,主要通过如下方面得到保证:税收优惠目的具有正当性,具有正当性的法律依据;对于税收公平原则的牺牲与对公共利益的追求应符合比例原则;严格遵守税收法定主义原则的要求,在立法上必须予以节制,对于其立法目的须经严格审查。

思考讨论题: 关于税收优惠是否违背税收公平,上述看法你是否认同?在全面理解税收优惠与税收公平的辩证关系方面,你有什么补充或其他见解?

三、税收的效率原则

税收的效率原则是指税收活动应有利于效率的提高。亚当·斯密(1776)在《国富论》中指出:"一切赋税的征收,须设法使人民所付出的,尽可能等于国家收入的";达不到效率要求的原因包括征收赋税使用"大批官吏"、"妨碍人民的勤劳"、对不幸的逃税未遂者的惩罚往往是严重的打击、纳税人可能遭受"税吏的频繁访问及可厌的稽查"。其得出结论:赋税造成的人民负担,往往比它带来的国家利益大得多。这些可以看作是有关税收效率的最早论述。

税收效率通常被分为行政效率与经济效率两个方面。行政效率是指税收的征收和缴纳应尽可能满足确定、便利和节约原则;经济效率是指税收应尽可能减少对经济行为的干扰和扭曲,避免给纳税人造成额外负担。

(一) 税收的行政效率

税收的行政效率可以从征税成本和纳税成本两方面来考察。

1. 征税成本

征税成本是税务部门在征税过程中所发生的各种管理费用,例如税务部门的设备购置、日常办公费用、税务人员工薪支出等。征税成本占税收收入的比重反映了征税效率。征税成本跟税制结构的特点有关,一般而言,所得税的征税成本率较高,增值税次之。此外,征税成本高低也跟纳税人的纳税意识、税务机构设置与分布、政府部门的征税成本意识、税收服务及税务机关的征管能力、技术水平和工作效率密切相关。也因此,我国的征税成本要远高于一些西方发达国家(参见专题2-5)。

专题 2-5

为何我国征税成本远高于发达国家?

从税制设计看,中国的征税成本似乎应该低于一些西方国家。例如,西方国家的纳税人包括家庭和企业,家庭报税工作量极其巨大,而中国纳税人不包括家庭,只有个人和企业;美国实行以所得税为主的税制,征税复杂性很高,而中国实行以流转税为主的税制,征管相对容易。但实际上,我国的征税成本远远高于发达国家,目前我国征税成本为5%~10%,而发达国家的征税成本一般只有1%左右。

思考讨论题:我国征税成本较高有哪些方面的原因?征税成本是否越低越好?

---

2. 纳税成本

纳税成本也称税收遵从成本(Compliance Cost),指纳税人为了缴纳应付税款所需付出的额外成本。例如,纳税人完成纳税申报所花费的时间和交通费用,纳税人雇用税务顾问、会计师所花费的费用。此外还包括心理成本,或称为精神成本或耻辱成本(Psychic or Stigma Cost)。有的纳税人由于担心纳税申报数据出错而遭受惩罚,焦虑不安。有的研究者还纳入政治成本,即纳税人试图要求政府改变税法所付出的成本。纳税成本一般用纳税成本与所缴纳税额的比率即纳税成本率来反映。

研究表明,纳税成本在数额上远远超过征税成本。例如,Sandford,Godwin 和 Hardwick(1989)对1986—1987年英国个人所得税的纳税成本测量为3.4%;Slemrod 和 Sorum(1984)及 Dubin,Graetz 和 Wilde(1988)对1982年美国明尼苏达州个人所得税的纳税成本测得5%~7%;Vaillancourt(1989)测得加拿大个人所得税和工资税的纳税成本为5.96%。

(二) 税收的经济效率

税收的经济效率原则,就是要求税收活动对经济活动的干预最小,避免过度干扰纳税人的生产投资决策、储蓄或消费选择,使产生的超额负担尽可能最小。此即税收的中性原则。税收的超额负担(Excess Burden)又称税收的超额损失或无谓损失(Deadweight Loss),是指政府通过征税将社会资源从纳税人转向政府部门的转移过程中,给纳税人造成了税款以外的负担。税收的超额负担会降低税收的效率。

超额负担的产生与税收的替代效应有关。由于课税引起商品相对价格的变化,致使私人对消费、生产和投资行为发生改变,从而减少了课税以前经济选择所能取得的经济福利,带来市场配置资源的效率损失。即如果课税前私人的经济行为和经济决策是符合"理性"的,那么,课税就将改变或打破这种最佳状态,减损他们可能获得的经济福利。

超额负担同商品的供需弹性成正比,同税率的平方成正比。一种商品的供需弹性越大,征税的潜在扭曲效应也就越大。因此,对弹性相对小的商品课征相对高的税率,对弹性相对大的商品课征相对低的税率,可使总体超额负担最小化。

对于上述税收的效率框架,王军(2015)认为较为片面,将政治效率等同于行政效率,经济效率中缺乏对税式支出效率的研究,也没有充分考虑社会效率。为此,他提出了一个包含政治效率、经济效率和社会效率的更为全面的税收效率框架,参见专题2-6。

专题 2-6

税收效率的多维框架

王军(2015)所提出的税收效率框架包括:

1. 政治效率

政治效率是使得税收的政治属性得以发挥的效率,可从如下三个方面进行考察:

(1) 行政效率。即传统意义上的、从组织收入角度而言的效率,目标是征税成本最小化。

(2) 依法征税的程度。税收法律级次的高低,影响税收法律制度的整体效应。将法律级次与税收职能相匹配,才能保证税收政策的执行效率。另外还要注重税收征纳双方的和谐程度,避免社会民意对税收政策执行效率的反作用。

(3) 中央税收和地方税收划分的科学程度。要考虑组织收入的程序合法性和社会群体的诉求,考虑税收法律的层级和效力问题,避免发生"事权—财权—税权"间的扭曲。将分税制问题纳入政治效率的范畴,有利于提升税收在国家治理中的地位。

2. 经济效率

从收入和支出两个层面来考察,税收的经济效率包括:

(1) 税制的效率。此即前述传统的经济效率,是税收制度的制定和执行呼应经济工作总基调、利于经济长期增长和结构调整的程度。

(2) 税式支出(税收优惠)效率。此即从支出层面,各地区税收优惠政策能够从整体上促进经济合理有序增长的程度。

3. 社会效率

社会效率是体现税收社会属性发挥的效率。税收的社会属性表现为:在初次分配领域,通过税收职能在国家与社会之间合理分配财富,实现稳定税负的目标;在再分配领域,通过税收手段调节收入分配、维护社会公平的目标。因此,税收的社会效率包括:

(1) 宏观税负稳定程度。宏观税负过高或过低,或者起落太大,都会对国民经济造成冲击,降低税收的经济效率。

(2) 税收调节收入分配的能力。这涉及直接税和间接税比例的优化问题,也涉及具体税种如个人所得税调节能力的提升问题。

思考讨论题:比较该税收效率多维框架与传统效率框架,你如何理解和评价该效率框架?

课程思政

公共税收的学习者和研究者,应负有社会责任感和使命感。通过本章学习,引导学生不仅要妙手著文章,更要铁肩担道义;除了关注税收收入、效率等税收原则,也要关注社会公平;在效率方面,要追求征纳成本的节约和超额负担的最小化,以减少福利损失,将人们所纳税收的效用最大化。

本章小结

不同学科对税收的本质有不同的理解,传统财政学认为税收的本质是一种国家权力,税法学认为税收是公共产品的价格,公共选择理论则将税收视为国家与纳税人之间存在的一种契约关系。

税收出现的逻辑起点可以归结于市场失灵。税收的出现和存在还需要经济条件和政治条件。

税收作为一种公共政策手段,具有筹集财政收入、调节收入分配、调控经济等职能。

税收原则可以分为财政原则、公平原则和效率原则。

复习思考题

1. 传统财政学是怎么看税收的本质的?其强调的税收的"三性"是什么?
2. 税法学视角和公共选择学派怎么看税收的本质?两者有什么异同?
3. 为什么人类社会会出现税收这个事物?其根本原因和作用是什么?
4. 怎么理解美国法学家霍姆斯的名言"税收是文明的对价"?
5. 税收在弥补市场失灵方面分别是怎样起作用的?有哪些政策手段和方式?
6. 税收能够存在的现实客观条件是什么?
7. 税收有哪些基本职能?
8. 什么是铸币税?什么是通货膨胀税?两者有什么区别和联系?
9. 我国历史上税收职能作用经历了怎样的演变过程?
10. 税收的基本原则有哪些?
11. 怎么理解税收的充分性原则?"量入为出"和"量出制入"原则各有什么适用性?
12. 什么是税收的收入弹性,其取值范围有什么含义?
13. 税收优惠是否违背税收公平?如何理解两者的关系?
14. 为何我国的征税成本远高于发达国家?
15. 什么是税收超额负担,哪些因素影响税收超额负担的大小?
16. 什么是税收中性原则?它与调控职能是否矛盾?
17. 税收效率的多维框架包含哪些方面,如何理解该框架与传统税收效率框架的异同?

第三章

税 种 与 税 负

名人名言

通货膨胀是一种无须立法的税收。　　　　　　　　　——弥尔顿·弗莱德曼

征收多于政府绝对必要的税赋的本质就是法律允许的抢劫。　　——卡尔文·柯立芝

取于民有度,用之有止,国虽小必安;取于民无度,用之不止,国虽大必危。

——《管子·权修》

教学目标

通过本章学习,了解目前有哪些基本的税种类型,我国历年来税种结构的变动情况怎样,近年国内外出现了哪些新税种;税负有哪些不同的分类,如何对税负水平进行测量;哪些因素影响宏观税负水平的高低。

第一节　税种的类型与变化

一、税种的基本类型

税种的分类方法很多。按征税对象的不同,可分为商品税(Commodity Tax)、所得税(Income Tax)、财产税(Property Tax)、资源税和行为税等。按照税负是否可以转嫁以及转嫁难易程度的不同,可分为直接税和间接税。按课税着眼点分类,可分为对人税、对物税;按计税方式,可分为从价税、从量税;按税收与价格的关系,可分为价内税、价外税;按征收实体,可分为实物税、力役税、货币税;按管理权限,可分为中央税、地方税、中央与地方共享税;等等。经济合作与发展组织(OECD)对税种也有非常详细的分类。我们这里根据最常见的分类即征税对象的不同,对最基本的几个税种作简要介绍。

(一) 商品税类

商品税是对商品与劳务的交易额所课征的税。由于商品课税的主要对象是消费品或劳务,而且是在流通过程中征收的,所以通常又称为流转税或货物与劳务税。世界各国比较有代表性的商品税税种包括关税、周转税、营业税、货物税、消费税、增值税、销售税、劳务税等。

商品税类的税种,以商品价值的流转额为课税基础,不考虑纳税人的经济条件及负担能力等因素,只要纳税人实现销售,就要对其销售(营业)额全部课税。其优点是:(1) 征税面广,只要消费商品,人人都要负担税收;(2) 收入充裕,凡发生应税商品交易行为就必须纳

税,故能保证财政收入的及时、均衡、稳定可靠;(3) 征收手续简便易行,征收费用也低,便于征收管理;(4) 可以抑制特定消费品的消费——对某些奢侈品、环境资源消耗品等制定较高的税率,从而达到政策目的。

商品税类的税种存在如下弊端:

(1) 不符合纳税能力原则。除增值税以外,不问纳税人经营商品或劳务是否盈利、盈利多少,只要发生应税行为就要以流转额全值为对象课税,与纳税人的实际负担能力相脱离。此外,一般只适宜采取比例税率或定额税率,不像累进所得税更能体现按能力纳税原则。

(2) 不符合税收公平原则。一般采用比例税率,对一般消费品的课税,有明显的累退性,对低收入者的不利影响更明显。

(3) 缺乏弹性。采用比例税率,甚至实行定额税率,会造成这类税种缺乏收入弹性。

(二) 所得税类

所得税是以纳税人的各项纯所得或净收益为课税对象征收的税种。各国开征的所得税主要有个人所得税、公司所得税、社会保险税、资本利得税和超额利润税等税种。

所得税类税种的特点包括:(1) 对人课税,体现税收公平原则;(2) 税负较难转嫁,一般情况下纳税人就是负税人;(3) 通常采用累进税率,有利于公平;(4) 具有弹性征收、调节经济运行的功能,即"自动稳定器"的功能。

所得税类税种的弊端是,应税所得额的计算较为复杂,征管要求较高,客观上要求征管人员具有较高的专业素质和较先进的征管手段。

(三) 财产税类

财产税是以纳税人所有的财产或归其支配的财产作为课税对象征收的税种,是对收入存量的课税。根据课税对象不同,财产税又分为一般财产税和特定财产税,前者包括净值税、遗产税、继承税、赠与税,后者包括土地税、房产税、车船税。

财产税是古老的税种,虽然随着社会的进步和经济的发展,财产税在税收体系中的地位已被商品税和所得税取代,但它仍然是现代税制中一个重要的辅助税种,在筹集财政收入、公平财富分配、调节经济等方面起着重要作用。

财产税的特点,一是课税对象是财产的存量,这是它与其他税种的根本区别;二是财产税是直接税,是定期税。上述特点是就其总体而言的,并不排除个别财产税具有与上述不同甚至相反的特点,如对财产租金进行课税时,其税负易于转嫁;遗产税与赠与税属于一次课征;等等。

支持财产税的理由包括:(1) 税源充裕、收入稳定;(2) 符合公平原则(纳税能力原则);(3) 具有收入再分配的职能。征收财产税可以促进资源的有效利用、避免财产的闲置浪费,能够对所得课税与商品课税的缺漏有所弥补。

反对财产税的理由包括:一是从整体收入看未必公平,因为现代经济社会中人们的财富并不完全表现于财产;二是收入弹性小;三是对财产课税会降低人们的储蓄意愿,减弱资本积累的能力;四是征收管理成本过高,财产种类繁多,动产易于隐匿,大部分动产难以查实。

(四) 行为税类

行为税是国家为了对某些特定行为进行限制或开辟某些财源而课征的一类税种。如针对一些奢侈性的社会消费行为,征收娱乐税、宴席税;针对牲畜交易和屠宰等行为,征收交易税、屠宰税;针对财产和商事凭证贴花行为,征收印花税;等等。

我国历史上曾经或正在开征的行为税包括城市维护建设税、印花税、固定资产投资方向调节税、土地增值税、屠宰税、筵席税、证券交易税和燃油税。这些税种都是对特定行为或为达到特定目的而征收的。行为税收入零星分散,一般作为地方政府筹集地方财政资金的一种补充手段。

二、税种的变化和演变

(一) 我国历年税种变动情况

新中国成立以来,我国的税种经历了很大的变动(具体税种的变化参见拓展资料3-1)。一些税种从无到有;一些税种从有到无,经历了开征、撤销或合并;还有一些税种则从无到有又到无,经历了开征、停征、又开征、又停征(如存款利息所得税)。我国税种总数的变动情况如表3-1所示。

拓展资料3-1

我国1950—2009年税种结构变动一览表

表3-1 我国1950—2009年税种数量变化

年份	1950年	1957年	1958年	1978年	1982年	1991年	1994年	2009年
税种数量(种)	16	16	14	13	17	35	25	20

资料来源:刘振亚,李伟.我国税制演变影响因素分析——以税收结构变动为视角[J].中国人民大学学报,2016(3).

可见,我国税种数量先是在近30年的时间内逐步小幅度减少达最低值,后又在5年时间内恢复至略高于新中国成立初期的水平,接着是经历了一个翻倍增加的10年,然后又在5年内迅速减少并在之后的15年时间内逐步减少至改革开放之初的水平。在2009年之后,税种数量没有发生明显的变动。

就税种类别而言,1950—1978年间尽管税种数量一再减少,但流转税和所得税却始终保留,主要以工商业税、工商统一税和工商所得税的形式存在。税种的减并压缩也主要是将多种流转税压缩为一到两种流转税,其他类别的税种基本维持不变。

我国税种的这种结构性演变与各个历史时期的税制改革目标是紧密联系的。如表3-2是新中国成立以来,我国各时期的政府工作目标以及其中财税领域的改革目标。可见,我国税种的结构性演变趋势大致能够反映当时财税领域的改革目标。

表3-2 我国各时期政府工作目标及财税领域改革目标

时 期		政府工作目标	资 料 来 源	其中财税领域的改革目标
新中国成立初期至改革开放之前	1950—1956	争取国家财政经济状况根本好转	1950年七届三中全会《为争取国家财政经济状况的基本好转而斗争》	增加财政收入
	1957—1977	多快好省地建设社会主义	1958年八大二次会议《中共八大二次会议关于中央委员会的工作报告的决议》	保证公有制经济占绝对主导地位的前提下,配合当时社会主义建设总路线的实施

续　表

时　　期		政府工作目标	资　料　来　源	其中财税领域的改革目标
改革开放之后	1978—1983	实现工作重心转移，改革开放，进行农村经济体制改革	1978年十一届三中全会	《中国共产党第十一届中央委员会第三次全体会议公报》	提高非公有制经济成分的比重，引进外资
	1984—1992	将经济体制改革从农村推向城市，发展有计划的商品经济	1984年十二届三中全会	《中共中央关于经济体制改革的决定》	以两步"利改税"为突破口，将改革从农村推向城市
	1993—2002	建立社会主义市场经济体制	1993年十四届三中全会	《中共中央关于建立社会主义市场经济体制若干问题的决定》	实施分税制改革，增强中央政府宏观调控能力的目标
	2003—2012	深化经济体制改革	2003年十六届三中全会	《中共中央关于完善社会主义市场经济体制若干问题的决定》	改生产型增值税为消费型增值税、改进个人所得税和适时开征物业税等措施
	2013—	全面深化改革	2013年十八届三中全会	《中共中央关于全面深化改革若干重大问题的决定》	实施结构性减税以促进结构转型、稳定地方税规模和建设环保税体系
			2018年十九届五中全会	《中共中央关于制定国民经济和社会发展第十四个五年规划和二〇三五年远景目标的建议》	建立现代财税体制；进一步完善现代税收制度，切实发挥税收功能作用

资料来源：在刘振亚和李伟（2016）基础上补充和整理。

（二）新税种会不断产生吗？

纵观历史，很多曾经活跃在税收舞台上的税种（如英国的窗户税等）都已消失。税种是否与其他事物一样，也在不断推陈出新，未来新税种是否还会不断产生？

关于这个问题，在哥本哈根一个研讨会上曾经有过讨论，出现两种不同的观点。以挪威财政部Stig Sollund先生为代表的第一种观点认为，每个时代都会有新的税种产生，接下来的几十年间也不会例外；大量的新税种将被创设出来，比如对环境污染、金融交易、自然资源开采等开征新税。荷兰壳牌石油公司的法律副总裁Alan Mclean先生则代表了另一种观点，认为开征新税种有可能对经济行为和市场发展产生扭曲作用，如果各国政府不希望经济态势出现大的起伏，尤其在后金融危机时代，那么就应该不会有动力去创设大量的新税种；各国增加财政收入的方式可以是建立在对现有税制的改进上，比如对所得税加强征收管理、对增值税进一步改革等。

Alan Mclean先生所言，更大程度上是对开征新税种的利弊分析，代表了其观点和希望。实践中，经济、技术的发展，以及世界进入多变时代，不断给各国带来创设新税种的机会。

1. 金融交易税的开征

金融交易税(FTT)有着悠久的历史,最早可追溯至1694年英国政府对伦敦证交所股份交易行为所征收的印花税(Stamp Duty)。由于能够从少数相对复杂的金融实体中征收大量的税收收入,在欠发达国家也是非常流行的选择。而自2008年全球金融危机以来,金融交易税又引起人们的关注,被认为是解决金融市场不稳定性的潜在工具。

2008年以后次贷危机席卷全球,为挽救金融机构,各国政府付出了高昂的代价,包括欧盟各国政府也投入了大量资金对金融机构进行救助。金融机构在经济繁荣时期赚取高额利润,陷入危机时却让纳税人买单,这样的做法显然不具有可持续性。为了能让金融机构对其所引发的危机承担责任,并减少市场中的投机交易和预防新危机的发生,欧盟部分成员国多次提出在欧盟域内建立金融交易税制度的提案。但因各国分歧较大,特别是由于英国的强烈反对,金融交易税在欧盟内推行的过程可谓一波三折。

最初的提案中,欧盟试图推动金融交易税在全球推行,但加拿大、澳大利亚、巴西、印度、墨西哥等国内银行没有在全球危机中遭遇重大打击的二十国集团成员国反对征收银行税,认为这样做对那些与金融危机没有太多关系的金融机构不公平,也无助于防止金融行业再次遭遇危机。大部分发展中国家也没有兴趣采取这样一个会妨碍本国金融体系成长的做法。2010年G20领导人峰会讨论中,全球性的金融交易税的提案最终被否决。欧盟部分国家只能转而寄希望于在其内部实施该项税收。由于内部分歧仍然巨大,支持开征金融交易税的11个欧盟成员国只能提出单独组成一个欧盟内部集团,率先尝试实施金融交易税。2013年2月14日,欧盟委员会正式向欧洲议会提交了《关于以"强化合作"的方式实行金融交易税的法规草案》[Proposal for a Council Directive Implementing Enhanced Cooperation in the Area of Financial Transaction Tax (2013/0045)],建议由德国、法国、意大利、西班牙、奥地利、葡萄牙、比利时、爱沙尼亚、希腊、斯洛伐克以及斯洛文尼亚共11个欧盟成员国征收统一的金融交易税。由于最初同意征税的11国对于证券以及衍生品征税的细则上存在争议,经过11国中的10国同意,金融交易税的开征时间被最终推迟至2016年1月1日。

2022年11月,泰国财政部的一份声明指出,泰国将于2023年重新征收已暂停30年之久的金融交易税,为财政支出筹措资金,以应对因为疫情支持措施、能源补贴以及经济增长放缓导致的财政紧张。

与此同时,对开征金融交易税的意义的讨论仍在持续。金融交易税的支持者认为,由于金融交易的价值巨大,金融交易税可以低税率获得高收入。而反对者认为,金融交易税是无效的且针对性不强,虽能增加税收收入但也会刺激避税行为(例如,银行会想方设法改变自己的记账方式,减小在本国的资产负债表规模,甚至缩减在本国的业务),导致资产和行业之间的不公平影响,扭曲经济活动,同时中产阶层和退休者的储蓄承担大部分金融交易税,因此金融交易税也无法达到预期收入再分配的作用。

2. 数字税:全球税收治理和税制改革绕不开的话题

作为这两年新兴的一个概念,数字税的定义不论在学术讨论还是国际实践中,仍处于逐步明晰的过程中。目前的学术讨论中,数字税具有广义和狭义之分。狭义的数字税仅对以用户参与创造价值为特征的数字服务所产生的收入而非利润征税,征税对象集中为大型互联网企业,有的国家称之为数字(服务)税(Digital Services Tax)。而广义的数字税,则将数字服务交易作为征税对象,代指向数字服务交易征收的各种税的统称,包括增值税、消费税或本质上为流转税的税收类型。

数字税是经济全球化和数字化的产物。相比于传统的商品和服务,数字商品和服务具有很强的可塑性和可移动性,生产和销售十分依赖数据,且具有显著的规模效应,销售大多依赖平台模式实现,提供数字商品和服务的企业会逐渐产生垄断趋势。这些特点使得传统的税收框架在数字经济条件下很难适用。数字经济背景下,税收标准该如何确定,管辖权在各国间该如何划分,如何解决重复征税和逃避税难题等,尤其是"税基侵蚀与利润转移"(Base Erosion and Profit Shifting,BEPS)问题,成为亟待解决的问题。数字税的构思于是横空出世。

2015年,日本与OECD和欧盟同步,实质推出数字税,向经营收入1 000万日元以上的数字企业征收8%的数字税。2016年,印度向在线广告征收税率为6%的衡平税,新西兰向数字销售商征收税率为15%的消费税。2019年下半年以来,以法国为始,对数字经济单边征税掀起了一轮高潮。2019年7月11日,法国国民议会通过数字税法案,并于7月24日由总统马克龙签署后生效执行。意大利紧随其后,在2019年12月通过了新税法,于2020年1月1日起正式开征数字税。英国在2018年底就发布征收数字税的通知,2020年4月1日起开始对亚马逊、谷歌、Facebook在内的众多美国科技巨头征收2%的数字税,旨在规制硅谷公司通过将利润转移到爱尔兰等低税率地区而逃避支付数亿税收的行为。随着"新冠"疫情冲击全球经济,各国财政吃紧,加拿大等国也宣布了征收数字税的计划。短短数年间,这一新税种大有席卷全球之势。目前全球范围内已经有46个国家宣布开始或拟开始以企业的营收和利润为基础征收数字税,具体包括数字服务税、数字预提税等多种形式,税率在1%到15%不等。

也存在一些反对征收数字税的意见,理由包括税负转嫁问题,征纳成本问题,对于数字经济的发展以及国际竞争力的损害,以及可能成为一项新的贸易保护工具。

3. 人工智能发展与机器人税[①]

在过去几十年里,自动化、人工智能和机器人等技术作为新一轮产业革命和科技革命的核心驱动力,在政策和资本的双重推动下获得了巨大发展。据相关机构预测,到2025年世界人工智能市场规模将超过6万亿美元,到2030年人工智能将为世界经济贡献15.7万亿美元。深度强化学习、多模态学习、自监督学习、深度神经网络等人工智能算法和技术不断进步,以GPT-3和"悟道2.0"为代表的超大规模预训练模型,其性能在很多任务上都超越相关领域的专有模型,向人们展示一条通向通用人工智能的可能路径。新一轮科技革命也极大地推动了机器人产业的发展,2009年到2019年全球的工业机器人的库存增长了约167%,截至2019年底全球工业机器人累计安装了272.2万台套,年增长达12%,全球服务机器人在2019年也实现了169亿美元的销售收入。

人工智能和机器人等技术目前已广泛应用于各行各业,特别是制造业、安防、金融、教育、医疗养护、自动驾驶和新闻传播等行业,这些自动化和智能化技术的快速发展极大地提高了工业生产效率和企业效益,提升了产品服务质量和顾客满意度,创造了大量新的工作任务和就业岗位,重塑了全球产业结构、生产流程和组织架构,从而有利于产业结构升级和经

---

① 朱力. 机器人税:人工智能和自动化时代的税收挑战[J]. 未来与发展,2022(4). 本书作者作了缩减。

济高质量发展。但是,人工智能和机器人等技术的快速发展也可能会导致劳动者大规模失业、政府税收下降、不平等加剧和社会公共支出增加等问题,给政府财政和社会管理带来巨大挑战。作为应对人工智能、机器人和自动化等技术负面效应的一项举措,开征"机器人税"的提议已引起学界、政界和实业界的广泛关注和热烈讨论,一系列征税方案在学界被提出,部分报告已提交到欧盟议会进行了讨论和表决,在韩国甚至开始了"机器人税"的初步实践。

目前关于"机器人税"争论的焦点主要集中在是否应该征税及如何征税两个方面。支持者认为向机器人征税不仅可以减少失业人数,还能增加政府税收,增加的收入可用于救济失业者和培训工人,从而可以降低社会不平等、减缓社会矛盾。反对征税者则认为现在并没有充足的理由证明自动化和智能化技术会减少失业和税收收入,并且征收"机器人税"一方面还面临纳税主体和征税方式难以确定等现实困难,另一方面也面临着可能破坏创新和技术进步、降低征税地区竞争力和经济发展速度等巨大的经济压力。可能的征税方案学术界已提出了许多,虽然部分方案已经付诸实践,但是大部分方案还停留在理论探讨层面。

(三) 新税种能否有效开征的影响因素

一般来说,新税种能否开征和有效实施,不仅取决于各国的政治、经济、文化、法律等因素,同时也可能与其所签订的税收协定和其他国际条约有关。此外,税收要以法律形式存在,任何新税种的创造和实施都不可能一蹴而就,必须受制于该国的立法和司法制度的特性。反之,税收立法的稳定性也直接影响到资本投资和国家经济的平稳发展,因此,创设新税种时,需要仔细考量税种开征时间、税基弹性、对纳税人行为的影响作用,以及对现有税制的影响等关键因素。

第二节 税负的分类和衡量

税负是税收负担(Tax Burden)的简称,它同税收收入是一个硬币的两面。对税务部门或国家来说,纳税人缴纳的税款形成国家税收收入,而对纳税人而言,税收是一种负担和损失。因此,税负是从纳税人角度而言的,是指纳税人在一段时期内因国家课征税收而承受的经济负担或减少的可支配收入。

税负总量及其在各地区、各部门、各收入阶层之间的分布反映了公共部门与私人部门之间的资源配置状况,是大家关注和争论的焦点问题,也是一国税制设计需要考虑的核心问题。

一、税负的分类

采用不同的标准,可以对税负进行不同的分类。

(一) 宏观税负和微观税负

宏观税负是指一个国家或地区当年的课税总额与一国的社会产出总量或总经济规模之间的对比关系,即社会的总体税负水平。可横向比较国家之间的税负水平,也可纵向分析一国的税收收入与经济发展之间的相关关系。

微观税负是指单个纳税人向国家缴纳的税收与其产出的对比关系,即企业或个人的税负水平。微观税负便于分析企业之间、行业之间、产品之间的税负差异,为制定合理的税收政策和加强税收征管提供决策依据。目前,有少数国家使用"税务自由日"(Tax Freedom Day)来衡量纳税人的税负轻重程度(见拓展资料3-2)。

（二）名义税负和实际税负

名义税负是指纳税人按照税法规定所应承担的税收负担,具体表现为按法定税率和计税依据计算出的纳税人应承担的税款总额。实际税负是指纳税人实际缴纳的税款所形成的税收负担。

两者往往存在背离情况。因存在减免税等税收优惠政策,以及税收征管不完善等导致的征税不足,实际负担往往低于名义负担。在我国,由于税收任务压力导致的征管行为,也可能出现相反情况,参见论文概览3-1。

论文概览 3-1

税收任务、策略性征管与企业实际税负

田彬彬等(2020)研究发现,税收任务压力显著提升了征管力度,地方税收任务目标值平均每提高1个百分点,企业所得税的实际税率将提高0.138个百分点。以任务完成度为临界点,税收任务对税收征管力度的影响主要集中在未完成任务和恰好完成任务的组别,而在超额完成任务的组别中则并不明显。这一结果契合了地方征税机关在完成任务之后,通过"藏税"来降低未来任务基数的现实逻辑。同时,在宏观层面,税收任务目标的存在也显著推升了宏观税负率。

资料来源:田彬彬,陶东杰,李文健.税收任务、策略性征管与企业实际税负[J].经济研究,2020,55(8).

（三）直接税负和间接税负

直接税负是指纳税人实际负担的税收。现实中纳税人虽然按规定向政府缴纳了税款,但可能之后会通过各种方式或途径将其全部或部分转嫁给其他人承担。被转嫁者虽没有直接向政府缴纳税款,但真实地负担了部分税款,为间接税负。存在税负转嫁就会存在间接税负。

对两者加以区别,可以准确反映既定宏观税负水平下真实税负的最终分布结构,客观描述税收对收入分配的最终影响。

（四）客观税负和主观税负

客观税负是指因不同税制安排等客观因素形成不同的税负水平,它不因纳税人的感受而异,有统一性和确定性。然而现实中,采用不同税种、不同课税环节、不同课税方式来筹集相同的税收收入,会给纳税人带来不一样的税负感觉;即便完全相同的税种和课税方式,乃至完全相同的税负水平,不同的纳税人也会有不同的税负轻重感受。这就是主观税负。税收幻觉就是纳税人的主观税负,是对税负的主观感知。

20世纪初,意大利财政学家普维亚尼(Amilcare Puviani)首次提出"财政幻觉"(Fiscal Illusion)概念,指出现有财政税收制度使得纳税人在财政选择过程中产生幻觉,或使他们认为所要缴纳的税收低于实际负担,或使公共产品的受益者认为政府所提供的公共产品价值高于实际价值。普维亚尼认为,为减少纳税人对税收的反抗和抵触,课税者总是要尽力创造幻觉,使纳税人觉得所承受的负担比实际上的负担要轻。哪些因素会导致税收幻觉,影响纳税人的主观税负呢?参见专题3-1。

> **专题 3-1**
>
> **税收幻觉的影响因素**
>
> 制造税收幻觉的主要办法之一,就是在个人不能实际了解谁最后支付,即不知道税收归宿的情况下课税。课税者通过税制安排,有意模糊纳税人的税负,减轻纳税人的抗拒之心。
>
> 哪些因素影响税收幻觉?
>
> (1) 税制的间接性。间接税税制具有隐蔽性,相对于直接税,间接税的税收负担更不易察觉。我国以间接税税制为主的税制结构下,人们在消费活动中缴纳的税金远远超过了通过所得税缴纳的,但所得税的微小修改就引起人们的广泛讨论,而各种商品税却未引起什么注意,原因就是税收幻觉客观的影响,造成纳税人对自己的实际税负不知情、不了解。这有利于减少征收的阻力,降低征收成本。
>
> (2) 税制结构的复杂性。越复杂,税收负担就越难判断,纳税人就越不易感觉到政府产品和服务的真实成本。相对于过于依赖单一来源的税收体系,存在多种收入来源的税收体系下的税收幻觉会更强烈,个人也越可能低估政府提供的产品和服务的税收价格。税制复杂性一定程度上影响税收幻觉,但不是决定性因素,例如所得税,虽然税制较复杂,但它同时也是直接税,税痛感强烈。
>
> (3) 税制透明度。税制透明度是一个偏政治学的概念,与政治透明度概念有较大重叠,主要用于描述政府的开放度,税制透明度更多是指税收立法、执法是否透明。税制透明度与税收幻觉也有一定关系。
>
> (4) 税制的收入弹性。税收收入弹性 $[ET=(\Delta T/T)/(\Delta Y/Y)]$ 越高,在不提高税率或增加税种的情况下,政府因国民经济增长或通货膨胀所获得的税收就越多,而纳税人并没有意识到其可支配收入的潜在损失,因其真实可支配收入仍在继续增长,从而对政府支出增加的反抗就较少。
>
> (5) 税负感知和反应。透明度、复杂性都涉及税制设计、实施等客观存在,而这些客观存在作用于行为主体身上时,行为主体会获得主观税负感知,并基于感知而做出反应。是否感知到与是否对感知到的税负做出反应并不等同,例如一些消费者虽感知到税负的存在,但由于不清楚税基、税率、计算方式等,决策时会低估或忽略税负,对行为主体的影响同样可能很小。
>
> **思考讨论题**:如何评价税收幻觉的影响?它是好事还是坏事?

二、税负水平的衡量

税负水平的衡量需要从量的方面建立一套指标体系,通常用相对指标即税负率来表示税负的轻重程度。税负率是纳税人实际缴纳税款数额与课税对象或计税依据的数量之比。

(一) 宏观税负率

宏观税负率是指从一个国家（或地区）范围，相对其经济总量所承担的税负水平。一个国家的经济总量一般用国民生产总值（GNP）、国内生产总值（GDP）或国民收入（NI）来表征。相应地，衡量宏观税负率的指标主要有国民生产总值税负率、国内生产总值税负率和国民收入税负率。

(1) 国民生产总值税收负担率（T/GNP），是指一定时期内税收收入的总额与国民生产总值的比率。

(2) 国内生产总值税收负担率（T/GDP），是指一定时期内税收收入的总额与国内生产总值的比率。

(3) 国民收入税收负担率（T/NI），是指一定时期内税收收入的总额与同期国民收入总值之比。

其中，税收收入总额指标有三种口径：

(1) 税收收入占GDP的比重，我们称之为小口径的宏观税负。

(2) 财政收入占GDP的比重，我们称之为中口径的宏观税负。这里的"财政收入"是指纳入财政预算内管理的收入，包括税收收入和少量其他收入。

(3) 政府收入占GDP的比重，我们称之为大口径的宏观税负。这里的"政府收入"，不仅包括"财政收入"，而且包括各级政府及其部门向企业和个人收取的大量不纳入财政预算管理的预算外收入，以及既没有纳入预算内也没有纳入预算外管理的制度外收入，还包括其他没有在收入中反映的各种收入等，即包括各级政府及其部门以各种形式取得的收入。

由于社会保障税或社会保障缴款具有专款专用的性质，部分国家在统计税收收入时会有包含和不包含社会保障两种统计口径。因此，在对不同国家的宏观税负进行比较时，需要注意统一口径再作比较。

(二) 中观税负率

中观税负率是介于宏观和微观之间的一种视角，通过考察某地区、某部门或某税类（或税种）等的负担水平，分析地区或部门差异，有助于掌握国民经济各部门的纳税能力，合理调整产业结构，促进国民经济协调发展。

1. 地区税负率

地区税负率是指一定时期内某地区（省、市、县、区）实际征收入库的全部税收收入占该地区生产总值的比例。地区税负率反映一国宏观税负的地区分布差异，是进行跨地区横向税负比较和国家进行区域调控的依据之一。

$$\text{某地区的税收负担率} = \frac{\text{该地区的税收总额}}{\text{该地区同期GDP}} \times 100\%$$

2. 行业税负率

$$\text{某行业的税收负担率} = \frac{\text{该行业的税收总额}}{\text{该行业同期GDP}} \times 100\%$$

3. 税类（或税种）税负率

税类（或税种）税负率是一定时期内国家实际征收入库的某税类（或税种）的税收收入占

该税类(或税种)计税依据数量的比例,反映了总体税负的税类(或税种)分布差异,是进行不同税类(或税种)税负比较的指标。

$$某税类(税种)的税负率=\frac{某一税类(税种)实缴税款}{该税类(税种)计税依据数量}\times100\%$$

(三) 微观税负率

微观税负率是指微观经济活动主体在一定时期内所承担的税负水平。研究微观税负轻重水平,可以为政府制定税收政策、实现对微观经济活动主体的有效调控和征管提供客观依据。根据微观经济主体的不同,微观税负率的指标主要有企业综合税负率、企业特定税种税负率和个人税负率。

1. 企业综合税收负担率

企业综合税负率是指一定时期内(通常为一年)企业实际缴纳的各项税款总额占同期企业销售收入总额或实现利润总额的比例。该指标能较全面地反映企业整体税负水平,也反映了该企业对国家财政所作的贡献。

$$企业综合税收负担率=\frac{企业实缴各项税款总额}{同期企业收入总额}\times100\%$$

2. 企业特定税种税负率

企业特定税种税负率是分税种来考察企业的税负水平。例如,企业所得税负担率和商品税负担率,分别考察企业承担的所得税和商品税额占企业销售收入比例的情况。企业所得税负担率的高低直接反映该企业净利润的高低,反映一段时期该企业的收益在政府与企业间的分配情况。而商品税具有税负转嫁的可能性,因此企业商品税负担率仅仅表示该企业因缴纳商品税所承担的名义税负的轻重状况。

$$企业增长税负担率=\frac{实缴增值税税额}{同期销售收入(或营业收入)}\times100\%$$

$$企业所得税负担率=\frac{实缴所得税税额}{同期利润总额}\times100\%$$

3. 个人税负率

个人税负率是指个人实际缴纳的税额占其收入总额的比例。个人税负率体现了个人对国家税收的贡献程度,也能反映国家对个人收入分配差距的调节力度。

$$个人税收负担率=\frac{个人实际缴纳的税额}{同期个人收入总额}\times100\%$$

实践中,个人承担的真实税负包括个人缴纳的个人所得税、财产税,以及购买商品时承担的商品税等所有税额,但由于转嫁而来的商品税难以准确计算,因此一般只能考察个人直接税的税负率。

实践中,宏观税负水平同微观税负水平往往存在差异,在我国,通常表现为宏观税负相对较轻、微观税负较重。为什么会出现这种不一致呢?参见专题3-2。

专题 3-2
为何我国宏观税负与微观税负存在不一致？

杨斌(1993)指出，我国宏观税负水平同微观税负水平产生差异的原因主要有如下几个：

（1）是否为平均税负。宏观税负率反映的是平均税负率，而微观税负率不是。各行各业的生产经营状况、税收政策及其贯彻执行的程度均有不同，因此微观上纳税人的税负水平千差万别。一方面，从我国的实际情况看，企业纳税人和非企业纳税人的税负存在较大差别，大多数地区的企业平均税负大于全国宏观税负率，而非企业纳税人的税负率远低于全国宏观税负率。即便是非企业纳税人，其名义税负也同其实际税负存在较大差距，尤其是农民和个体户这两个群体，实际税负要轻得多。另一方面，企业纳税人内部也存在整体税负与局部、个别税负的差异。

（2）税负转嫁因素。宏观税负率取决于一国劳动者创造的国内生产总值或剩余产品价值，流转税的转嫁只影响内部分配，不改变一国总体税负水平。而微观税负是宏观税负经过分配和转嫁、由最终纳税人承担的税负结果，转嫁程度决定了微观经济主体的真正税负。

（3）再生产补偿情况。如果再生产补偿不足，折旧率偏低，企业纳税后没有能力进行技术改造和内涵扩大再生产，就会出现利润虚高，导致企业实际税负上升情况。

（4）非税实税负担。如前所述，税收的基本目的是用来满足国家进行社会管理的物质需要，政府用所征税款提供公共产品，为企业建立一般的共同的生产条件，使企业没有后顾之忧。但现实生活中，一些本来应当由税款支付的一般公共需要和社会管理项目，却另外再由企业"税"外支付。这部分另外支付的款项对企业而言，与税并没有实质的差别，形成非税实税负担。

思考讨论题：针对我国宏观税负和微观税负的背离情况，有什么样的解决思路？

三、我国的宏观税负率

（一）我国宏观税负率的不同口径

根据政府所取得收入的计算口径的不同，宏观税负率可以划分为大、中、小三个口径。小口径的宏观税负即指税收收入占同期国内生产总值的比重。中口径的宏观税负是财政收入占国内生产总值比重，这里的"财政收入"包括税收收入和纳入预算的其他收入，即我国的一般公共预算收入。大口径的宏观税负则是指政府收入占同期国内生产总值的比重，政府收入不仅包括财政收入，还包括各级政府及其部门向企业和个人收取的大量不纳入财政预算的预算外收入，以及既没有在预算内也没有纳入预算外管理的制度外收入，还包括其他未在"财政收入"中体现的各项收入。具体包括：

（1）预算内收入。即国家以行政管理者和资产所有者身份参与国民收入分配并取得的收入，包括税收收入以及行政事业性收费收入、国有资源（资产）有偿使用收入、专项收入等非税收入。

（2）预算外收入。主要是未纳入国家预算管理的各种财政性资金。虽然我国从 2011

年开始已将预算外收入纳入预算内统一管理,但这一部分资金依然存在。

(3) 土地出让金。土地出让金是土地所有者出让若干年限的土地使用权从而获得的地租总和,是地租而非税的性质。在我国,土地出让金一直是地方财政收入的重要来源,一些地方政府依赖土地出让金来满足地方财政支出的需要,部分地方政府这一块的净收入可以占到政府预算外收入的一半以上。

(4) 社会保障收入。很多国家的政府收入都包括了社会保障收入。

相比之下,显然大口径的宏观税负能更为全方位地反映政府从微观经济主体取得收入的情况,从而更准确地反映政府的一种集中水平,但由于预算外、制度外的资金实际上处于财政控制之外,对政府来说相当于是"体外循环",并没有形成可支配的财力,因此,大口径的宏观税负水平不能很准确地说明政府财政能力的强弱。分析我国宏观税负水平时,宜根据具体目的和需要,综合考察各种口径的宏观税负。

(二) 我国宏观税负率的演变

新中国成立后,我国三种口径的宏观税负率水平的变化,呈现出了类似"M"的形状。从1978改革开放后到2022年,我国小口径宏观税负率的演变如图3-1所示。大致可划分为五个阶段:

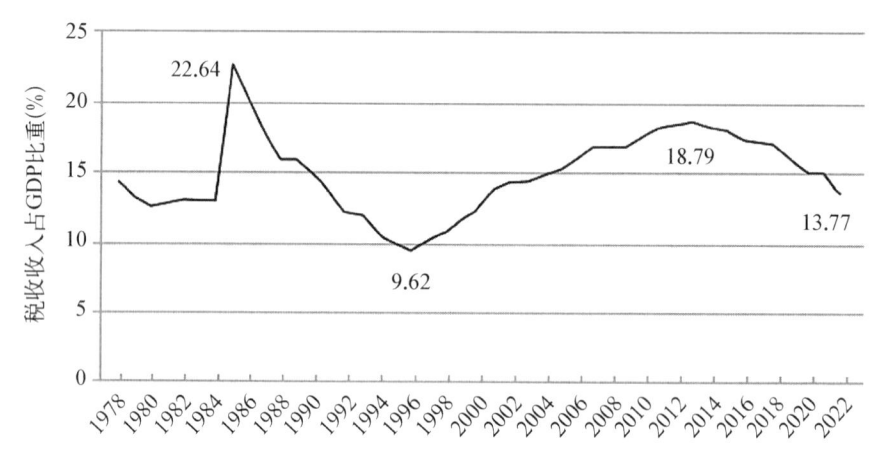

图 3-1 1978—2022 年我国宏观税负水平的变化(小口径)

资料来源:根据统计年鉴数据整理绘制。

第一阶段,从1978年改革开放后到1984年(从新中国成立后到1978年也差不多是这样的宏观税负水平)。这一期间宏观税负率都相对稳定,小口径税负率基本保持在10%~15%小幅波动。

第二阶段,1985—1986年。由于实施了两步"利改税"改革,将国有企业上缴利润改为缴纳税率为55%的企业所得税,由此激发国有企业生产经营积极性,税收规模高速增长,宏观税负率迅速飙升,达到20%以上。1985年的税负率创下了22.64%的历史最高纪录。

第三阶段,1987—1996年。由于在中央与地方财政收入分配关系上采取了各种形式的"财政包干"办法,并且财政体制变化频繁,这导致地方政府征税积极性不足,加上税收管理尚不规范,地方减免税收现象普遍。这些因素叠加在一起,导致此时期宏观税负持续下降,在1996年降至历史最低值9.62%。

第四阶段,1997—2013 年。随着分税制改革的推行,宏观税负率下降的势头发生逆转,税收收入进入快速增长期,宏观税负率一路攀升至 2013 年的 18.79%。我国在 1998—2003 年和 2008—2012 年分别实施了两次扩张性特征明显的积极财政政策,通过扩大政府投资来拉动经济增长,例如第二次积极财政政策实施的"四万亿元投资"方案。经济转轨带来的制度释放活力,中国加入世界贸易组织后外部需求增加,人口红利带来的劳动力供给充裕等等,这些因素叠加在一起,推动当时中国经济高速增长,以及地方征税积极性的激发,税收收入增长有税源基础和制度保障,由此引致税收收入持续高速增长。

第五阶段,2014 年至今。随着我国经济发展进入新常态,经济从高速增长转为中高速增长,经济发展模式从要素驱动转向创新驱动,此时需要通过"降成本"的供给侧结构性改革来激发经济的内生动力。因此,实施了大规模减税政策,如 2014 年加速折旧政策、2019 年增值税标准税率下调政策、2022 年增值税留抵退税政策。税收收入的增长速度也相对放缓,宏观税负率一路下降到 2022 年的 13.77%。

自 2016 年以来,我国宏观税负持续下行,无论是狭义还是广义宏观税负均已降至全球偏低水平。据 IMF 数据[①],2020 年我国小口径宏观税负为 16.3%,远低于丹麦(47.1%)、冰岛(33.2%)、芬兰(30.2%)、挪威(28.1%)等北欧高税收高福利国家,也低于法国(30.6%)、英国(25.9%)、德国(23.0%)、韩国(20.3%)、日本(20.0%)、美国(19.6%)等发达经济体;考虑非税收入、土地出让收入、社保费用等大口径后,2020 年我国宏观税负为 33.2%,仍位列全球偏低水平,低于法国(51.8%)、德国(45.5%)、日本(36.8%)、英国(36.1%)、韩国(34.4%)等发达经济体,仅高于美国(30.9%)2.3 个百分点。而由于疫情超预期冲击、房地产市场低迷导致经济恢复基础较弱,2022 年我国全年新增减税降费及退税缓税缓费超过 4.2 万亿元,规模为近年来之最,宏观税负进一步快速下行,创近年来新低。

第三节 宏观税负水平的影响因素

可见,不同国家,以及同一国家在不同历史时期,其宏观税负水平都不尽相同。总结起来,一国宏观税负水平的高低受经济发展、宏观政策、税收制度以及征管等多种因素影响。

一、经济因素

经济因素是影响宏观税负的决定性因素,具体表现在经济发展水平和经济结构两个方面。

(一)经济发展水平

经济发展水平是影响宏观税负水平的首要因素。在其他条件相同的情况下,宏观税负水平和经济发展水平通常呈同向变动趋势。同一历史时期,人均收入较高的国家其宏观税负水平一般都高于人均收入较低的国家,发达国家的宏观税负通常高于发展中国家的宏观税负。图 3-2 是 2016 年一些代表性国家的宏观税负率,与如上规律相吻合。

[①] IMF 将一般公共预算收入中非税收入的国有资本经营收入、国有资源有偿使用费,以及国有资本经营预算收入纳入税收收入统计口径。按照通常的小口径指标,我国小口径宏观税负为 15.2%。

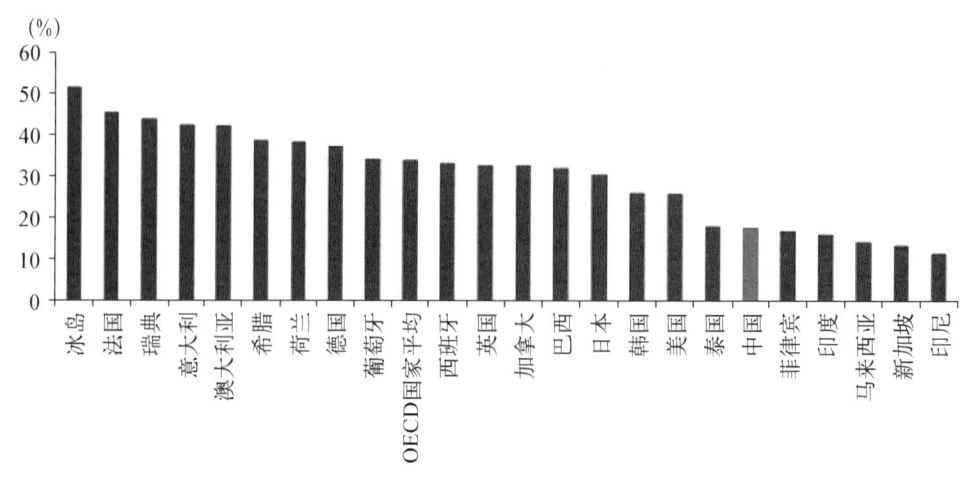

图 3-2 宏观税负全球比较（小口径，2016 年）

资料来源：OECD，Wind，新时代证券研究所。

那么，为什么经济发展水平高的国家，宏观税负水平也高呢？一般来说，经济发展水平较高的国家，其内部各种社会经济联系也较为复杂，要求国家能够获得足够的财政收入来实施宏观调控。而较高的经济发展水平使得国民能够承受的税收负担能力也较高，保持较高税负成为可能。

> **专题 3-3**
>
> ## 瓦格纳法则
>
> 19 世纪 80 年代，德国著名经济学家瓦格纳对欧洲国家以及日本、美国等国家的公共支出资料进行了分析，发现了一个有趣的现象：当国民收入增长时，财政支出会以更大比例增长，即随着人均收入水平的提高，政府支出占 GNP 比重也会提高（见图 3-3）。这就是财政支出的相对增长规律，被后人归纳为"瓦格纳法则"（Wagner's Law）。 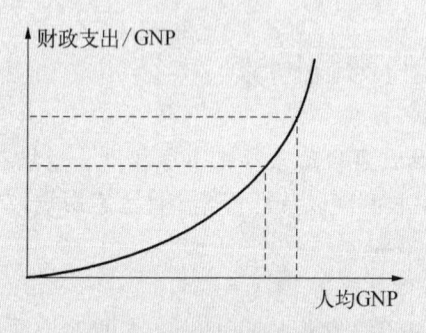
>
> 图 3-3 瓦格纳法则示意图
>
> 对于这种财政支出相对增长的趋势，瓦格纳从两个方面进行了解释：一是政治因素，随着经济工业化程度的提高，市场主体间的关系日趋复杂，对商业法律和经济合同，以及建立有关的司法和行政制度提出了要求，以维护市场秩序。这就要求政府增加公共支出，将更多资源用于提供治安的和法律的实施。二是经济因素，工业发展带来人口居住密集化，产生拥挤问题，需要增加公共部门进行管理。
>
> 尼斯凯南（Niskanen, William Jr.）认为，政府是一个由很多个人组成的经济实体，这些个人就是所谓的"官僚"。官僚在其任期内追求的目标就是预算收入的最大化。这样，作为官僚集合体的政府也总想尽量多地筹集收入、课征税收，尽量多地支出。布坎南等人将政府的这种特性概括为"利维坦模型"（Leviathan Model），认为政府对税

收和支出的贪婪就像"利维坦"这种怪兽对食物的贪婪一样。

塔洛克、诺斯和沃里斯考虑了利益集团对财政支出增长的影响。他们认为，政府支出规模增长同私人部门中白领和管理阶层的就业增长是平行的。随着市场经济的发展，私人部门会雇用越来越多的专业化人员，由于对自身利益的维护和最大化追求，他们会通过各种方式向政府施加压力，既要求政府进行再分配，又要求政府降低交易费用、提高效率，由此造成政府开支的不断增长。

马斯格雷夫和罗斯托则识别了不同阶段财政支出的不同用途。他们认为，早期阶段需要公共部门提供社会基础设施，因此在经济发展早期阶段，公共投资在社会总投资中占据较高份额；中期阶段私人投资的份额会上升，公共投资份额下降；经济发展成熟阶段，公共支出的结构将从基础设施之外转移到教育、医疗和福利服务方面。随着经济发展和人均国民收入水平的提高，对教育、娱乐、文化、卫生等公共产品和服务的需要也不断提高，导致财政支出的增长。

那么，瓦格纳法则的普遍性如何，不同国家、同一国家的不同时期是否都存在这样的规律呢？从理论上，技术的不断进步及其在公共部门的应用，以及始于20世纪70年代末的新公共管理运动，都有助于政府职能优化和行政效率提高，从而带动公共支出的节约，或者财政困难时期政府支出规模可能被迫压缩，这些可能是改变瓦格纳法则适用性的必然和偶然因素。因此，瓦格纳法则的适用与否可能是一个经验问题。有研究发现，开展新公共管理运动的典型国家中，澳大利亚、加拿大、美国、英国和法国，在1979—2006年的财政支出数据并不符合瓦格纳规则，然而同一时期的中国却仍然适用瓦格纳法则(郝晓薇，2012)。

思考讨论题：结合中国近年经济发展情况，你认为瓦格纳法则的适用性如何？

（二）经济结构

经济状况对一国税负的影响，不仅体现在量的制约上，也体现在结构的分布上。经济结构表现为多个层次多个方面，包括产业结构、所有制结构、企业结构、地区结构、技术结构等等，其中产业结构对宏观税负水平及分布的影响较为突出。产业结构的调整直接造成税源结构和税基大小的变化，从而对税负的结构和水平产生影响。

产业结构是指不同产业在一国经济总量中的比例关系。产业的分类，从大类来看有第一产业、第二产业和第三产业之分；从小类来看还可进行行业细分，例如第二产业还可考察制造业、建筑业等，制造业还可分为医药制造业、汽车制造业等。由于外部税收政策以及内部生产效率的差异，不同产业的税收贡献率有所不同，产业结构的不同决定了产业税负水平的差异以及宏观税负的不同。例如，由于各国都对农业实行各种减免税政策，第一产业的税收贡献率相对第二和第三产业要低很多，因此，若一国的产业结构中第一产业比重越高，则单位经济产出的税收贡献率就越低，宏观税负水平自然就相对较低。反之，第二、三产业的比重越高，宏观税负水平就会越高。

二、宏观政策因素

政府取得财政收入的来源方式、所奉行的社会福利政策，以及一国的政策目标和政府职能范围,都会影响到宏观税负的水平。

(1) 政府取得财政收入手段的结构和比例,也会影响宏观税负水平的高低。当存在其他获取财政收入的渠道、收入来源有保证的时候,一国的宏观税负水平就较低。例如,我国在新中国成立初期计划经济时期,实行"以利代税",导致税制过于简化,整个社会的税负率偏低。而改革开放之后,伴随着"利改税"改革,税收收入迅速成为财政收入的主要来源,宏观税负率相应显著上升。

(2) 所奉行的社会福利政策。当政府的职能从国防、干预经济等基本职能延伸到承担社会保障的职能时,社会福利支出占财政支出的比重增加,推动宏观税负水平进一步上升。北欧高福利国家,其宏观税负率居各国前列。

(3) 政策目标和政府职能范围的不同,决定了宏观税负水平的不同。政府想要承担的职能范围越大,参与公共事务的程度越深,提供的公共产品和服务越多,必然要求政府财政支出的规模越大,对税收收入的需求也就越大,宏观税负水平随之上升。因此高培勇(2023)指出,为有效控制宏观税负水平,就必须以"政府履职必要成本"为评判标尺对政府支出规模进行控制(见下附"论文概览3-2")。

论文概览 3-2

宏观税负水平和政府履职必要成本

高培勇(2023)认为,宏观税负水平高低的背后是政府支出规模的大小,为有效控制宏观税负水平,就需要有效控制政府支出规模。从满足社会公共需要的本源出发,政府支出的实质是政府为满足社会公共需要而履行职能的成本。因此,为控制宏观税负,就需要以"政府履职必要成本"为评判标尺对政府支出进行控制。政府履职必要成本,决定了政府支出规模和宏观税负水平的最低值。论文首先指出,以支出而非以收入口径、以全部政府支出而非全部政府收入占GDP比重这个指标,更适于作为测度宏观税负水平的最终标准。其次,可遵循"市场经济体制→社会公共需要→政府职能→政府支出→政府收入"这条关系链来确定政府履职必要职能,将不应有、不该有的政府支出减下来,使得"政府履职必要成本"成为"社会公共需要""最小化成本"和"必要成本"的有机统一。

资料来源:高培勇.我国宏观税负水平的理论分析——基于"政府履职必要成本"[J].税务研究,2023(2).

三、税收制度因素

在经济发展阶段、产业结构以及政府职能范围既定的情况下,一国的宏观税负水平取决于该国的税收制度和税收政策。税收制度体系的完整性、税制的结构,以及税收优惠的力度,都影响该国的宏观税负率。

税制体系越完整,税种越齐全,税收调控覆盖面越大,宏观税负率就越高。例如,很多发展中国家的社会保障税缺失或征收不足,进一步扩大了其与发达国家税负水平的差距。

从税制结构看,由于所得税通常采用累进税制,税收收入的增长具有较大弹性,因此,以所得税为主的税制结构能够实现税收收入的更快增长。反之,流转税通常采用比例税制,以流转税为主的税制结构,税收收入充其量只能与经济同步增长。因此,不同的税制结构会影响宏观税负水平的变化。

在一国税制中,包含的优惠条款越多,优惠力度越大,则名义税负与实际税负的差别就越大,宏观税负水平越低;反之则越高。

四、征管因素

经济税源和税收制度决定了一个国家在既定条件下的潜在税收收入能力,但将潜在收入能力变成真实的入库税款,还需要通过税务部门的征管活动。因此,税务部门的征管水平和效率也会影响一国实际税负率。

相对于发展中国家,发达国家的税收征管技术手段更为先进,税收征收率较高,同等名义税率下可以实现更高的宏观税负率。

可见,诸多因素影响一国的宏观税负水平。各个国家的国情不同,对合理税负水平的定义也不一样。总的来说,判断一国宏观税负水平合理与否,一要看是否有利于经济的持续稳定增长;二要看能否保证政府有效实现其职能目标。

专题 3-4

税负粘性研究

粘性特征被认为是企业财务行为的重要表现之一,参与收入分享的要素在企业复杂的经营环境下经常表现出粘性特征(刘骏和刘峰,2014)。那么,政府主体以税收的方式参与企业的收入分享是否也存在税负粘性?

税负粘性表现为当企业应税收入增加或减少同等比例时,税收支出增加的幅度大于税收支出减少的幅度的现象,即税负的变动幅度在企业业绩上升和下降时表现为非对称性。税负粘性的存在意味着企业在经营状况不佳时,承担了相对更高的税收支出负担,这可能会加重企业税负痛感(程宏伟和杨义东,2019)。近年来,诸多研究对此进行了探讨。

刘行(2012)通过观察实际税率与名义税率之间的波动关系发现了税率粘性现象。丛屹和周怡君(2017)运用企业利润税负(企业实际缴纳的税费/企业的税前利润)指标验证了税收相对于企业 ROA 存在刚性特征,为研究粘性特征奠定了基础。秦皓楠等(2018)基于会计—税收差异通过数理模型验证了所得税负相对于利润存在粘性特征。程宏伟和吴晓娟(2018)运用 1999—2016 年制造业上市公司年度数据验证了企业税负变动相对于营业收入变动存在粘性特征,并进一步通过税制结构和产权性质两个方面探讨了其对税负粘性的影响程度。

魏志华和卢沛(2022)指出,经济政策不确定性通过削弱企业的债务税盾和非债务税盾效应,进而增加了企业税负粘性。受经济政策不确定性冲击大(风险承担能力低、生命周期处于非成熟期)的企业,其税负粘性增加更显著。经济政策不确定性对企业税负粘性的不利影响具有持续性,企业雇用有涉税经验的独立董事有助于缓解经济政策不确定性对企业税负粘性的正向影响。

> 初步研究发现,税制结构、经济政策、国家税收计划或税收征管刚性、征管体制改革、税收竞争、避税行为都可能导致税负粘性;此外,市场地位、企业性质、企业生命周期阶段的不同也会导致企业的税负粘性出现差异(胡洪曙和武锶芪,2020;魏志华和卢沛,2022;林志帆和王茂森,2023;陶东杰和陈政弘,2023)。该领域的相关研究还有待进一步深入。
>
> **思考讨论题**:导致税负粘性有哪些可能的原因,各自机理是什么?税负粘性会带来什么样的影响效应?

课程思政

税负问题不仅仅是一个经济问题,还是一个政治问题。通过本章学习,提醒学生在进行国内外税负水平比较时要注意指标的口径,勿以我国大口径指标同国外小口径指标相提并论,要通过专业知识和科学方法给出客观的评价。

本章小结

按征税对象的不同,可将税种分为商品税、所得税、财产税和行为税等。

未来新税种是否还将不断产生,存在不同观点。支持者认为需要不断创设新税种,以应对新问题;另一种观点则认为开征新税种会导致经济出现大的起伏,政府不会有动力去创设大量新税种。

宏观税负与微观税负、名义税负与实际税负、直接税负与间接税负、主观税负与客观税负之间往往存在背离情况。

根据政府所取得收入的计算口径的不同,宏观税负率可以划分为大、中、小三个口径。分析我国宏观税负水平时,宜根据具体目的和需要,综合考察各种口径的宏观税负。

不同国家,以及同一国家在不同历史时期,其宏观税负水平不尽相同。总结起来,一国宏观税负水平的高低受经济发展、宏观政策、税收制度以及征管等多种因素影响。

各个国家的国情不同,对合理税负水平的定义也不一样。总的来说,判断一国宏观税负水平合理与否,一要看是否有利于经济的持续稳定增长;二要看能否保证政府有效实现其职能目标。

复习思考题

1. 商品税、所得税、财产税、资源税和行为税类分别的课税对象、特征、优缺点是什么?
2. 未来新税种是否会不断产生?新税种的出现对政府和社会有哪些利好和挑战?
3. 从欧盟开征金融交易税的过程来看,哪些因素会影响一个新税种的开征?
4. 数字税目前的发展态势是怎样的?开征和管理数字税还存在哪些挑战?

5. 你是否认同开征机器人税,依据是什么?
6. 名义税负和实际税负的背离有哪些原因? 有什么后果?
7. 什么是主观税负? 哪些因素会影响纳税人的主观税负感知?
8. 衡量宏观、中观和微观税负水平的指标有哪些? 为何宏观税负率与微观税负率之间存在不一致?
9. 什么是税负痛苦指数? 怎么看该指标的科学性?
10. 影响一个国家宏观税负水平的因素有哪些?
11. 什么是瓦格纳法则? 如何解释这种现象?
12. 什么是政府履职必要成本,怎么评判?
13. 我国的宏观税负水平经历了怎样的演变?
14. 什么是税负粘性? 哪些因素影响税负粘性的大小?

PART 2

标准分析框架篇

第四章

税负转嫁与归宿

📖 名人名言

谷贱伤农,谷贵伤民。
——李悝(中国战国时期)

一个理想的税制的原则之一是它应该是公平的。但公平不仅取决于税收向谁征收,还取决于谁实际承担税收——即税收的归宿。
——斯蒂格里茨

尽管你费尽心机去征你想征的税,商人们最终还是把他们本应自己承担的税收转嫁了出去。
——约翰·洛克

📍 教学目标

通过本章学习,理解税负转嫁有什么特征和规律,怎样进行局部均衡分析和一般均衡分析,从动态视角和全生命周期角度分析又有什么不同。

税收征收活动从税收课征到税负的最终落实,经历了税收冲击、税负转嫁和税负归宿三个环节。当国家宣布征税,纳税人感受到税收冲击、利益受损,就会想方设法将税负转嫁出去,如果顺利,部分或全部税负就会被转移到他人身上,达到税收的最终负担点。

第一节 税负转嫁与归宿概述

一、税负转嫁与归宿的概念

税负转嫁(Tax Shifting),是指税法规定的纳税人,将自己应当承担的税款通过各种途径和方式全部或部分地转移给他人的行为和过程。税负转嫁行为的发生,使得可能出现纳税人与负税人不一致的情形,实质是在宏观税负不变的前提下,将税负在纳税人与负税人之间实现再分配。

税负归宿(Tax Incidence)是指税收负担的最终落脚点或税负转嫁的最终结果。税负归宿包括法定归宿(Statutory Incidence)和经济归宿(Economic Incidence)。法定归宿是指税法上明确规定负有纳税义务的纳税人;经济归宿是指税负真正的承担者,反映的是由征税引起的私人真实收入的变化。区分税负的法定归宿和经济归宿的不同,有助于理解纳税人法律责任与税收真实负担之间的差异。

从法定归宿过渡到经济归宿,可能只要一次,也可能要经过多次,两者间的差异就是税负转嫁的空间。因此,税负的法定归宿只有一个主体,而经济归宿则可能是一个、两个甚至更多。特殊情况是,法定归宿即是经济归宿,这种情况下税负转嫁没有发生。

税负归宿的最终确定取决于多种因素,不同税种及同一税种在不同经济环境下,其税负转嫁的方式、过程和结果不尽相同。

二、税负转嫁的方式

前转,也称为顺转,是指税负随着课税商品的流转方向转嫁,即纳税人在进行交易时,用提高价格的办法把所纳税款转嫁给商品的购买者。这是税负转嫁最普遍的形式。

后转,也称为逆转,是指税负转嫁的运动方向同课税商品的流转方向相反,即纳税人用压低价格的办法,将税款向后转嫁给货物或劳务的提供者。后转一般发生在对生产要素的课税过程中,也是税负转嫁最基本的形式之一。

混转,也称为散转,是指纳税人同时运用前转和后转,将税款一部分向前转嫁给商品购买者,一部分向后转嫁给商品或要素的供应者。现实生活中,受各种因素的制约,税款的流动往往不会沿着固定、唯一的方向进行,多是以混转的方式实现转嫁的。

辗转,则是指发生多次的转嫁行为。

税收资本化(Capitalization of Taxation),是指纳税人购买资本品时,将以后年度所必须支付的税款预先从所买货物的价格中扣除,从而使资本品的价格下降、税收实际上由卖主承担的税负转嫁方式。此后名义上是由买主按期付税,实际上税款是由卖主负担的。税收资本化是将未来可预见的应纳税款进行折现,一次性转移给卖主承担,是税负后转的一种特殊形式,主要发生在土地等某些能产生长久收益的耐用资本品的交易中。如果征收土地税,地价就会下降。

消转,又称转化,是指纳税人通过改进工艺或管理降低课税品的成本,使税负在增加的利润中得到抵补。消转实质上是用生产者应得的利润去抵补税收,并没有发生转嫁行为,税负仍由纳税人自己承担。

三、税负转嫁的影响效应

税负转嫁是商品经济社会中普遍存在的一种现象。在这个过程中,税负转嫁对社会经济活动可能产生的影响不可忽视:

(1) 改变市场供求关系。税负转嫁是通过价格变动实现的,因此税负转嫁过程会引致市场价格的变化,影响相关商品的供求关系和消费方向,从而可能引致一定的经济波动。

(2) 影响企业经营决策。企业在其商品或生产要素被课税后,为实现最理想的转嫁情况,必然要对课税商品的市场供求情况进行广泛调研,找到适宜的提价幅度;或者选择尽可能地压低采购成本,减少消耗,提高劳动生产率,从而降低生产成本,提高经济效益。

(3) 资源重新配置。税负在不同要素所有者之间的转嫁过程,影响资源要素的流动方向和流动量,促成社会资源的重新配置。

(4) 改变收入分配。税负在不同人群之间的转移,意味着税收负担的再分配和利益的分割,对收入分配产生一定的影响。

总之,税负转嫁的影响不仅体现在结果上,也体现在转嫁的过程中,对社会经济和当事人都带来一定扰动。税负转嫁的结果决定了最终的税负分担情况,真实体现税收对国民收入分配和社会经济发展的影响。政府在制定税收制度和政策时,应对税收转嫁的方向和程度进行分析和预测,从而更精准地实现调控目标。

> **专题 4-1**
>
> **税负转嫁涉及的主体类型及其研究方法**
>
> 税负转嫁一般发生在如下几种主体之间,这也是经济学家研究税负转嫁问题常见的几个切入点:
>
> (1) 生产者与消费者之间的税负转嫁。这种研究视角通常采用局部均衡分析方法,来显示税收导致的生产者剩余和消费者剩余的损失。
>
> (2) 不同要素所有者之间的税负转嫁。这种研究视角假定人们的支出方式都相同,来分析税收对不同要素的相对需求及要素回报率造成的影响,通常运用一般均衡分析方法分析局部要素税在不同要素之间的分布。
>
> (3) 不同收入水平人群之间的税负转嫁。这种研究把纳税人按收入分组,计算每组纳税人各种类型的收入和对各种产品的支出,因而能够分析个别税种或整个税制的累进性。
>
> (4) 不同区域之间的税负转嫁。这种研究视角主要针对区域之间的税负转嫁问题。Bull et al. (1994)曾经研究了一国内部不同地区之间的税负转嫁情况,同样的方法也可以用于分析不同国家之间的税负转嫁和归宿问题。
>
> (5) 不同年龄人群之间的税负分布。此即分析税负的代际效应,分析税制改革所形成的税收负担对不同年龄人群福利的影响。这种研究通常采用宏观经济学的分析方法,如运用经济增长模型和生命周期模型。
>
> **思考讨论题:** 税负转嫁一般涉及哪些主体之间?其研究视角有什么不同?

第二节 税负转嫁与归宿的局部均衡分析

局部均衡分析是最简单的税负归宿分析方法,仅考虑税收对所征税的商品或生产要素的市场供求产生的影响,而假设其他商品或生产要素的价格和供求关系不受影响。当课税对象的市场与整个经济相比很小时,这种分析视角有其合理性。

一、税负转嫁与归宿的过程机理

下面以商品税为例,从局部均衡的角度来描述其税负转嫁和归宿情况。图 4-1 是对生产者征税的情形。征税前,供给曲线 D 和需求曲线 S 相交于均衡点 E_0,生产者和消费者的价格均为 P_0。征税后,生产者的边际成本上升,供给曲线平移为 S_1,同需求曲线相交于新的均衡点 E_1。生产者得到的价格为 P_2,消费者支付的价格变为 P_1,P_1P_2 为税收,因此生产者和消费者所分担的税收分别为 P_0P_2 和 P_0P_1。可见,政府对生产者征税,生产者通过提价的方式,将一部分税负转嫁给了消费者。而且可以发现,转嫁的份额大小跟供求曲线的斜率,即弹性相关。弹性越大,承担的税负比例越小。

由图 4-1 可见，生产者剩余和消费者剩余分别减少了 $P_2E_2E_0P_0$ 和 $P_1E_1E_0P_0$，而政府只获得了 $P_1P_2E_2E_1$ 的税收，其差额 $E_1E_2E_0$ 即由于征税导致的社会福利净损失。因此，征税就像是政府在商品的供求之间打进了一个楔子（Tax Wedge），不仅使消费者支付价格与生产者收到价格之间不再相等，也使得社会总收益减少，形成无谓损失。

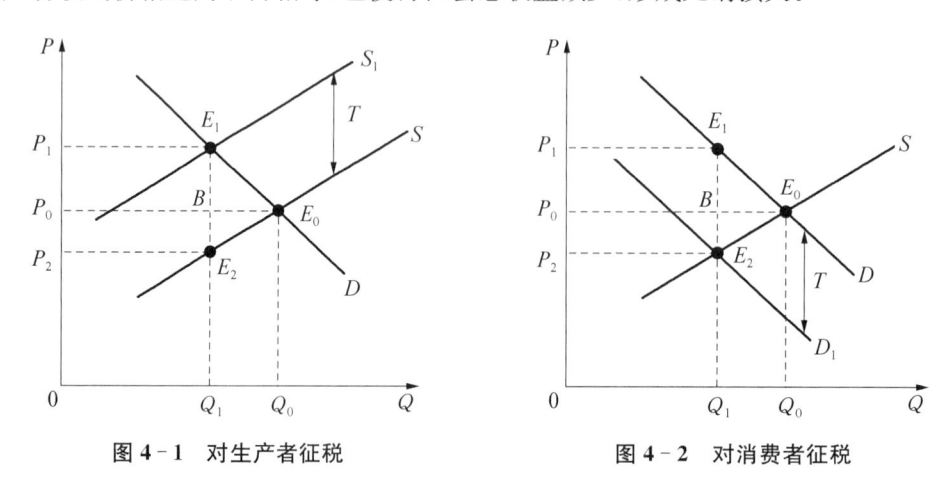

图 4-1　对生产者征税　　　　　　　**图 4-2　对消费者征税**

图 4-2 是对消费者征税的情形，分析可以得到类似的结果。比较两图可见，不管是对生产者课税还是对消费者课税，最终的税负归宿并没有不同。因此，可得到如下两个结论。

结论一：在自由竞争的市场上，商品税的经济归宿取决于商品的供求弹性。在其他条件相同的情况下，需求弹性越大，消费者承担的税负越小，生产者承担的税负越大；供给弹性越大，消费者承担的税负越大，生产者承担的税负越小。价格弹性是衡量一个经济行为主体规避税负能力的一个基本尺度。

结论二：税负的经济归宿仅取决于市场情况，与法定归宿无关。税负的经济归宿与它是对消费者征税还是对生产者征税无关。政府能通过立法决定和改变税收的法定归宿，但不能决定税收的经济归宿。

对劳动力、资本等生产要素征税的税负转嫁分析，以及考虑从价税的情形，均可以得到相同结论。

二、税负转嫁的条件和影响因素

通过上述局部均衡分析也可总结出税负转嫁发生的条件，以及影响税负转嫁方向和程度的相关因素。

（一）税负转嫁的发生条件

发生税负转嫁需要两个前提条件：第一，纳税人具有独立的经济利益，这是促使税负转嫁过程发生的主观条件；第二，存在自由价格机制，这是税负转嫁过程得以发生的客观条件。

我国在经济体制改革之前实行高度集中的计划管理，基本上不存在税负转嫁。在目前社会主义市场经济阶段，税负转嫁普遍存在。

（二）税负转嫁的影响因素

1. 商品（或要素）的供求弹性

税负向前转嫁的程度与商品（或要素）的供给弹性的大小成正比，与其需求弹性的大小成反比。反之,税负向后转嫁的程度与商品(或要素)的供给弹性的大小成反比,与其需求弹性的大小成正比。

当商品或要素的需求弹性大于供给弹性时,则税负由需求方负担的比例小于由供给方负担的比例,如果供给方是纳税人,税负只能实现较少部分的转嫁;反之亦然。特别地,当需求完全有弹性时,税负将全部由供给方负担;当供给完全有弹性时,税负将全部由需求方负担。

2. 课税范围

一般来说,课税范围越宽广,越有利于实现税负转嫁;反之,课税范围越狭窄,越不利于实现税负转嫁。这是因为商品或要素购买者是否接受提价的一个重要制约因素是能否找到不提价的同类替代品。如果商品或要素的课税范围很广,同类商品或要素都因课税而提价,其购买者接受税负转嫁的可能性就会增大。

如果商品或要素的课税范围很窄,市场上有许多同类商品或要素因未课税而价格保持不变,其购买者转向购买未课税替代品的可能性就会增大,相应减小了税负转嫁的可能性。可见,课税范围对税负转嫁的制约也是通过影响供求弹性的变化而间接产生的。

3. 反应期

根据反应期的不同,可以将市场分为即期市场、短期市场和长期市场,不同市场中税负转嫁情况有所不同。

就需求方而言,在课税后的短期内,由于消费者(买方)难以变更消费习惯、难以寻找到代用品和改变支出预算,从而对课税品的需求弹性较小,只好承担大部分或全部税负;而在课税后的长时间内,以上状况都可能改变,从而消费者只承担少部分税负,税负转嫁的实现就比较困难。

就供给方而言,时间因素的影响更大,课税产品的转产要求机器设备与生产程序相应作出调整和改变,这在短期难以做到,所以生产者(卖方)的税负有时不能在短期内转嫁,但长期内情况会发生变化,实现税负转嫁。

4. 税种性质

在实践中,由于税种的性质不同,作为其课税对象的商品或要素的供求弹性不同,税负转嫁表现出不同的特点。总体而言,以商品为课税对象、与商品价格有直接联系的增值税、消费税、关税等是比较容易转嫁的,而对要素收入课征的所得税,则相对不易转嫁。例如个人所得中的工资,主要取决于企业与员工的协商,税前的协定往往是双方尽可能得到的成交条件,税后很难变更,且个人所得税课税范围较宽,个人难以因课税而改变工作,也就难以转嫁税负。

除以上主要因素外,课税方式、市场结构等也会对税负转嫁产生影响。所有这些因素并非孤立而是综合地作用于税负转嫁过程中,这也决定了税负转嫁是一种比较复杂的经济现象。

三、税负转嫁能力的测量

如前所述,影响税负转嫁能力的因素和条件众多,实践中是否有什么变量或指标可以体现这些因素作用的综合结果呢?

企业在与供应商或客户交易时,通过价格谈判将税负部分或全部转嫁给交易对方的程度,即议价能力,就可以反映企业的税负转嫁能力。企业对交易对方的依赖程度越小,企业的定价权就越大,议价能力也就越强,其通过压低成本或提高售价将税负转嫁的能力也就越高(Delipalla and Keen,1992;Anderson et al.,2001)。这里的依赖程度类似于前述的弹性。反之,企业面临的客户压力或供应商制约程度越高,企业税负转嫁能力越低(参见论文概览4-1)。

童锦治等(2015)更进一步提出,企业对供应商的议价能力,可用"前五大供应商采购额总数占年度采购总额的比例"来衡量;企业对客户的议价能力,则可用"前五大客户销售额总数占年度销售总额的比例"来衡量。这两个变量的值越大,表明企业议价能力越弱,税负转嫁能力也越弱。

论文概览 4-1

增值税非税收中性?基于可抵扣范围与税负转嫁能力的分析框架

倪娟等(2019)利用我国2003—2016年沪深两市上市公司数据,研究可抵扣范围与税负转嫁能力对增值税税收中性的影响。检验发现,可抵扣范围越小,增值税实际税负越高;企业面临的客户压力和供应商制约程度越高,企业税负转嫁能力越低,从而增值税实际税负越高。由此可见,宏观层面可抵扣范围的税制设计限定了企业的理论增值税税负,而微观层面企业与客户和供应商的税负转嫁博弈进一步造成了增值税并非中性的现实。同时,该研究以营改增为政策场景,采用双重差分法进一步检验营改增对服务业企业税负的影响,发现营改增后服务业企业增值税实际税负整体没有显著增加,但可抵扣范围较小的服务业企业税负却上升,其中对客户依赖程度较高的服务业企业,增值税实际税负更高,而供应商制约并没有显著影响服务业企业增值税实际税负。

资料来源:倪娟,彭凯,苏磊.增值税非税收中性?——基于可抵扣范围与税负转嫁能力的分析框架[J].会计研究,2019(10).

局部均衡分析法的优势是能够简化分析过程,但现实中的社会经济现象是错综复杂、彼此关联的,一项征税活动会引起一系列商品或要素市场的价格变动。局部均衡分析忽略了很可能在其他市场上发生的、影响此商品相对效用水平的许多相对价格的变化,忽略了任何一种征税行为可能引起其他商品市场相对价格的变动,因此可以用于分析特定市场的税收(如特别消费税),而不适用于对一般商品税、一般要素税和特定要素税的分析。显然,一般均衡分析方法更能全面地反映实际情况。

第三节 税负转嫁与归宿的一般均衡分析

税负归宿的一般均衡分析,是在全面考虑各种商品和生产要素的供求和价格的相互影响前提下,分析使所有商品与生产要素的供给与需求同时达到均衡状态时的税负分配状况。

一、税负归宿一般均衡分析的早期模型

由于现实经济生活中存在着大量的市场,为便于分析,必须对现实世界予以抽象。可以证明,若经济市场是由两种商品、两种生产要素组成的,就基本可以展现一般均衡下的税负归宿情形。这种研究税负归宿的理论和方法,最早由哈伯格(Harberger,1962)创立,后为米兹克沃斯基(Mieszkowski,1967,1969)、布瑞克(Break,1974)以及麦克卢尔(McClure,1974)等所完善和发展。

最初的一般均衡模型基于两部门分析,两部门分别代表公司部门和非公司部门。哈伯格(1962)最早是将两部门的一般均衡模型运用于公司所得税的税负归宿分析。他假定经济体由公司部门和非公司部门两个部门组成,然后分析对公司征税、而对非公司部门不征税的情形。假设只有两种生产要素(资本和劳动),两种商品的生产在规模报酬递减的条件下进行,每种生产要素的总供给不变,但可自由地从一个部门转移到另一个部门(没有失业)。哈伯格的分析在完全假定模型(完全竞争、完全流动性、完全信息和完全确定性)等严格假设的基础上进行,结论是,资本可能承担公司所得税的几乎全部负担;资本流动性意味着,税收的负担落在所有资本身上,而不仅仅是公司资本上。

在哈伯格两部门分析的基础上,公司所得税、财产税等的研究得到了进一步的发展,相关的经验研究也取得了丰硕的成果。两部门模型不仅为分析所有税收的一般均衡分析提供了基本理论框架,也可以用于经验实证分析。

二、税负归宿一般均衡模型的发展

早期的一般均衡模型对假设过于严格,之后的研究逐步放宽假设,并从静态分析发展为动态研究,从封闭经济扩大为开放经济。

1. 考虑消费者的个人偏好差异

个人偏好的差异,会引致不同的支出决策。早期模型中,所有消费者对两种商品具有相同的偏好,若偏好不同,则税收引致的收入分配变化将改变总支出决策,从而改变相对价格和收入。一种课征于劳动的一般税,在要素供给固定的模型中,它完全由劳动者承担;但如果劳动者消费的商品与资本品不同,则那些受劳动者青睐的商品需求量将下降,资源的配置将从这些商品中游移出去,在这些商品的生产中密集运用的要素所得到的收益将下降。

2. 考虑要素的不完全流动性

早期模型中,资源在部门间自由流动以追求最高的收益率,然而,由于制度或技术的原因,有些要素可能是非流动性的。例如,如果某些土地被划为居住区,则不管收益率是多少,它都不能用作生产;如果制造部门资本是不能流动的,就不存在税负转移。放宽要素完全流动性的假设,可以对一种税收的归宿结果产生很大的影响。Stiglitz(2000)研究了被征税要素不完全流动的情况。若生产要素是可流动的,根据收入效应和替代效应所产生的结果,局部要素税的归宿是不确定的。然而,若要素是非流动的,则归宿结果是被征税要素承担全部税负。其原因是要素不能通过向其他部门转移而逃避税收,由于被征税的非流动要素收益的下降幅度正好等于税收的数额,所以未征税部门的资本和劳动的价格不变,征税部门的商品价格也不变。

3. 从静态分析发展为动态分析

早期模型假设税收对要素供给本身不产生影响,要素供给总量是固定的。但从长期来

看,税收是会影响要素供给的,资本税会导致资本供给减少,工薪税会导致劳动者更多地选择闲暇而减少劳动。在要素供给可变的情况下,要素的所有者可以通过改变要素的价格来转嫁税负,最终税负归宿的情况与要素供给的弹性相关。

4. 从封闭经济扩大为开放经济

一般均衡方法也可以用于分析开放经济条件下的税负归宿,其中一部门代表小规模开放经济国家,另一部门代表其他国家。Gravelle 和 Smelters(2001)的研究表明,在开放经济条件下,资本完全承担了当地的资本税,税收负担不只是由本地投资者承担,而是由世界上所有投资者共同承担。进一步的研究提出,要素供给完全弹性的小规模开放经济不应对该要素课税。

当然,西方学者从局部均衡分析走向一般均衡分析也有一些客观因素和条件。一是经济理论的发展,阿罗-德布鲁一般均衡模型的发展,使得税收归宿理论有可能运用该工具进行研究;二是经济数据来源的增加,能够提供计量经济分析所需要的基础数据;三是计算机技术的发展,使得人们有能力处理更为复杂的经济数据。

论文概览 4－2

中国间接税税负归宿测算

关于中国企业"死亡税"论和"轻税"论的争议,焦点在于对间接税税负转嫁与归宿的不同理解。苏国灿等(2020)基于现有研究重新构建了间接税税负转嫁模型,并利用宏观数据对中国间接税的税负归宿进行了测算,试图解答"中国企业到底承担了多少的间接税"这一重要问题。他们的研究结果表明:(1) 中国的间接税并没有完全转嫁,而是由企业和最终使用者共同承担,企业承担了其中的70.29%,最终使用者承担了29.71%;(2) 企业实际承担的间接税税负因产业而异,第一、第二和第三产业企业分别为1.12%、2.93%和5.41%,上游企业和企业自身的税负转嫁能力以及名义税负是决定企业实际承担间接税大小的主要因素;(3) 最终使用者实际承担的间接税负担因消费主体而异,由高到低分别为城镇居民6.92%、农村居民6.33%、政府部门5.44%以及出口部门4.17%,消费结构的不同是决定不同最终使用者实际承担间接税大小的主要因素;(4) 企业自身承担的间接税税负通过降低工资和降低利润的方式转由企业员工和企业所有者承担。该研究有助于客观评价"减税降费"政策效应和正确认识中国企业的税收负担状况。

资料来源:苏国灿,童锦治,魏志华,刘诗源.中国间接税税负归宿的测算:模型与实证[J].经济研究,2020,55(11).

专题 4-2

关于增值税转嫁情况的国内外实证研究

增值税是世界上使用最广泛、对财政收入贡献最大的税种之一,也是各国实施宏观调控的重要工具。增值税属于流转税,以产出减中间投入的增加值为计税依据,采取进项税额抵扣的方式缴纳税款。从理论上说,基于完全竞争和完全信息假设的局部均衡分析,流转税的税负最终会完全转嫁给消费者(Benedek et al.,2020)。但由于增值税涉及的利益相关方多,其税负转嫁方式相较于一般的流转税更为复杂,税负的转嫁和归宿存在多种可能性。

关于税负转嫁比例,在完全竞争条件下的局部均衡分析中消费者承担的税负比例在 0~100%,表现为不完全转嫁(Fullerton & Metcalf, 2002; Chetty et al., 2009);在非完全竞争条件下,如果边际成本不变,消费者承担的税负比例会超过 100%,发生过度转嫁(Weyl & Fabinger, 2013);在某些情况下,征税商品的含税价格甚至有可能下降到 0 以下,即 Edgeworth 税收悖论(Hotelling, 1932)。在以美国消费税为分析对象的实证研究中,完全转嫁、不完全转嫁、过度转嫁的情况都得到了证实。对于普遍实行增值税的欧洲国家,多数研究发现增值税税负存在对消费者的不完全转嫁,转嫁比例明显低于消费税(IFS et al., 2011; Ardalan & Kessing, 2019),垄断程度对转嫁比例有直接影响(Harju et al., 2018)。

关于转嫁方向,已有文献以分析增值税税负在消费者与生产者之间的分配为主,即税负转嫁的局部均衡效应。由于税率变化还会对经济中的其他市场主体和生产要素产生影响,税负转嫁分析应以一般均衡分析为基础,把所有市场上的价格和数量变化考虑进来(Benedek et al., 2020)。少数研究进行了一般均衡分析,例如,Kosonen(2015)发现芬兰理发行业税率由 22% 降至 8% 的减税改革会同时惠及消费者和企业主,消费者仅享受到减税优惠的一半;Benzarti 和 Carloni(2019)对法国堂食餐厅税率由 19.6% 降低为 5.5% 改革的研究发现,减税优惠在消费者、雇员、中间投入商和企业主之间分配。

目前,我国的相关研究还比较匮乏。寇恩惠等(2021)基于 2009 年采矿业增值税税率改革的自然实验,建立福利分析框架,从转嫁方向、转嫁比例、转嫁时间等维度刻画增值税税负转嫁的过程和特点。汪昊等(2022)基于一般均衡税收归宿理论和模型,构建了一套间接税归宿测算方法,他们对中国增值税转嫁和归宿测算的结果显示:消费者不负担增值税,整体上,增值税平均 39% 转嫁给劳动,61% 转嫁给资本,转嫁后劳动和资本的增值税负担分别为 5.6% 和 12%;增值税归宿在不同行业间存在明显差异,制造业劳动和资本增值税负担最高,分别为 1.7% 和 4.4%,房地产业消费者增值税负担最高,为 8.1%。制定税收政策改革策略时应充分考虑税负转嫁的影响。

可见,增值税转嫁情况很大程度上取决于市场竞争程度和行业特点,发展中国家在市场发展程度等方面也具有自身特点,这些都需要基于实证研究的结果进行确认。

思考讨论题:增值税转嫁的程度和方向有哪些情况?受到哪些因素的影响?

课程思政

关于我国企业税负的轻重,存在着"死亡税"论和"轻税"论的争议,其分歧的焦点在于对间接税税负转嫁与归宿的理解偏于极端。把握税负转嫁和归宿的理论与规律,有助于学生客观评价减税降费政策效应,正确认识中国企业的税收负担状况。

本章小结

税负转嫁类型包括前转、后转、混转、消转、税收资本化等。

在完全竞争条件下,供给方和需求方实际负担税收的多少取决于供给弹性与需求弹性的对比关系。

对税负归宿的分析主要有局部均衡分析和一般均衡分析两种方法和框架。

哈伯格模型提供了税收转嫁与归宿一般均衡分析的参照系,后续研究在其基础上进行了扩展和发展。

复习思考题

1. 什么是税负转嫁?税负转嫁会产生什么影响和后果?
2. 什么是税负归宿?法定归宿与经济归宿之间有什么关系?
3. 税负转嫁的方式有哪些?
4. 税负转嫁会在哪些人群和主体之间发生?
5. 发生税负转嫁的条件是什么?有哪些影响因素影响其转嫁的方向和程度?如何影响?
6. 有什么方法可以测量企业税负转嫁能力的大小?
7. 税负转嫁和归宿的一般均衡分析是什么思路?哈伯格的两部门模型的具体内容是怎样的?
8. 在哈伯格模型之后,税负归宿的一般均衡分析经历了怎样的扩展?

第五章

税收的微观经济效应

📖 名人名言

你得到的每一项福利都要缴税。　　　　　　　　　　　　　　　——拉尔夫·爱默生

我通过批评政府的政策赚了一大笔钱,然后把钱以税收的形式交给政府,让政府维持运转。　　　　　　　　　　　　　　　　　　　　　　　　　　　　　——萧伯纳

📍 教学目标

通过本章学习,理解税收对经济活动产生的影响,在微观上是如何实现的,有哪些作用路径,作用机制分别是什么。

经济的增长取决于多种因素,其中比较主要的是投入的经济性要素。资本、劳动力和技术进步是三大主要的经济性要素,其中资本又包括储蓄这种潜在的资本以及实际资本两种形式。本章阐述税收对这几种主要经济增长要素的影响。

第一节　税收对劳动供给的影响

一、税收影响劳动供给的理论机制

税收对劳动供给或其他经济要素的影响,归结起来体现为两个经济效应:一是税收的收入效应,即因政府征税,纳税人收入减少,但这不改变纳税人的行为选择,只是收入减少,因此称之为"收入效应";二是税收的替代效应,即因政府征税改变了劳动的价格,纳税人因此减少了工作时间,增加了闲暇时间。收入效应与替代效应构成了税收对微观经济主体作用的总效应,两者作用方向可以相同,也可以相反。

在各税种中,影响劳动供给的主要是个人所得税,因此我们主要基于个人所得税来分析税收对劳动供给的影响效应。限定如下假设条件:(1) 劳动者个人收入来源单一,只有工资收入;(2) 市场工资率稳定,不因政府的征税而发生变化;(3) 劳动者可支配的总时间固定,但劳动时间具有一定弹性、可以变化,劳动者可以在劳动与闲暇之间进行自由分配,以期获得效用最大化。征收个人所得税对劳动供给的影响如图5-1所示。

如图5-1所示,未课税时,个人的工作时间为T_1M,收入为R_1;课税之后,个人的工作时间和收入分别为T_2M和R_2。可见课税之后,个人的工作时间增加,而收入水平也下降

了。工作时间增加，说明此种情况下税收引起的总效应体现为收入效应。

为分解税收的收入效应和替代效应，假设政府征税后，给予劳动者补偿，使其可支配收入同税前一样，图中表现为劳动者形成了一条新的补偿预算约束线 DF，与无差异曲线 U_1 相切于新的均衡点 E_3。由于给予劳动者的补偿属于非工资收入，不改变劳动者的税后工资率，DF 与税后的预算约束线 CM 平行。此时，劳动者的工作时间为 T_3M。从 E_1 到 E_3，两者都在相同的无差异曲线上，劳动者的效用水平不变，但劳动和闲暇的相对价格发生改变，因此 T_1T_3 表示的是税收对劳动供给的替代效应，替代效应增加了闲暇的时间，减少了劳动的时间。从 E_3 到 E_2，劳动和闲暇的相对价格没有发生变化，但劳动者的收入水平下降，劳动者的效用水平也随之下降，因此 T_3T_2 表示税收对劳动供给的收入效应，收入效应减少了闲暇的时间，增加了劳动的时间。替代效应和收入效应的加总构成了净效应，即 $T_1T_3 + T_3T_2 = T_1T_2$。

收入效应与替代效应作用方向相反，前者激励人们更加努力地工作，后者刺激人们减少劳动供给，两者综合作用下劳动者的工作时间最终是增加了还是减少了，取决于收入效应和替代效应的相对大小。图 5-1 中呈现的是收入效应大于替代效应的情况，图 5-2 则相反，显示的是替代效应大于收入效应的情形，政府征税最终导致劳动供给减少。也有这两种效应正好相互抵消的情形。

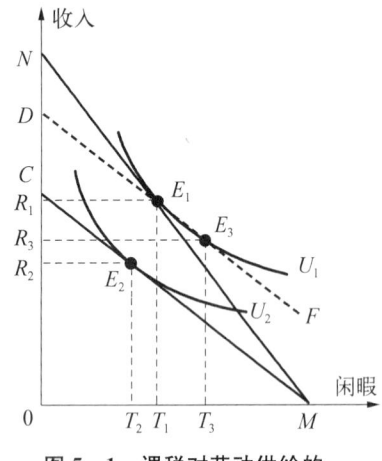

图 5-1 课税对劳动供给的影响（收入＞替代）

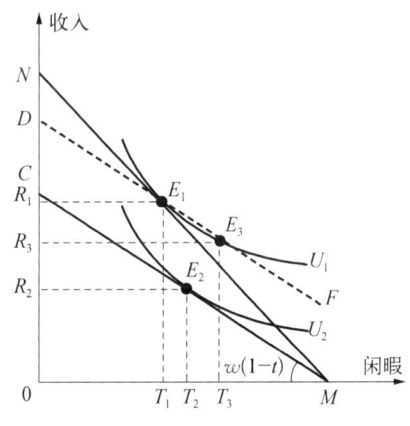

图 5-2 课税对劳动供给的影响（收入＜替代）

上述是假设所得税为比例所得税的情形。当税率为其他形式，如一次总额税、累进税等，以及放宽前述假设条件，如当个人的偏好存在差异、存在非劳动收入情形、工资税因课税发生变化、工作时间相对固定等情形，也都可以做相应的推导分析。

二、税收影响劳动供给的实证研究

由前述分析可见，税收对劳动供给的影响，在理论上并没有形成确定的结论。因此，很多学者采用计量经济和调查问卷的方法，对现实中的情况做了调查和统计分析。

（一）对特定收入群体的问卷调查

布瑞克等人对税收对工作努力的影响做了充分的考察，在他们对特定收入群体开展的调查中，13%～19% 的被调查者认为累进税制对他们的工作时间产生了一定的抑制效应（Break，1957；Fields and Stanbury，1970）。霍兰德对美国企业经理的调查（Holland，1977），以及巴罗等对 18 000 名劳动收入者的调查（Barlow et al.，1966）得到了同样的结论。布朗等人的调查中，也有 74% 的被调查者表示不会因为税收改变劳动决策，而打算增加或减少工作时间的人分别占 15% 和 11%（Brown and Levin，1974）。

对高收入者的研究也表明,他们一般都是工作努力的精英和专业工作者,其工作时间取决于工作的需要和身体状况,而不受税收或其他单纯的金钱考虑所左右(Brazer and Morgan,1966);即使面临高的边际税率,他们也未必会减少工作时间,而是会采取措施将收入从应纳税所得额中转移出来,从而导致高额的效率成本。

这些对特定收入群体的调查结果表明,税收对大多数工薪阶层的劳动者而言只是次要的影响因素,税收对劳动力市场的影响并不大;只有少部分的人承认会受到所得税的影响,其工作时间随着边际税率的提高而有所增加或减少。

(二) 对劳动供给曲线的经济计量估计

克斯特斯(Kosters,1969)、欧文斯(Owens,1971)等学者进行了经济计量评估,发现劳动供给曲线可能是向后弯曲的,劳动供给随着税收的提高而增加,说明收入效应要比替代效应更强,如果工资率提高到一定程度,人们就会减少工作,此时增加所得税可能导致劳动供给减少。但针对不同人群的研究结论也存在差异,甚至可能完全相反。例如发现达到标准工作年龄的男性,其劳动供给曲线是向后弯的,弹性较小;而已婚妇女的劳动供给弹性是正的,并且较大,其劳动供给存在较大的正工资效应,税收工资增加的替代效应大于收入效应(Pencavel and Killingsworth,1986;Eissa,2001;Blau and Kahn,2005)。总之,男性的劳动供给弹性要小于女性的劳动供给弹性,工资率的变化对已婚妇女的工作时数能产生较显著的影响。

可见,从实证研究结果看,关于税收影响劳动供给也没有获得统一的结论。

第二节 税收对家庭储蓄的影响

储蓄是国民经济和社会生活的重要组成部分,也是潜在的投资资本。一个国家的国内储蓄包括公共储蓄、企业储蓄和家庭储蓄,并以家庭储蓄为主。家庭储蓄水平不仅取决于该国的国民收入水平等因素,也受到税收政策的影响。

一、税收对家庭储蓄的影响机制

税收对家庭储蓄的影响也可分为收入效应和替代效应两个方面。由于一个人在某一年度的消费和储蓄的决策,不仅取决于当年的收入,还取决于未来的预期收入和过去已取得的收入,税收对储蓄的影响也要考虑整个生命周期的收入支出情况。

以利息税为例,政府对储蓄利息征收所得税会使消费者未来的可支配收入减少,为保证未来消费,纳税人只好减少当期消费,增加储蓄,此即征税产生的收入效应。征收利息所得税产生的替代效应表现为,利息征税降低了税后利息率,提高了未来消费相对于当前消费的价格,因此纳税人会"购买"更多相对"便宜"的当期消费,来替代未来消费。这样,替代效应使得储蓄减少。收入效应和替代效应同时发生而作用方向相反,税收对储蓄的影响取决于两者相互抵消后的净效应。

储蓄行为一般受收入水平、对于未来收入的预期、银行利率的水平、储蓄的动机、储蓄的习惯及社会保障制度的完善程度等多种因素的影响,这些因素最终决定了收入效应和替代效应的相对大小,从而影响净效应。

二、不同税率形式对家庭储蓄行为的影响

税收对储蓄的影响,也因税率形式的不同而有差异。这是因为边际税率决定替代效应的大小,平均税率决定收入效应的强弱,不同税率形式的边际税率和平均税率表现是不一样的。

比例税率形式下,边际税率等于平均税率,因而无法确定替代效应和收入效应孰小孰大,两者作用相反,因此税收对家庭储蓄行为的实际影响不确定。累进税形式下,由于累进税的边际税率往往高于平均税率,替代效应大于收入效应,因而累进税对家庭储蓄的阻碍作用更大,累进程度越高则阻碍作用越大。

另外,从不同收入群体看,由于高收入者的边际储蓄倾向高于低收入者的边际储蓄倾向,因而对高收入者征税比对低收入者征税对家庭储蓄有更大的阻碍作用;累进程度越高,对高收入家庭储蓄行为的抑制作用越大。

三、不同税种对家庭储蓄行为的影响

前述是基于所得税的分析,事实上,所得税、商品税、财产税等税种都会对家庭储蓄行为产生一定的影响,而且各不相同。

(一) 所得税对储蓄行为的影响结论

如前述,所得税对家庭储蓄行为的影响主要体现在如下几点:税收对储蓄的收入效应的大小取决于所得税的平均税率水平,替代效应的大小取决于所得税的边际税率高低;不同收入的家庭消费—储蓄偏好有很大不同,高收入者的边际储蓄倾向一般较高,对高收入者征利息税有碍于储蓄增加;边际税率的高低决定了替代效应的强弱,所得税的累进程度越高,对家庭储蓄行为的抑制作用越大。

总体来看,所得税对家庭储蓄会产生阻碍效应,减征或免征利息所得税,或降低税收的累进程度,有利于动员家庭储蓄,但这样不利于收入的公平分配。

(二) 商品税(消费支出税)对储蓄行为的影响

商品税是对商品的交易征税,实际上是对消费支出征税。可以证明,与征所得税相比,对消费支出征税更利于家庭储蓄的增长(推导过程参见拓展资料 5-1)。征收商品税比征收所得税更利于储蓄,原因包括:

> 拓展资料 5-1
> 对消费支出征税与对所得征税的比较

第一,商品税仅涉及用于消费的部分,将储蓄排除在课税范围之外,在某种程度上可以视为对储蓄行为的一种鼓励。因为商品税会在一定程度上抑制消费,而消费的减少就意味着储蓄的增加。当然若一个人的储蓄具有较强的契约性质,比如养老保险等保险费,则任何收入或消费的变化对储蓄行为的影响都非常小。

第二,商品税具有累退性,而所得税具有累进性。一般而言,可支配收入越高,储蓄倾向越强;对高收入者来说,税收的累退性越高,可支配资金就越多,储蓄倾向也就越高。因此,商品税的累退性在一定程度对储蓄有鼓励作用。

第三,所得税具有明显的重复征税性质,同样税率的情形下,征收商品税时纳税人的税后收入更高,因而比实施所得税更能鼓励储蓄。

因此,消费税鼓励储蓄的特征不会改变,但消费税的累退性质与公平的原则要求相违背,需要对家庭的基本消费水平给予税收宽免,仅对规定的基本消费额以上部分征收消费税。

（三）财产税和遗产税对储蓄行为的影响

财产是特定时点家庭所拥有的经济资源总值，是往期储蓄的存量和积累，因此也被称为总储蓄。政府对家庭财产征税实质上是对家庭储蓄成果征税。遗产税和赠与税的边际税率往往都比较高，因而也是一种限制财富过度集中的税收制度形式。这几个税种通常对家庭的储蓄行为有一定的抑制作用，尤其是当家庭没有遗产的目标时，这种抑制作用就更加明显。也就是说，当家庭成员没有遗产动机时，财产税的征收会鼓励人们把更多的收入用于当期的消费，从而减少财产积累或储蓄。

然而，在社会公共福利制度和社会保障制度不健全条件下，人们为了预防未来的风险和出于谨慎动机，不管是否对利息所得或财产征税，都可能偏向于增加储蓄或财产积累，减少当期的消费。一个社会的福利制度的完善程度，可能比利息税的税负对储蓄行为的影响更大。因此，分析税收对储蓄行为的影响必须结合社会福利制度。

当政府对财产课征比较重的税收而对利息课征较轻的税收时，人们就会增加储蓄，当然从避免通货膨胀的角度出发，也会将一部分现金储蓄转化为房产等财产储蓄。从这个层面上说，对财产课税比对利息课税对储蓄的影响作用要小一些。

四、税收对家庭储蓄影响效应的综合评价

可见，任何形式的税收都可能会对家庭储蓄产生影响，但最终影响结果具有不确定性，且作用不可高估，原因包括：

（一）影响储蓄的最根本因素在于收入，而不是税收

关于解释家庭储蓄行为的理论，主要存在四种理论，即凯恩斯的绝对收入假说、杜森贝利的相对收入假说（示范效应）、弗里德曼的持久性收入假说，以及卡尔多的阶级储蓄假说。

凯恩斯（John Maynard Keynes）绝对收入假说的核心观点是：当前可支配收入即支付直接税后的家庭收入决定家庭储蓄行为，且当前可支配收入的储蓄倾向与收入的增长是一致的，用简单关系式表达即：$S = a + sY_d$（其中，S 为储蓄，a 为常数，s 为边际储蓄倾向，Y_d 为当前可支配收入）。

杜森贝利（James Stemble Duesenberry）相对收入假说则认为，在稳定的收入增长时期，总储蓄率并不取决于收入，而是取决于相对他人和本人历史高峰收入的比率。一方面，消费者决定当期消费时，不能摆脱过去的消费习惯，易于随收入的提高增加消费，但不易随收入的降低而减少消费，存在"棘轮效应"，即上去容易下来难。另一方面，消费者的消费行为会受周围人们消费水准的影响，即所谓"示范效应"。如果一个人收入增加了，周围人或自己同一阶层人收入也同比例增加了，则他的消费在收入中的比例并不会变化，而如果别人收入和消费增加了，他的收入并没有增加，但因顾及他在社会上的相对地位，也会打肿脸充胖子提高自己的消费水平。这是因为消费是一种社会行为，具有很强的示范效应，特别是高收入团体对低收入团体的示范效应。

弗里德曼（Milton Friedman）持久性收入假说则认为，收入包括持久性收入和暂时性收入两部分，消费者的消费支出是由其持久性收入决定的。也就是说，理性的消费者为了实现效用最大化，不是根据现期的暂时性收入，而是根据长期中能保持的收入水平即持久收入水平来作出消费决策。

卡尔多（Nicholas Kaldor）阶级储蓄假说指出，消费（储蓄）习惯因经济阶级不同而大相

径庭,主要依靠劳动收入的工人其储蓄倾向远低于主要依靠财产收入的资本家。

可见,无论哪种假说,都将收入视为储蓄行为最主要的决定因素。

(二)影响家庭储蓄的其他因素

除了主要受收入决定以外,储蓄倾向还同消费习惯有关。即使征收利息所得税,偏好消费的家庭仍会保持既定的消费水平,偏好储蓄的家庭则会保持储蓄水平不变。

储蓄倾向还同个人对未来支出的预期、确定的未来目标密切相关。为了给退休后的生活或失业重病等意外提供保障,开征利息税会使消费者减少消费增加储蓄,即净效应体现为收入效应;但若社会保障机制完善,则开征利息税会减少储蓄增加消费,即净效应体现为替代效应。因此,储蓄行为还与社会保障制度的选择有关。为激励个人在养老保障中的作用发挥,很多国家实行鼓励储蓄的税收优惠政策(见专题5-1)。

专题 5-1

税收优惠与养老保险

由于养老金体系中的基本养老保险会给财政带来直接压力,一些国家在步入老龄化社会之后,便会考虑通过税收优惠鼓励居民参加其他类型的养老保险来分担财政养老压力。美国、日本、德国等国在通过税收政策激励企业补充养老和个人养老方面有着较为完善的制度和成熟的运作体系,其中美国的401(K)计划是较为有名的一种企业补充养老保险。

(一)美国的401(K)计划[①]

为了提高竞争力,企业常常会建立一些自己的退休金计划来充实其福利制度,政府则通过税收优惠激励雇主和雇员建立和加入各种职业退休金计划。美国的401(K)计划,即"现金或递延支付报酬安排"(cash or deferred arrangement),就为雇主和雇员的养老金存款提供了税收方面的优惠。

该计划的参加者,可以让雇主把一部分现金直接以税前缴费形式存入其利润分享或股票红利计划的账户中,由养老金管理机构(保险公司等)通过投资行为对这部分资金进行保值增值,雇主为职工的存款可按工资的15%取得税收扣除。与其他养老金计划相比,401(K)成本较低,职工的存款及其收益都延期缴税,等于减免了当期的税收。

从实质上看,美国的401(K)是团体养老投资连结保险的一种,兼具保险保障与投资理财双重功能。企业和个人每月向养老金计划供款,而养老金管理机构(保险公司等)通过投资行为对养老金进行保值增值,它没有固定利率,投保人的未来收益取决于保险公司的投资收益。但该计划存在一个隐患:由于许多职工选择直接投资本公司的股票,一旦公司经营出现问题,员工很可能陷入养老储蓄与工作一起丢掉的困境。尤其是,将职工养老储蓄进行投资的方式过于单调和集中的话,风险更大。2001年,美国得克萨斯州能源巨头安然公司(Enron)的破产就暴露了这个大问题,其2万名员

[①] 来源:林羿,胡勇. 我的退休方案什么样[N]. 经济观察报,2002-10-14.作者进行了缩写和改编。

工的401(K)退休基金化为乌有,损失高达数十亿美元。为此,后来的401(K)条款对每个职工的401(K)储蓄用于购买单只股票的比例作了限定,不得超过20%。

2006年起,另一种类型的401(K)计划开始实行,参加者可将自己的部分或全部缴款转到独立设计的罗斯账户中,这通常称为"罗斯401(K)"。罗斯账户缴款是税后的。所得税在缴款当年就已支付,未来从账户得到的分配都是免税的。

(二) 我国的个税递延型商业养老保险试点

我国也同样面临老龄化和养老压力。2018年4月,财政部、国税总局、银监会等五部委联合发布通知,宣布在上海市、福建省(含厦门市)和苏州工业园区三地开展个人税收递延型商业养老险试点,并于6月7日在上述三个试点区域正式开售相关保险产品。然而截至2021年年底,个税递延型商业养老保险试点累计实现保费收入仅为6.3亿元,参保人数不到5万人。无论从参与人数还是保费金额来看,试点政策都没有取得理想效果。

实施新个人所得税法后,我国对商业养老保险给予了更多的税收优惠政策。2022年11月,财政部、税务总局发布公告称,自2022年1月1日起,在缴费环节,个人向个人养老金资金账户的缴费,按照12 000元/年的限额标准,在综合所得或经营所得中据实扣除;在投资环节,记入个人养老金资金账户的投资收益暂不征收个人所得税;在领取环节,个人领取的个人养老金,不并入综合所得,单独按照3%的税率计算缴纳个人所得税,其缴纳的税款记入"工资、薪金所得"项目。效果如何,且拭目以待。

思考讨论题: 你认为个税递延型养老保险是否能成为社会基础养老保险的有效补充?如何提高其效果?

(三) 税收对国民储蓄总量的影响有限

虽然税收可以改变家庭、企业、政府等经济主体的储蓄行为,但从国民储蓄总量来看,税收的影响较为有限,原因包括:

(1) 政府储蓄与私人储蓄之间存在相互替代性,能够刺激私人储蓄增加的税收措施,常常在另一方面减少了政府储蓄,从而使对整个国民储蓄的影响不大。

(2) 在税收体系内部,各税种之间在鼓励储蓄上也存在互抵效应。例如,为个人提供退休保障的社会保障税就会很大程度地降低储蓄需求。费尔德斯坦(Feldstein, 1974)认为,社会保障对储蓄有两个相互矛盾的影响:其一,公共养老金代替了私人养老金,个人会减少防老的私人储蓄。其二,公共养老金的存在刺激了提前退休,因为一旦符合条件而不退休,其机会成本是放弃每年的养老金利益。而提前退休的预期可能使个人增加储蓄以备需要。

(3) 从一个国家的范围看,储蓄比例的高低,也不是由税收因素决定的,而是由其他更为重要的因素决定的。例如,老龄化程度是导致储蓄比率较高的因素。

第三节 税收对私人投资的影响

税收对决定资本形成的投资活动的影响,包括税收对投资收益与风险、资产组合与风险承担的影响。

一、税收对投资收益和投资成本的影响

私人投资者都追求利润最大化,为实现这一目标,投资人会一直投资到其资本的边际成本等于边际收益为止。只要投资收益大于投资成本,投资人会一直投资下去。因此,投资人的投资行为主要由资本的边际收益和边际成本两个因素决定。而税收对投资水平的影响也是通过作用于这两个方面实现的:一方面是通过对资本的收益征税,这会使投资的边际收益下降;另一方面是允许某些资本成本项目进行税前扣除,降低资本成本,则具有鼓励投资的效果。最终,税后投资收益和税后投资成本的权衡决定了投资决策。

税收对投资收益率的影响主要表现在企业所得税的课征上。假设资本品价格为 q,税前投资收益率为 i,企业所得税率为 t,则税后投资收益率 $R=qi(1-t)$。政府课征企业所得税,直接的影响是压低了该投资项目的收益率。

理论上说,这会对纳税人产生方向相反的两种效应:一是替代效应,即投资收益率的下降,降低了该投资对纳税人的吸引力,造成纳税人减少投资,而以其他行为替代该投资;二是收入效应,投资收益率的下降,减少了纳税人的可支配收益,促使纳税人为维持以往的收益水平而增加投资。

政府征收企业所得税情况下,资本成本 C 为:

$$C=q(r+\delta)(1-zt-yt)$$

其中,r 为市场利率,δ 为折旧率,z 为单位资本未来折旧扣除的现值,y 为单位资本利息扣除的现值。税收通过折旧、税前利息扣除等途径都能影响投资成本。

总的来说,为降低企业投资成本、增加投资收益,税收上通常有如下一些常见激励手段:

(1) 利息支出。税法允许企业在企业所得税前将利息费用给予列支,这可以起到税收屏蔽的作用。

(2) 加速折旧。若税收折旧高于经济折旧,资本成本降低,对投资有刺激作用;加速折旧制度下,企业得到延期纳税的好处。加速折旧可能更有利于长期投资行为。但若存在通货膨胀,折旧提取的实际价值减少,对投资的刺激作用降低。

(3) 投资税收抵免。投资税收抵免是指允许企业将购进资产的投资额按一定比例从应纳税额中扣除,折旧可按抵免后或抵免前的投资额为基础计提。投资税收抵免也能降低资本的使用成本,增加企业资本存量,从而刺激投资。在企业有盈利的情况下,投资税收抵免的刺激效果可能最大。

(4) 投资补贴、免税期、亏损结转等其他投资激励。免税期是指对投资者在经营前几年给予免税优惠,给潜在的投资者提供了一个政府支持的信号。

二、税收对资产组合和投资风险的影响

投资活动的结果,不总能获得收益,也可能会亏损,即投资需要承担风险。人们之所以进行投资,目的都是为了获取预期收益,而人们之所以愿意投资于高风险资产而不是低风险的安全资产(如定期存款或政府债券),也是为了获得高于安全资产的预期收益。这种高于安全资产预期收益的部分即风险酬金(Risk Premium),是对承担风险的机会成本的补偿。

关于税收对风险资产投资的影响,理论界有两种不同观点:主流观点是,政府对投资收益征税,侵蚀了风险酬金,会抑制对风险资产的投资;税负越重,企业从事风险投资的积极性越低(Domar and Musgrave,1944)。另一种观点则认为,尽管税负中有一部分是对风险酬金的征税,但因税制中同时也存在着大量的风险损失扣除等规定,实际上政府也承担了可能的风险损失,政府是企业承担风险的"沉默的合伙人"(Silent Partner)(Domar and Musgrave,1944)。

因此,政府征税,一方面降低了风险资产的收益率,一定程度上降低了投资者投资风险资产的意愿,另一方面也降低了投资的风险程度,刺激投资者进行风险资产的投资,由于两种影响方向相反,因此税收对投资者投资组合的选择的影响是不确定的。如果投资者有既定的收益目标,可能会愿意选择更多地投资于风险资产。

假设有几种风险程度不同的资产,风险程度低的资产其预期收益率也较低,风险程度高的资产则可以获得较高的预期收益率。投资者将根据其对风险和收益的偏好来决定其投资资产组合。税收对资产组合的影响,实质上也是税收对风险承担的影响,通过课税影响投资者对投资资产结构的选择。

三、税收优惠待遇对资产价格的影响

(一) 各国税制对不同经济活动的优惠待遇

在各国税收制度中,对于不同经济活动的税收优惠主要包括如下形式:(1) 完全免税;(2) 部分免税;(3) 税收抵免;(4) 允许按比资产的经济价值下降更快的速度进行折旧和税收扣除;(5) 允许应税所得按比资产的经济价值增长更慢的时间确认;(6) 无优惠甚至限制性的待遇;(7) 特别的税收(如石油暴利税);(8) 要求应税所得按比资产经济价值增长更快的时间确认;(9) 要求按比资产的经济价值下降更慢的速度进行折旧和税收扣除。

(二) 不同税收待遇的影响

市场均衡过程会使资产价格调整到所有投资者的税后报酬率都相等。税收待遇不同的前提下,若税后报酬率要相等,则不同资产的税前报酬率必须不同,征税轻的投资的税前报酬率低于征税重的投资报酬率。这样,投资者对每个征税重的投资缴纳的是明显的税(Explicit Taxes),而对于征税轻的投资实际上是通过低的税前报酬率缴纳了隐含的税(Implicit Taxes)。隐含税的出现是因为税收优惠待遇在市场上被赋予了价格。

下面说明如何计算隐含税。隐含税的计算首先需要确定一种基准资产(Benchmark Asset)。基准资产是每年投资收益都按一般税率征税的一种完全应税的资产,持有资产所获得的任何经济收益应纳的税收都不得递延。比它征税少的投资为有税收优惠的投资,则隐含税就是完全应税资产与税收优惠资产的税前报酬率之间的差额。

设 R_b 表示完全应税的投资的税前报酬率,R_a 表示某税收优惠资产投资的税前报酬率,t_a 表示对该税收优惠资产投资所征收的隐含的税率,则有:

$$R_b(1-t_a)=R_a, \qquad t_a=(R_b-R_a)/R_b$$

例如,一般债券的税前报酬率为 10%,免税的市政债券的税前报酬率为 7%,则其隐含的税率等于 30%。投资者持有免税的市政债券虽没有缴纳明显的税,但通过较低的税前报

酬率隐蔽地支付了30%的税,只是这种税不是支付给国库,而是支付给了免税债券的发行者。发行市政债券的市政当局通过低资本成本的方法收到了一个隐含的补贴。

第四节 税收对技术进步的影响

技术进步是经济增长的重要源泉之一。一般将扣除资本和劳动力以外的因素定义为广义技术进步因素,这些因素不仅包括科学知识、技术发展或工艺改进,还包括劳动者素质提高和管理创新等。据测算,我国2013年技术进步对经济增长的贡献率为51.7%,2019年为59.5%[①],美国、日本等主要发达国家技术进步的贡献率则更高。

在支持技术进步的众多政策中,税收政策是最常见且使用最广泛的政策工具之一。由于技术进步通常被用来描述经济学上的宏观积累效应,微观上,技术进步源自一项项具体的企业技术创新活动,因此税收对企业技术进步的影响主要体现为通过税收优惠激励企业技术创新的投入。此外,税收也通过影响人力资本的投资,改变劳动者素质和创新能力,间接影响到技术进步。本节从这两方面讨论税收对技术进步的影响。

一、税收优惠对企业技术创新投入的激励

(一)税收优惠政策影响技术创新的作用机理

1. 降低创新成本,减少融资约束,增加现金流,从而激励企业增加创新投入

税收优惠政策对企业技术创新的影响,表现为通过税收优惠降低企业创新活动的资金成本,增加现金流,其实质是政府通过让渡部分收入,对企业的创新成本进行部分的承担,以减少企业创新活动的资金压力和风险,从而激励企业增加创新投入。

然而,创新资金成本的节约是否必然对企业创新活动起到激励作用,换言之,节约下来的资金是否一定会被企业投入创新活动中去甚至投得更多呢?理论上对此提出了类似于前述替代效应和收入效应的两个相反效应,这里表现为激励效应和挤出效应。激励效应是指税收优惠使得企业创新资金成本节约,缓解了企业创新资金的压力,预期收益率增加,风险降低,这利于刺激企业进一步增加创新投入规模,以获取更多的技术创新收益。挤出效应则是指税收优惠使得企业创新投入得到节约,企业会将原本需要投入创新活动的资金转投他处。两种效应均得到了国内外众多实证研究的证实(前者如 Nick et al.,2002;Dominique and Bruno,2003;后者如 Scott,2000),还有一些研究发现税收优惠政策对促进企业研发活动没有明显效果(Edwin,1986;Ming-Chin and Sanjay,2017)。归根结底,税收优惠对企业研发投入是否具有正向激励作用,取决于激励效应和挤出效应的综合效应。

2. 为企业研发战略选择提供导向和信号

税收优惠政策是政府根据国家战略发展需要、结合当下的经济情况来制定的,目的是引导社会资源流向政府希望发展的方向。这也就为社会部门识别国家发展战略提供了信号。针对性的税收优惠政策,使得相关企业不仅可以获得政府支持,也更利于获得其他资源的支

---

① 我国科技进步贡献率已达59.5%,创新驱动发展战略深入推进[N]. 人民日报,2020-10-21.

持,大大降低企业研发的风险,提高成功率和预期收益率。企业因而也更有积极性开展研发创新活动。

(二) 激励企业创新投入的税收政策类型

为鼓励企业创新,目前我国针对新兴产业、高新技术产业、科技型企业、科技园、科技孵化器,以及企业技术改造、新产品开发活动等实施了一系列税收优惠激励政策。这些税收优惠政策可以按优惠方式分为税额优惠、税率优惠和加速折旧三类,也可以分为直接优惠和间接优惠。这里的直接优惠是指直接对应纳税额进行减免优惠,间接优惠是指通过减少应纳税所得额从而减免应纳税额。具体的优惠政策包括研发费用税收抵免或加计扣除、创新型企业所得税优惠、风险投资税收激励、研发设备进口免税或加速折旧、研发人员股权激励等政策形式。

1. 不同税种的税收优惠政策

激励技术创新的税收优惠政策覆盖了企业所得税、增值税、关税等多个税种,其中企业所得税占据主导地位,有关企业所得税的税收优惠条文数量占比最多,比例占一半以上。其次是以增值税为主的流转税,近年全面推开的增值税留抵退税政策有利于企业减少资金占用,对在技术创新活动中投入较大、研发周期较长的企业而言效果尤其显著。

2. 专利盒制度

不同税收优惠政策有不同侧重点,针对的创新主体和作用效果也有差异。下面以专利盒制度为例加以说明。

专利盒制度是作用于研发周期末端的税收激励措施,其核心内容是对企业的知识产权收入进行所得税扣除或抵免,以降低企业进行知识产权项目研发投资的资本成本。该制度可以通过设置与知识产权开发相关的认定标准,对企业增加研发活动与研发支出起到激励作用。比如,比利时、荷兰、英国等国规定,通过收购方式取得的知识产权,只有在企业进行了进一步开发的情况下,才能够享受专利盒制度的税收优惠。此类约束性规定可对企业的研发活动形成正向激励。目前,世界上已有多个国家明确实施了以"专利盒"或"创新盒"命名的税收制度,我国有关"技术转让所得减免企业所得税"的规定从实质上看也属于专利盒制度内容。

专利盒制度与直接补贴和其他税收优惠的主要区别在于,其作用点在研发成果的转化和商业化环节,作用环节较为靠后,对企业研发活动影响较为间接,对尚未开展研发活动的企业来说,该政策提供的激励可能不足以使企业完成从无到有的转变。因此,专利盒制度的作用对象通常为已经具有一定研发规模和成果转化经验的企业,对于没有开展研发活动的企业,该制度所能带来的资金优势相对有限,不足以显著提升这些企业在获取研发所需资金时的竞争地位。

对专利盒制度的担忧主要在于,一是可能存在部分企业仅仅将专利盒优惠作为在不同国家之间进行避税的手段,仅改变了自身的税务筹划行为,而没有确实增加相应的研发活动或专利成果转化。比如,英国葛兰素史克公司(GlaxoSmithKline)2017年出于财务目的将其所有与疫苗相关的知识产权都集中在了比利时,而在国内进行实物资本投资。二是专利盒制度可能引发有害税收竞争,即不同国家通过逐底竞争破坏企业之间的公平竞争环境。

> **论文概览 5-1**
>
> **中国研发加计扣除税收政策的效果评估**
>
> 研发费用加计扣除是政府激励企业创新的重要举措。刘行和陈澈（2023）通过手工搜集 2 500 家中国上市公司数据，首次采用微观企业研发加计扣除数据大样本考察了研发加计扣除政策的实际运行效果，研究发现：(1) 企业实际的研发加计扣除率为法定标准的 67%，表明企业尚有 33% 的研发支出未被税务部门认定，原因主要是因为税法对研发支出的认定口径较窄，以及高素质税务人员对研发支出的审核较为严格审查。税务部门"放管服"改革可以显著提高企业研发被税务部门认定的比例。(2) 税务部门对企业研发支出的认定部分对创新产出的激励效果是未认定部分的 26 倍，表明税务部门具备筛选高质量研发的能力。进一步，税务人员素质越高，这一能力越强，且"放管服"改革在增加企业享受税收优惠力度的同时并未损害这一能力。
>
> 资料来源：刘行，陈澈.中国研发加计扣除政策的评估——基于微观企业研发加计扣除数据的视角[J]. 管理世界，2023,39(6).

二、税收对人力资本投资的影响

科技发展对财务资本和技术工人的互补性提出了更高要求。设备资本只是企业提质增效的硬件保证；充分发挥硬件设备的作用，还需要企业人力资本的软件支撑，例如凝结于劳动者身上的知识、经验和专业技能等。根据资本—技能互补性假说，如果新增固定资产中蕴含着较多的新技术，相比于非技能劳动力，技能劳动力与新增固定资产的互补性更强。人力资本的提升，有助于充分利用物质资本与人力资本之间的协调互补性，提升两种生产要素的生产率，进而形成高效率、高质量的供给。

因此，人力资本对于企业技术创新起着关键性作用。创新性人才以其丰富的专业知识和活跃的思维提升企业的技术创新能力。这是因为创新性人才是一种区别于原劳动力（Raw Labor）的生产要素，是具有特定技能、能力和经验的人力资本。创新性人力资本通过投资才能形成，也需要通过正规教育、职业培训、保健以及工作研究活动等投资获得增值。因此，在对企业创新投资进行税收激励的同时，促进个人的人力资本投资和升级的税收激励同时是重要和必要的。

税收对个人人力资本投资的影响，主要通过影响人力资本投资的成本和收益来实现。

（一）税收对人力资本投资的激励作用

人力资本投资途径包括企业为提高员工工作绩效而提供的员工教育和培训，也包括个人为了提高自己的劳动生产率或自身的价值而进行的自我投资。对企业来说，创新型人力资本的投资，就需要在基础教育、继续教育上投入时间、精力、金钱等额外成本。如果政府制定的税收优惠政策能够使这部分成本在税前扣除或者部分扣除，应当有助于鼓励企业做出这些投资，增加对从事创新活动劳动力的需求。

个人所得税的税率、对教育的附加扣除等影响个税综合税负的因素，从理论上说，可以影响个人可支配收入，从而影响家庭对生育的选择和教育支出的选择，进而对人力资本供给数量、质量和结构产生影响,直接影响非自愿性失业、结构性失业的规模和范围。但个人所得税政策对人力资本投资的影响,现有研究结论并不一致。有人认为,由于劳动者数量主要是由经济发展水平、社会文化等因素决定的,税收制度对增减人口的社会劳动供给不会产生决定性影响(国华,2004)。而有人则认为,个人所得税中增设教育费用专项扣除项目,可以鼓励教育消费,提升预期劳动者素质,从而实现对内增加劳动供给、促进劳动力就业,对外实现劳务输出的目的,从而减小结构性失业规模(许文,2003)。Blundell 和 Shephard(2012)更加细化研究教育费用扣除,通过设计适合低收入者特点的收入模型和实证分析研究了教育费用扣除下的最优税率,得出的结论是税收计划取决于孩子的年龄,只有那些有学龄儿童的低收入者才能享受税收减免是个税税收优惠促进劳动者增加劳动供给的最优选择。

(二) 税收对人力资本投资的抑制

对创新型人才来说,谁受的教育和训练越高,谁获得的就业机会和高薪机会就越多,因此创新性人才应该有动力进行自我投资。但另一方面,获得收入多,交的个人所得税也高,这又对人力资本自我投资形成抑制。例如,Rosen(1980)对美国的实证分析发现,累进所得税率制度降低了人们就读大学的概率,即对人力资本自我投资产生了抑制效应;若能对直接通过科技活动所获收益的税收进行减免,则有助于减弱该抑制效应,从而提高其自我投资的动力,最终有助于企业的技术创新活动。

可见,税收对人力资本投资的影响到底是起到激励作用还是抑制作用,取决于其投资的成本和收益的相对大小。若政府征税使投资的成本和收益同比例减少,则对人力资本的投资没有影响。然而,收益具有不确定性,也很难准确估量,且投资还可能受到其他税收政策(如对物质资本投资的税收政策)的影响,因此税收对人力资本投资的最终影响并不能确定。

> **论文概览 5-2**
>
> **税收政策激励与企业人力资本升级**
>
> 刘啟仁和赵灿(2020)通过理论分析并通过实证研究证实,新增固定资产与技能劳动力有显著的互补性,与非技能劳动力的互补性不显著,因而税收政策在激励企业新增固定资产的同时,也会促使技能劳动力相对雇佣比提升,人力资本结构得到改善。该研究从微观视角验证了资本与技能劳动力的"互补效应",将税收政策评估由企业固定资产投资扩展至企业人力资本投资领域,也由此提出了税收政策推动企业人力资本升级的一条新的路径。
>
> 资料来源:刘啟仁,赵灿. 税收政策激励与企业人力资本升级[J]. 经济研究,2020(4).

课程思政

理解税收如何影响主要经济要素的微观机理,有助于学生深入把握税收的作用过程和传导机制,使得对税收的认识更加立体和全面,也能够预测未来税收政策或制度的变化将会发生怎样的影响效应,提升学生的税收思维和专业能力。

本章小结

资本、劳动力和技术进步是决定经济增长的主要经济性要素,其中资本又包括储蓄这种潜在的资本以及实际资本两种形式。

税收对各经济要素的影响,体现为两个经济效应:一是税收的收入效应,二是税收的替代效应。收入效应与替代效应的作用方向可以相同,也可以相反,两者的净效应构成了税收对微观经济主体作用的总效应。

税收主要通过个人所得税影响劳动力的供给。但税收对劳动供给的影响,在理论上并没有形成确定的结论,实证研究也没有获得统一的结论。

税收是政府调节储蓄的经济手段之一,不同税率形式、不同税种对储蓄行为有不同影响。消费税比所得税更能鼓励储蓄,但消费税的累退性质与公平的原则要求相违背。但影响储蓄的最根本因素在于收入,而不是税收。

税收影响投资的成本和收益,不同资产有不同税收待遇。政府通过税收,在投资中经常扮演"沉默的合伙人"。

在众多支持技术创新的政策中,税收政策是最常见且使用最广泛的政策工具之一,主要通过税收优惠政策降低企业创新成本,从而激励企业增加创新投入。此外,税收也通过影响人力资本的投资,改变劳动者素质和创新能力,间接影响到技术进步。

复习思考题

1. 税收如何影响劳动的供给和需求?不同税率形式、不同劳动者偏好会有什么不同影响?
2. 税收如何影响家庭储蓄?什么税率形式有利于增加家庭储蓄?
3. 所得税、商品税、财产税和遗产税对储蓄行为的影响分别是怎样的?什么税对储蓄的影响作用较小?
4. 在养老方面,税收有哪些激励政策?效果如何?
5. 税收如何影响私人投资的成本和收益?
6. 什么是隐含税?什么是明显的税?
7. "政府是企业沉默的合伙人",这句话怎么理解?
8. 激励企业创新的税收优惠政策有哪些?
9. 税收如何影响人力资本的投资?

第六章

税收的宏观经济效应

名人名言

所有的税收都是对经济增长的拖累,只是程度不同。　　　　　　——艾伦·格林斯潘

税收是对社会财富的一种重新分配,是确保公平和公正的手段。

——米尔顿·弗里德曼

一般来说,为了获得更多的公平,必须牺牲一部分效率。　　　　　——斯蒂格利茨

教学目标

通过本章学习,理解税收对经济的影响,从宏观上表现为哪些效应;税收带来的影响效应是否都是正面的,如何进行权衡和平衡。

税收对宏观经济的影响效应,是其对前述经济性要素微观作用的累积和综合效应。税收对宏观经济的影响主要体现为其对经济增长的影响、对经济稳定的影响,以及对收入分配的影响等几个方面。

第一节　税收与经济增长

经济增长是指一国经济实力的提升或增强,通常表现为一个国家的产品和劳务数量的增加,一般用国民生产总值或国民收入的增长率来衡量。资本投入、劳动供给和技术进步共同决定了经济增长速度,也为经济发展提供了基础。只有经济保持一定的增长速度,才能为结构调整、福利提高提供物质基础。

税收是政府用于调节经济增长的重要政策手段之一。通过征税,一方面可以为财政支出筹措必要的资金;另一方面也通过调控纳税人的特定经济行为,实现政府在一定时期的经济政策目标。

一、税收乘数与政府支出乘数

税收对国民收入的影响,通常可以通过两个乘数得到反映:一个是税收乘数,一个是政府支出乘数,如式 6-1 和式 6-2 所示。其中,ΔT、ΔY、ΔG 分别为税收变动、国民收入变动和政府支出变动,b 为边际消费倾向。

$$\Delta Y/\Delta T = -b/(1-b) = K_T \quad \text{——税收乘数} \tag{6-1}$$

$$\Delta Y/\Delta G = 1/(1-b) = K_G \quad \text{——政府支出乘数} \tag{6-2}$$

税收乘数 K_T 为负，表明税收的变动与国民收入的变动之间是一种反向关系，国民收入减少（增加）的程度为税收增量（减量）的 $b/(1-b)$ 倍。倘若政府采取减税政策，将有利于经济增长。税收乘数的大小由边际消费倾向 b 决定，边际消费倾向越大，则税收乘数的绝对值越大，对国民收入的影响也就越大。

政府支出乘数 K_G 为正，表明财政支出与国民收入变动的方向相同；当政府支出增加时，国民收入也随之增加，并且增加的数量为政府支出数量增量的 $1/(1-b)$ 倍。因此单独地看，财政支出增加有利于加速经济增长。

由于 $b<1$，税收乘数<政府支出乘数，说明税收政策对经济增长和经济稳定的作用小于公共支出政策。

专题 6-1

收入估计中的"恒定 GDP"假设问题

Feldstein(2008)指出，财政部和联合税务委员会(Joint Tax Committee)所使用的官方估计通常受一种假设所限制，即税率变化所引发的行为变化不会引致 GDP 的任何变化。这种"恒定 GDP"的假设消除了广义劳动力供给变化的重要影响，即劳动力参与率、工作时间、工作选择、努力程度等的变化。

"恒定 GDP"假设产生的原因是，预计的 GDP 水平是由政府或国会预算办公室确定的，因此，收入估计人员必须将其作为一个固定参数。费尔德斯坦认为，可能国会议员都没有意识到，联合税务委员会工作人员给出的"收入估算"，是基于恒定 GDP 这种武断的假设，而这是完全没有道理的。为此，他长期以来一直主张改革收入估计过程，以明确反映税收变化对国民收入的影响。他建议 GDP 预测可以提出一个基线数字，在此基础上叠加拟议的税收改革的影响。

幸运的是，GDP 估算忽略行为效应的局限性正在发生改变，一些官方估计已在注意拟议的税收变化引发的行为反应方面的证据。费尔德斯坦提出，最好能对这些行为反应的变化进行更透明的描述，以便经济学专业人士对新的估计进行研究和评论。

思考讨论题：你认为这种"恒定 GDP"的假设会导致最终估算结果发生什么样的偏差？

二、平衡预算原理

若同时考虑税收和财政支出两个因素对经济增长的影响，假定政府在增加税收的同时，也增加同等数量的政府支出，则有：

$$K_T + K_G = -b/(1-b) + 1/(1-b) = 1$$

"平衡预算原理"：政府增加相同的 T 和 G 时具有经济上的扩张效应，国民收入增加的水平正好等于财政支出的增加额。

该原理表明,若经济中的产出水平低于充分就业时的产出水平,政府可以通过适当增加税收同时等量增加政府支出以把产出水平提高到充分就业时的水平,这样就避免了通过财政赤字来达到目标的缺陷。

第二节　税收与经济稳定

经济稳定是政府宏观经济政策的重要目标。市场经济的自发运行总是会出现周期性的波动,税收是政府干预市场波动、保持宏观经济稳定的一个重要手段和经济杠杆。

一、税收稳定经济的方式

税收主要通过三种调节方式稳定经济:稳定物价,充分就业,国际收支平衡。

(一) 调节物价稳定

物价稳定是指一般物价水平或物价总水平的大体稳定,物价不稳定则是指一般价格水平或价格总水平持续性地普遍上涨或下跌,其最常见的一种表现就是通货膨胀。根据不同成因,通货膨胀可分为需求拉动型和成本推动型两种情况,应根据具体情况采取相应的措施。

1. 需求拉动型通货膨胀

需求拉动型通货膨胀是由需求过度引起通货膨胀。税收是构成社会总需求的重要变量因素,通常情况下,提高税率能减少总需求,从而起到减少通货膨胀、稳定价格的效果。

2. 成本推动型通货膨胀

成本推动型通货膨胀是由生产成本上升引起的通货膨胀。自然资源和劳动力资源等生产要素价格提高,直接导致生产成本上升,从而引起平均价格水平普遍上涨。因为税收也是成本构成中的重要变量因素,通过调整税率结构,对生产投入要素减少征税,就能降低企业的生产成本,进而抑制成本推动的通货膨胀。

(二) 实现充分就业

失业有自愿失业和非自愿失业两种类型,政府要解决的是非自愿失业。非自愿失业根据失业原因的不同,又可分为摩擦性失业、季节性失业、结构性失业以及周期性失业四种情况。摩擦性失业(即劳动力流动过程中的暂时性失业)和季节性失业属于临时性的正常失业,是无法消除解决的。政府控制失业的政策主要针对周期性失业,即因市场对商品和劳务需求不足所导致的失业。

税收通过影响总需求的变动间接影响就业水平的变动。降低税率引起的连锁反应在一定程度上能扩大总需求、增加产出和促进就业。例如,当因需求不足导致失业增加时,减税可以使个人可支配收入增加,消费增加,社会总需求增加,进而对劳动力的需求增加。

(三) 促进国际收支平衡

税收在调节国际税收平衡方面也可以发挥重要作用。相关税收政策主要涉及国际投资和国际贸易领域。

1. 国际投资税收政策

(1) 国际资本流入税收政策。包括：鼓励国际资本流入的税收优惠型；普惠性和特惠型；限制国际资本流入的税收歧视型；内外平等的税收中性型。

(2) 国际资本流出税收政策。包括：税收豁免法，居住国政府对本国公民或居民来源或存在于国外的收益、所得或一般财产，放弃行使其税收管辖权而免于征税，以避免国际重复征税；税收扣除法，居住国政府对本国纳税人已经缴纳的外国税款，在本国计算应纳税额时，准予其作为费用从应税收入中减除；税收抵免法，居住国政府对本国纳税人已经缴纳的外国税款，准予在缴纳本国的应纳税额中扣除；税收减免法，居住国政府对本国纳税人已纳外国税款的国外收入，在本国按特惠税率征税，以缓和或减轻国际重复征税；税收缓课法，国外子公司的利润在作为股息汇回本国母公司以前，不在作为母国的居住国纳税；饶让抵免法，居住国政府对本国纳税人已经缴纳的外国税款，在国外享受的减免税优惠视同纳税给予抵免，使本国纳税人不但享受税收抵免，同时享受被投资国给予的税收优惠。

2. 国际贸易税收政策

(1) 国际贸易税收类型。国际贸易税收包括：消费地税，在国际贸易中，进口国放弃征收出口商品税，而由进口国征收进口商品税，不产生贸易扭曲影响；生产地税，在国际贸易中，进口国放弃征收进口商品税，而由出口国征收出口商品税，两国商品税的差异会导致贸易扭曲性影响；进口关税，对进口商品征收进口税，产生贸易扭曲影响；出口关税，对出口商品征收出口税，产生贸易扭曲影响。

(2) 国际贸易税收选择。生产地税和消费地税的选择，从减少税收对国际贸易的扭曲影响而言，消费地税比生产地税更为合理。而进口关税和出口关税的选择，选择对进口商品征收关税，对出口商品不征关税，对于从事进出口贸易国家的国际贸易发展相对有利。

二、税收稳定经济的机制

税收稳定经济的机制主要有二：一是税收的自动稳定机制，二是相机抉择的税收政策。

（一）税收自动稳定机制

1. 税收的"自动稳定器"原理

税收的自动稳定机制，又称为自动稳定器（Automatic Stabilizers），或称非选择性的税收政策，是指税收会随着经济景气状况自动进行增减，从而"熨平"经济周期波动的一种经济调节机制。

税收的"自动稳定器"功能，主要依赖所得税的累进税率对私人部门可支配收入的影响。累进税制度下，当经济处于高速增长时期，随着纳税人收入增加，一方面，超过免征额的人数增加，从而扩大了所得税的征税范围；另一方面，相当一部分纳税人的适用税率档次提升，税负增加，其可支配收入减少，投资与消费能力降低，从而自动地抑制社会总需求的过度扩张。这种在累进税制度下，人们适用的税率档次随着货币收入增加而从低等级自动跨入高等级的现象，称为税级爬档（Bracket Creep）。它可在一定程度上抑制总需求的膨胀。具有自动稳定器作用的税收政策，有个人所得税、公司所得税等直接税；边际税率越高，税收作为自动稳定器的作用越大。

2. 不同税种的自动稳定效果

一国税制中直接税占比越大,自动稳定功能越强。由于公司利润的波动大于普通收入的波动,公司税可能是比个税更有效的自动稳定器;而财产税的稳定作用普遍较弱。

增值税虽有助于控制总需求,但也可能引发大规模的物价上涨和通货膨胀;销售税是控制需求的较好的税种,但有一定时滞;所得税和增值税税基较宽,有助于实行对宏观经济的全面调节。

自2016年7月1日起,我国全面推出资源税从价计征改革,税收收入与矿价直接挂钩,从前期效果看,资源税也在一定程度上发挥了"自动稳定器"的调节作用,克服了原从量定额征收方式缺乏弹性和逆向调节的问题。当矿价上涨时,从价计征的资源税随之增加,有利于地方政府及时分享矿价上涨收益,并抑制相关矿业经济可能出现的过热;在矿价下跌、企业效益下降时,从价计征的资源税随之下降,税负自动降低,缓解企业经营困难,促进相关矿业经济的回升。

税收与国民收入之间通常呈递增函数关系,税收的收入弹性为正值。由于不同税种的税收收入弹性之间存在着较大的差异,因而在不同的税制结构条件下,税收的自动稳定效果不同。

(二) 税收相机抉择机制

相机抉择税收政策(Discretionary Tax Policy)是指政府根据经济运行的态势而人为地逆向实施减税和增税措施,当经济萎缩时,采用扩张性税收政策;当经济高涨时,采用紧缩性税收政策,以促进经济的稳定增长。

由于不同税种、不同税制要素对经济作用的环节和层面是不同的,因而政策手段的选择可以有明确的针对性。

(三) 税收自动稳定和相机抉择机制的优缺点

1. 税收自动稳定机制的优缺点

自动稳定机制的优点体现在,作为一种自动反应,完全避免了认识时滞和部分执行时滞,且作用目标准确、作用效果比较快。

税收的自动稳定机制的局限性在于作用程度有限,不能应对巨大外生变化。此外,在经济复苏过程中则表现为财政拖累(Fiscal Drag,或称财政制动器)现象,阻碍经济复苏。因此,如萨缪尔森所言:"总之,内在稳定器的作用是减少部分的经济波动,而不是百分之百地消除波动。是否减少内在稳定器未能消除的余额以及怎样消除,仍然是斟酌使用的货币和财政政策的任务。"

2. 税收相机抉择的优缺点

相机抉择机制的优点是政策手段可以根据需要进行自主选择,针对性更强;其作用的程度大小也可以根据需要而调整,能够应对较大的外生变化。其局限性在于,所采取税收政策的效果,依赖对经济运行态势的正确判断。政策需要逆经济运行态势而动,因此前提是需对经济运行态势进行全面系统正确的分析,以做出正确判断。

此外,在政策实施过程中,也往往会遇到政治上的阻力,并且相比于自动稳定机制,税收政策在不同环节都存在时滞,包括认识时滞、决策时滞、执行时滞、反应时滞等多重时滞。

可见,自动稳定机制和相机抉择机制各有优势和局限性,在实践中应结合使用,共同促成经济的稳定(见图6-1)。

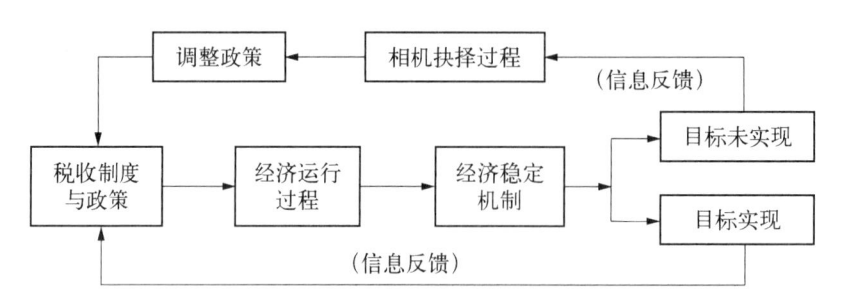

图 6-1 自动稳定机制和相机抉择机制

专题 6-2

硬币的另一面：税收对稳定可能的负效应

税收在经济稳定方面发挥的作用已得到普遍接受。然而，税收同样可能产生不稳定的效应。有人认为，在 2008 年金融危机发生的过程中，税收起到了推波助澜的作用。

Slemrod(2009)、Keen 等(2010)[①]认为，税法的复杂性，鼓励了复杂金融工具的使用，提高了杠杆率，鼓励了国际税收筹划，降低了透明度。税收扭曲虽没有导致危机，但它们很可能是造成危机的原因之一，因为它们导致了杠杆率的提高和复杂性的增加。这些扭曲现象中的大多数长期以来一直是人们担忧的根源，如何正确处理，可能比之前想象的还要重要。Slemrod(2009)对此进行了阐述。

(一) 对企业债务融资的税收优惠

税收政策与经济危机之间一个显著的联系在于对企业债务融资的税收优惠。在美国及其他大部分国家的税收体系下，债务融资比权益性融资更为有利，因为利息支付是可以抵扣的，而权益资本成本是不可以扣除的。尽管债务融资和权益性融资在税收优惠上的差别会被个人股权投资所得的税收优惠所抵消，但总的来说，债务融资的税收优惠还是更胜一筹。

鼓励企业进行债务融资，会使企业杠杆率提高，也使得企业对破产的敏感性更高。而企业杠杆率的提高以及企业破产会产生传染效应以及外部性。比如，对债务融资实行税收优惠促使企业有动机去选择一些风险更高的项目，因为如果项目成功会为企业带来巨大的利润，如果失败导致了企业破产，贷款者会为企业承担部分破产成本。这意味着企业将破产带来的危害"传染"给了贷款者。

另外，对企业债务融资的税收优惠促使企业发行混合金融工具(如可转换债券)。这里就会引发两个问题，即企业为何要发行混合金融工具？混合金融工具为何会产生负外部性？Slemrod(2009)认为，混合金融工具有双重性质，而企业既想要获得债务融资的税收优惠，又不想改变股权投资者的风险预测，所以发行这类工具刚好满足了

---

① Slemrod, J. 2009. Lessons for Tax Policy in the Great Recession[J]. National Tax Journal, 62(3): 387-397; Keen, M., A. Klemm and V. Perry, 2010. Tax and the Crisis[J]. Fiscal Studies, 31(1): 43-79.

企业的两个要求。但是这种工具是有很大的弊端的,以可转换债券为例,从投资者的角度来看:(1)如果投资者持有至到期,虽然可以获得固定的利息收益,但与持有一般企业债券相比,所获得的收益较少(因为可转债的票面利率低于一般债券的利率);(2)投资者要承担股价波动的风险;(3)如果企业强制赎回,则限制了投资者获得最高的收益率。从企业的角度来看:(1)若企业经营不善,股价下跌,投资者将不愿意转换成股票,企业将面临大量的还款压力,产生经营风险甚至破产。(2)若发行企业股价上升甚至超过了转换价格,会使企业融资成本提高,因而遭受筹资损失。(3)投资者转股后,虽然能优化企业的资本结构,但同时也稀释了股权。总之,混合金融工具使投资者和企业所面临的风险变得复杂,并且一方受益往往伴随的是另一方受损,而任何一方的损失都是社会成本的一种表现形式。

(二) 金融机构的征税问题

税收体系使得金融机构的系统性风险增加,在某种程度上导致了此次危机的爆发。在税务和会计的交叉点上,还有其他一些金融业的问题。例如,会计规则遵循按市值计算的规则,但税务上公司不能将必须在其财务报表中确认的某些损失确认为可扣除的。这也导致2008年许多企业进行了螺旋式的减记,而这些减记反过来又要求金融公司筹集资金以支撑其资本缓冲。

(三) 对房地产的税收优惠

房地产尤其是房产价格泡沫的破裂是危机爆发的导火索,而税收体系对房地产的发展产生了重大影响。美国对住房方面实行了很多优惠政策,这些优惠政策不仅鼓励高收入者进行房产投资,也鼓励了非高收入者贷款进行房产投资,这刺激了房地产市场的发展,也使得抵押担保证券等次级债券迅速发展,这促使房价泡沫的产生与膨胀。而房地产价格杠杆扩大会导致房地产市场越来越脆弱,最终房价泡沫破裂,再加上利率上升,很多次级债的借款人无法还款,导致放贷机构遭受重创甚至破产。而这一系列事件发生的缘由与美国所实行的税收优惠政策紧密相关。

在美国,对自住房的租金收益不征税,加上抵押贷款利息和房屋净值贷款利息可抵扣,以及对住房资本利得的优惠待遇,构成了实质性的税收优惠。

当然,并没有确凿的证据表明对房地产的税务处理与房价泡沫的膨胀和破裂之间有关系。价格泡沫并不是随着美国在房产上的税收变化而产生的,而且也没有证据佐证税收优惠的程度与房价泡沫的规模以及住房的拥有程度之间有明确的相关性。从对抵押担保债券的税务处理上有望探究出税收政策与房地产危机之间的关联,只是这种关联性也只是推测出来的,但减少住房低效投资及相关风险的建议是全面税收改革建议的主要内容。

(四) 对资本利得的税收优惠

美国及大部分其他国家的税收体系都对资本利得形式的投资收益实行税收优惠,这会鼓励人们对预期会升值的资产进行投资,还会影响一些职业(如私募股权基金的普通合伙人)对于人们的吸引力,因为私募股权基金的普通合伙人可以获得附带收益,这在美国被认为是资本利得,因此可以享受税收优惠。

另外,这一税收优惠政策会促使已经获得收益的投资者在经济形势开始变得不好时,一窝蜂地把资产卖出去以防遭受损失,这也是2008年后期股价下跌的一个原因。此外,在后危机时期,市场上充斥着累计亏损的资产,因此那些濒临死亡的人会选择在死前将资产卖出去,以防继承资产的人遭受资本损失。

(五) 对资本所得征税的不一致性

以美国为代表的很多国家都对利息、股利以及资本利得采用了不同的税务处理方式,这会带来很多不良的经济后果:

(1) 税收套利。纳税人借款来投资免税的市政债券,如果这两种资产都是无风险的,由于利息有抵税效应,因此只要借款的税后成本低于债券带来的收益,那么靠债务融资来购买债券的方式就可以产生纳税人的税收节约以及税收收入的损失。

(2) 税收的客户群效应。税收套利的结果就是形成了税收的客户群效应。客户群效应是指有着相同纳税属性的纳税人形成了一个群体,他们会选择相同性质证券进行投资或者说他们有着相同的投资偏好,这不利于风险的有效分散。

(3) 衍生证券的过度发展。由于不同纳税属性的投资者有不同的投资偏好,这促使结构性金融工具的诞生。最具代表性的就是CDO(担保债务凭证)。这类衍生证券是建立在信用违约互换基础上的一种穿透体,即买方与卖方之间形成了信用违约互换合同,产生的违约损失对信用互换合约来说是正常损失,但是在税务处理上会被穿透,因此违约损失会被视为资本损失或者说投资损失,因而产生抵税的效果。这增强了衍生证券的吸引力。而衍生证券的过度发展反过来又放大了资本所得税不一致所带来的后果。

(六) 避税地的问题

早在2008年经济危机之前,避税地的存在就引发了政界和学者的激烈争论。以OECD为代表的反对方认为避税地的存在为纳税人提供了避税的途径,使得其他非避税地国家的税基受到侵蚀,逐底竞争导致各国税率降低到有效水平以下。这相当于非避税地国家对避税地的一种支付。而支持者则认为避税地促使其他国家转向不扭曲的税收体制,而且高税国的居民可以从与避税地有关的税务筹划中受益,另外在给定法定税率下,避税地还降低了有效边际税率。

限制获取金融信息是避税天堂吸引力的核心,但这也恰恰阻碍了有效的金融监管。金融危机再次引发了国际社会对避税地政策的关注,2009年的G20会议就威胁要对那些不符合信息交换准则的避税天堂采取多边措施。随着OECD双支柱方案的实施,避税地的优势将不再存在,这个问题也将逐步得到解决。

思考讨论题:税收政策一般被作为调控经济稳定的手段之一,文中则指出税收可能对危机起到推动作用,那么到底应如何评价税收对经济稳定的作用?

三、税收对经济周期的作用理论

关于税收对稳定经济的作用、是否应与宏观经济周期的方向一致,存在三种不同的理论观点:反周期性理论、顺周期性理论以及非周期性理论。

(一) 反周期性

对于反周期性的解释,以凯恩斯主义为主。凯恩斯主义的核心观点是反对古典经济学的自由放任主义,认为完全由市场这一"看不见的手"调节经济只会造成经济发展陷入"危机—繁荣—危机"的恶性循环,主张政府进行干预,通过出台一系列的财政和货币政策来解决问题。而税收是这些政策中重要的组成部分,大部分国家的个人所得税使用的是累进税制,可以发挥宏观税负稳定器的功能。同时,累进的个人所得税制呈现劫富济贫的特点,可以向高收入者征更多的税,通过政府直接提供补贴或提供更多更好的公共服务和产品的方式分发给低收入者,提升社会整体效益。之后,20世纪中期,经济学家汉森提出补偿性财政政策理论,主张政府应当根据经济发展状况来施行财政政策,应当在经济位于周期性波峰的阶段实施紧缩性财政政策,交替实行,使得经济景气时期的财政盈余,可以用来填补经济不景气时期的财政赤字,以此达到政府期望减缓经济波动、稳定经济发展的目的。

(二) 顺周期性

实践中,很多发展中国家在执行反周期的财政政策进行宏观经济调控过程中,并没有达到预期的熨平经济波动的效果,实证统计数据上反而显示出了顺周期性。对此,有两种理论作了解释。

第一是金融约束论。有学者从政府需要国际市场上的融资这一方面给予一定解释。金融约束论的提出者认为,发展中国家由于自身经济实力不足,获取融资的方式主要是通过国际金融市场,而这一过程极易受到经济周期的影响。当面临经济萧条的时候,会受到很强的来自国际金融市场借款的约束,使得它们难以获得国际金融市场的融资支持,也就没有充足的资金去实行扩展性的财政政策;而面临经济繁荣的时期,来自国际金融市场的约束会减弱,融资环境不断变好,也就有了充足的资金来扩大财政支出(Riascos & Vegh, 2003;Caballero & Krishnamurthy, 2004)。在这种情形下,顺周期的财政政策也就形成了。

第二,政治扭曲论。针对金融约束论,有学者提出发展中国家完全可以通过在经济繁荣时期的资金积累,来作为经济萧条时期的资金储备,无须面临这么大的融资压力。这意味着,金融约束论并不能很好地解释发展中国家的顺周期财政政策,基于此,又有学者提出,应当加入政治扭曲因素。有的学者从政治和选民的角度进行分析。Alesina et al.(2008)提出,选民可以通过选举控制执政者,理性地杜绝执政者腐败的行为造成了财政上的不稳定性,从而导致了财政政策的顺周期性。在经济发展良好的时期,税基和融资环境良好,财政收入充足,政府会存在财政盈余,而财政盈余又显然是腐败的温床,此时,选民为了降低执政者腐败的可能性,会倾向于要求政府减少税收、增加财政支出。在这样的政治扭曲下,政府也就不能在经济繁荣时存下财政盈余。另外,也有学者从权力机构竞争的角度进行分析。Talvi和Vegh(2005)提出了贪婪效应论,认为在经济繁荣和财政盈余的时期,多个权力机构会互相竞争财政收入,努力提高自身的财政收入份额,使得财政盈余成为不可能,跨期预算也就无疾而终。

(三) 非周期性

Barro(1979)基于新古典经济学框架提出了税收平滑理论,认为对资本收入征税会影响人们对累积资本和进行投资的态度,对劳动收入征税会打压人们劳动积极性,使得经济活动非正常运行,导致社会运行的总成本增加,故获得税收所需的成本要相对大于税收收入。因此,基于投入产出和经济发展效率,Barro(1979)认为政府在制定财政政策时,应当要最小化税收导致的经济活动扭曲,最小化税收带来的额外社会成本,即要保持平滑的非周期性的税收政策。

> **论文概览 6-1**
>
> ### 周期性下滑还是结构性拐点?
>
> 功能性财政政策意味着税收增速与经济增长具有强周期性特征,以生产环节为课税重点的制度设计意味着产业结构变迁也能够深远影响税收增长。那么在经济新常态下我国税收收入的增速下降究竟是周期性因素所致还是结构性因素所致?王凤平和张文铖(2019)利用2001—2015年《中国税务年鉴》等数据,实证检验了中国税收增速与经济周期波动、产业结构变迁的关系,结果表明经济周期波动与产业结构变迁都对我国税收增速下降产生了重要影响,但产业结构变迁的影响更为显著,表明现阶段我国税收增速的下降主要是产业结构变迁所致,这个结论在控制变量之间的逆向因果关系与分地区检验之后仍然成立。
>
> *资料来源:王凤平,张文铖.周期性下滑还是结构性拐点?经济新常态下我国税收增速下降的考察[J].经济问题探索,2019(6):42-49.*

> **论文概览 6-2**
>
> ### 中国非税收入的顺周期
>
> 在逆周期财政政策实施过程中,如果非税收入表现出顺周期性,极可能弱化甚至抵消宏观政策的效应。基于数据可得性和统计口径等因素,席鹏辉(2020)选择国企分红这类非税收入为研究对象,讨论了地方税收收入波动对国企分红的实证效应。实证结果表明,国企分红具有明显的顺周期特征。进一步的研究发现,国企的抗风险能力和社会责任假说并不能解释该文的实证结果。该研究为中国非税收入顺周期特征提供了一定的支持证据,其背后的政策含义是,在当前积极财政政策实施过程中,短期内应"关前门,堵后门",长期内应逐步落实非税收入法定原则,切实降低市场主体的税费负担。
>
> *资料来源:席鹏辉.中国非税收入的顺周期研究——以国企分红为例[J].财政研究,2020(6).*

第三节 税收与收入分配公平

收入分配公平主要体现为机会公平和结果公平两个方面。机会公平简单来说就是每个人都以同样的机会开始生活,获得收入;结果公平是指人们在不同的机会或同等的机会中取得的可支配收入大致相等。从各国的实践来看,有些政府政策旨在创造公平的机会,而有的政策则旨在产生公平的结果。作为公平收入分配的税收政策,对于机会公平的作用力度有限,而对于实现结果公平相对有效。

一、收入分配理论基础

对于分配结果公平存在两种典型的理论观点和相应福利函数。

(一) 效用主义(Utilitarianism)社会福利函数

效用主义观点认为,社会的福利依赖于每个社会成员的福利水平。若社会中有 n 个成员,第 n 个成员具有的效用表示为 U_i,则社会福利函数可表示为:

$$W = F(U_1, U_2, \cdots, U_i, \cdots, U_n)$$

该函数又称为效用主义的社会福利函数。它假设当其他条件不变时,若某个人的效用增加,则全社会的福利都会增加,政府收入分配的结果就是应当使整个社会福利 W 增加。

社会福利函数的最简单表达式为每个社会成员效用的简单加总,即:

$$W = U_1 + U_2 + \cdots + U_i + \cdots + U_n$$

按照此函数,若每个社会成员的效用函数相同,且仅与收入有关,假设短期内整个社会可供分配的收入总额固定不变,则只有当每个人都获得相同的收入时,社会才实现社会福利的最大化,为此必须对高收入者征税并转移给低收入者,直至实现完全平均的收入分配。

(二) 罗尔斯社会福利函数

美国经济学家约翰·罗尔斯则提出,社会福利函数不是每个社会成员效用水平的简单相加,而是由社会中拥有最小效用的那个人的福利水平所决定的,即:

$$W = \min(U_1, U_2, \cdots, U_i, \cdots, U_n)$$

按此,收入分配的结果就应当使该社会效用水平最低的人效用最大化,即最大最小化标准(Maximin Criterion)。因此,罗尔斯也主张对高收入者征税,并将税收收入再分配给低收入者,直至低收入者的效用最大化为止,但并不要求实现完全平均的收入分配。因为如果对高收入者征税过高,会阻碍生产经营的积极性,可供分配的收入总量会减少,税收收入可能反而下降。

二、税收对收入分配的影响机制

不同税种对收入分配的作用和调节机制有所不同,下面分别分析个人所得税、商品税、财产税和社会保障税等税种对收入分配的作用。

(一) 个人所得税对收入分配的影响

个人所得税是调节收入分配的重要工具。作为一种直接税,个人所得税具有税负难以转嫁的特点,可直接减少纳税人的可支配收入。多数国家实行累进税率,可以更好地调节高收入者的水平,体现按能力负担的税收公平原则。但过高的累进税率也可能抑制高收入者的工作积极性，带来效率损失。

个人所得税的税基较广泛，包括工资、租金、利息、股息、资本收益、馈赠、遗产及各类转移支付等。多数国家的个人所得税制都基本涵盖所有这些形式的收入，但会对某些收入给予免除或优惠。

（二）商品税对收入分配的影响

对商品和劳务征收的间接税，也是调节收入分配的重要工具，主要是通过降低纳税人的货币实际购买力来发挥调节作用。

通过间接税调节收入分配有两个优点：一是较为隐蔽，容易为纳税人接受；二是与所得税相比，商品税是对消费课税，不存在对储蓄所得重复征税的问题，因此一定程度上有鼓励储蓄的作用。

但商品税一般都实行比例税率，由于边际消费倾向递减，具有税收负担的累退性，对收入再分配有不利影响。若对生活必需品给予免税或减税，对奢侈品课以高税，也能在一定程度上起到调节收入分配的作用。

（三）财产税对收入分配的影响

财产的拥有者可以运用其对财产的所有权，在市场经济活动中获得收益，这些收益通常都是非劳动收入，可能挫伤劳动者的劳动积极性，不利于鼓励劳动供给。对财产尤其是无偿获得的财产所有权征税，如课征遗产税、赠与税，可对财产的积聚形成制约，促进财富的公平分配。

对财产征税也可以对收入分配进行调节，以弥补所得税和商品税对收入分配调节的不足。

（四）社会保障税对收入分配的影响

社会保障税是以纳税人的工资和薪金所得作为征税对象，所筹集税收收入用于社会保障的一种税。社会保障税具有很强的累退性，对高收入者有利，因而就其本身而言，并不是公平收入分配的良好手段。但该税为个人失业救济、退休养老和医疗保险提供了资金来源，使个人基本生活得到了保障，从整体上看仍有利于实现收入公平分配。

总体而言，税收制度对公平收入分配的影响体现在：累进所得税是调整高收入者收入分配的有力工具；遗产税和赠与税是削弱财富过度集中的一项策略；社会保障税是社会保障制度的主要资金来源渠道。有研究者还提出了负所得税的设想，来增加低收入者的收入（见专题 6-3）。

专题 6-3

负所得税与收入分配

负所得税是某些现代西方经济学家以所得税形式代替社会福利补助制度的一种主张。因这种支付与累进所得税在资金流向上恰好相反，故名。具体做法是政府对于低收入者，按照其实际收入与维持一定社会生活水平需要的差额，运用税收形式，依率计算给予一定的补助。其计算公式是：

负所得税 $P = $ 收入保障数 $G - $ 个人实际收入 $Y_0 \times $ 负所得税率 t

$$\text{个人可支配收入} Y = \text{个人实际收入} Y_0 + \text{负所得税} P$$

可得:

$$Y = G + Y_0(1-t)$$

假定政府规定的最低收入标准为 4 000 美元,负所得税率为 50%,则个人实际收入在 8 000 美元以下的可得到负所得税。如果个人实际收入为 0,那么他可以得到 4 000 美元的负所得税,并且这也是他的个人可支配收入。如果个人实际收入为 2 000 美元,那么他可以得到 3 000 美元的负所得税,个人可支配收入则为 5 000 美元。

负所得税(Negative Income Tax,简称 NIT)制度由美国货币学派经济学家米尔顿·弗里德曼于 1962 年提出。作为负所得税制度最早和最积极的倡导者,他反对现行的"维持最低生活水平"的固定差额补助金制度,认为这不仅不利于刺激劳动、提高生产效率,而且还会因政府支出增加造成通货膨胀。但他又认为完全取消对穷人的补助是不可取的,因而提出用负所得税制度。

与传统的固定差额补助相比,负所得税方式的补助要根据个人实际收入的多少按比例发放,避免了把低收入者个人可支配收入一律拉平的缺点。其优点包括:(1) 实施负所得税制度的耗费较少;(2) 有助于消除官僚主义及政治贿赂;(3) 将贫穷的人视作认真尽责、能担负起自己福利状况责任的人对待,促进独立与自立习惯的培育;(4) 使穷人具有自助的动力。现行的直接补贴制度,实际上包含着对获得补助者的其他收入课以 100% 的税率,即相对于挣得的每一美元,他们的援助支付将减少一美元。这不利于刺激劳动。

根据弗里德曼提出的此理论模型,受助者每增加一元的收入,就会减少 t 元的补助,可支配收入增加 $(1-t)$ 元,因此只有当 $(1-t) > t$ 时,这项政策才会发挥激励再次就业的功能。在现实生活中,需要根据每个家庭和个人的实际情况来确定不同的最低保障收入金额和税率。

自从弗里德曼提出负所得税概念后,引起了不少经济学家和国家的热烈讨论。20 世纪 60 年代,贫困成了美国当时最大的社会问题之一,贫困人群对传统福利的依赖越来越强。这种福利依赖与倡导劳动脱贫的美国传统道德观念并不相符。因而弗里德曼提出用负所得税代替固定差额补助方式,但其负所得税模型只考虑个人的收入状况,未考虑工作状态、婚姻状态、健康状态等各种加重个人经济负担的其他因素。1975 年,美国以负所得税理论为设计理念,提出劳动所得退税补贴政策(Earned Income Tax Credit,简称 EITC)。EITC 制度综合考虑个人的收入状况、健康状态、未成年子女数量等各种因素,采取不同税率来计算回报,它是负所得税制度的完善和发展。EITC 属于可退还税金(Refundable Tax Credit),具体要求见 IRS Publication 5334。

思考讨论题:负所得税制度有什么优点和缺点?你认为其实施的条件是什么?

三、税收收入分配效应的评价指标

衡量收入分配差距的经济学指标很多,最著名和被广泛使用的就是基尼系数、阿鲁瓦利亚指数、库兹涅茨指数、收入不良指数和欧希玛指数等等。

(一) 基尼系数

基尼系数是国际上用来综合考察居民内部收入分配差异状况的一个重要分析指标。居民收入差距大,则基尼系数就高;差距小,则基尼系数就低。

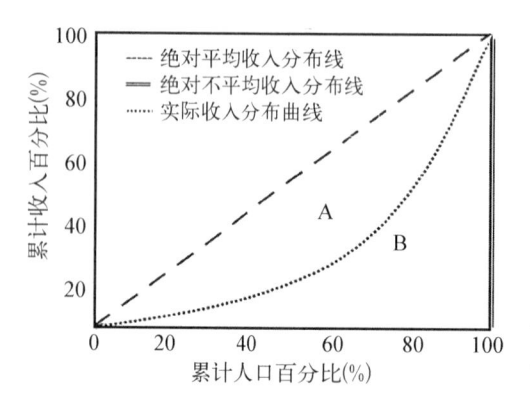

图 6-2 洛伦茨曲线和基尼系数

基尼系数是根据洛伦茨曲线,即收入分布曲线计算的。在图 6-2 中,横轴是累计人口百分比,纵轴是累计收入百分比,对角线上的斜线是绝对平均的收入分布线,垂直纵线是绝对不平均的收入分布线,斜线和垂直纵线之间的曲线是通常见到的实际收入分布曲线,斜线与曲线之间的面积 A,相当于用于不平均分配的那部分收入。基尼系数等于 $A/(A+B)$,经济学含义是用于不平均分配的那部分收入占全部收入的比例。

当社会中每个人的收入都一样、收入分配绝对平均时,基尼系数是 0;全社会的收入都集中于一个人、收入分配绝对不平均时,基尼系数是 1。现实生活中,两种情况都不可能发生,基尼系数的实际数值只能介于 0~1。

一般认为,基尼系数小于 0.2 时,显示居民收入分配过于平均,0.2~0.3 时较为平均,0.3~0.4 时比较合理,0.4~0.5 时差距较大,大于 0.6 时差距悬殊,有社会稳定方面的危险。通常而言,与面积或人口较小的国家相比,地域辽阔、人口众多和自然环境差异较大国家的基尼系数会高一些。经济处于起步阶段或工业化前期的国家,基尼系数要大一些,而发达经济体特别是实施高福利政策国家的基尼系数要小一些。我国自 1993 年以来居民人均可支配收入基尼系数的变化情况如图 6-3 所示,2020 年基尼系数为 0.474,属于差距较大的范围,需要引起重视。

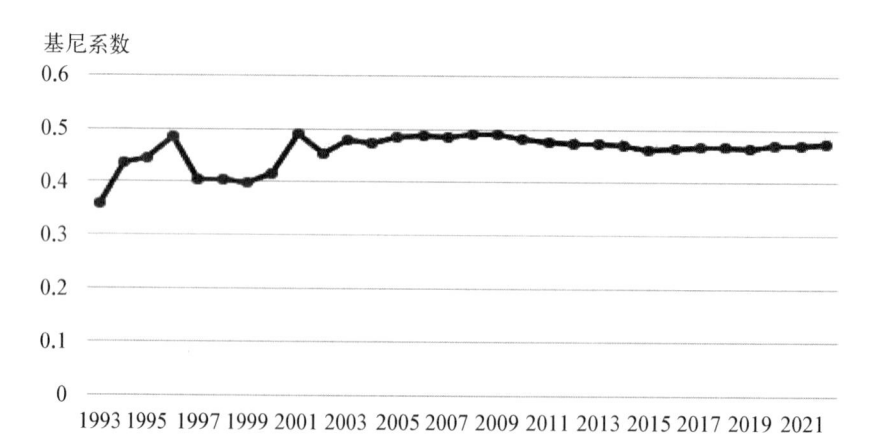

图 6-3 我国近年的基尼系数

数据来源:作者根据网络公开数据整理。

(二) 其他指标

除了基尼系数,反映一个社会收入分配状况的其他指标还包括:

(1) 阿鲁瓦利亚指数,是收入最低的 40% 人口的总收入占全体人口总收入的份额,最高值为 0.4。该指数越小,表示收入差距越大。

(2) 库兹涅茨指数,也称相对收入阶层分布,它通常以收入最高 20% 人口的收入比重表示,最低值为 0.2。该系数越高,表示收入差距越大。

(3) 收入不良指数和欧希玛指数。这是两个比较接近的指标,其中,收入不良指数又称五等分法,是指用收入最高的 20% 人口的收入份额与收入最低的 20% 人口的收入份额之比来说明总体收入差距程度;欧希玛指数是指收入最高的 10% 人口的收入份额与收入最低的 10% 人口的收入份额之比。这两个指标的最低值为 1,指数越高,表示穷极和富极的差距越大,收入不平等状况越严重。

税收政策对于收入分配公平的调节作用,可以通过上述收入分配指标的变化情况得到反映。例如,图 6-4 所示的美国 1995 年通过税收政策调节前后的两条洛伦茨曲线。可见征税的效果还是比较明显的。

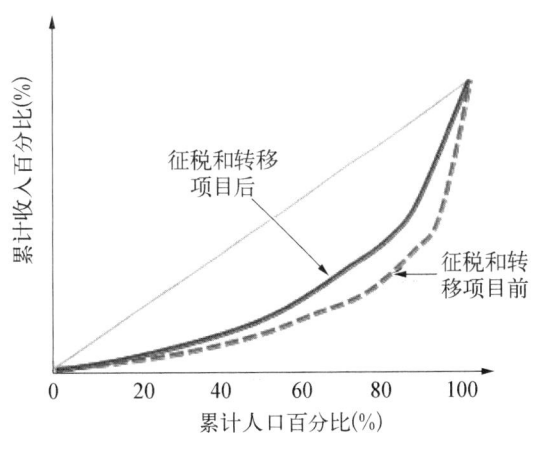

图 6-4 美国 1995 年的两条洛伦茨曲线

课程思政

学习税收对经济产生的宏观效应的理论,以及通过该视角的分析过程,有助于学生培养宏观视野和综合分析能力,能够结合社会环境形势,从国家治理和全民福祉角度理解税收政策的影响。

本章小结

税收对宏观经济的影响效应可以总结为对经济增长的影响、对经济稳定的影响,以及对收入分配公平的影响。

税收对经济增长的影响,通过税收乘数和政府支出乘数两个指标可以得到一定的反映,国民收入的变动与税收变动呈反向关系,与财政支出的变动则方向相同。

税收稳定经济主要通过三种调节方式:稳定物价,充分就业,国际收支平衡。税收稳定经济的机制主要有税收的自动稳定机制和相机抉择的税收政策。

关于税收与经济周期的作用,存在三种不同的理论观点:反周期性理论、顺周期性理论以及非周期性理论。

税收制度对公平收入分配的影响体现在:累进所得税是调整高收入者收入分配的有力工具;遗产税和赠与税是削弱财富过度集中的一项策略;社会保障税是社会保障制度的主要资金来源渠道。

复习思考题

1. 什么是税收乘数？不同税种的税收乘数是否有差异？
2. 什么是政府支出乘数？
3. 什么是平衡预算原理？
4. 税收影响政府储蓄的途径有哪些？
5. 税收稳定经济的方式有哪些？
6. 什么是税收的自动稳定机制？什么是税级爬档现象？
7. 不同税种的自动稳定效果有何差异？
8. 相机抉择税收政策有什么优缺点？如何实施？
9. 税收自动稳定机制有什么优缺点？
10. 税收对经济的作用方面，反周期、非周期和顺周期分别是如何实施的？
11. 税收对稳定的负效应怎么体现？
12. 不同税种对收入分配的影响分别有什么特点？
13. 衡量收入分配差距的经济学指标有哪些？
14. 什么是洛伦茨曲线和基尼系数？

第七章

最优税收理论

名人名言

省刑罚,薄税敛,深耕易耨。易其田畴,薄其税敛,民可使富也。　　——孟子

征税的艺术,是尽可能多地拔取鹅毛,而让鹅的叫声最小。　　——柯贝尔

教学目标

通过本章学习,理解什么样的税收是最优的,最优商品税、最优所得税、最优混合税的理论分别有哪些观点,不同学派的看法有些什么差异;这些观点学派是否也有所演变,目前的研究动态和关注焦点主要是什么。

自20世纪70年代以来,对最优税收的规范性研究取得了长足进展,形成了最优税收理论。按照发展顺序、基本思想和政策主张,西方最优税收理论可以划分为三大流派:正统学派、供给学派和公共选择学派。其中正统学派对最优税收理论的影响较大,其理论一般被称为标准最优税收理论。后续的研究发展趋势,主要是在标准理论的基础上,对其假设进行放宽。例如,放松了零行政管理成本假设,考虑税收征管因素,就形成了征管视角的最优税收理论;考虑了政治成本,修改了目标假设,就形成了公共选择视角的最优理论。近年比较新的研究趋势,还包括将不确定性引入最优税收理论模型。

第一节　标准最优税收理论

一、标准理论概述

(一) 研究思路

标准最优税收理论是以福利经济学为基础、围绕税收超额负担问题展开的一种税制选择理论。该理论学派的核心议题是在政府税收收入水平既定的约束条件下,探讨如何选择税制,实现效率和公平的最佳权衡,使税收超额负担最小化或社会福利最大化。

(二) 研究方法和假设

标准最优税收理论大量采用数学方法研究最优税收问题,基本方法是:运用个人效用和社会福利的概念,在赋予效率原则和公平原则不同权重基础上,将这两个原则统一于社会福利函数中。

标准最优税收理论有三个最重要的假设前提：

（1）完全竞争市场假设。在这个市场上，不存在垄断、外部经济、公共品、优效品与劣效品、规模收益递增或其他导致市场失灵的因素，市场机制能够有效地配置资源。

（2）零行政管理成本假设。即使用任何税收工具，政府都没有行政管理成本，不受政府行政管理能力的限制。

（3）标准福利函数假设。标准福利函数给定了衡量最优税收的目标，即实现福利极大化；假设个人的效用能够加总，目标是个人效用加总后得到的社会总效用最大。

标准最优税收理论具体包括最优商品税理论、最优所得税理论以及最优混合税理论，主要代表人物有拉姆齐、阿特金森、斯蒂格里茨、米尔利斯、戴蒙德等。

二、最优商品税理论

最优商品税作为最优税收理论的一个组成部分，主要探讨这样一个问题：如果政府收入全部通过商品税来筹集，如何确定商品税的范围和税率，才能使政府课征商品税带来的效率损失最小化？最优商品税的代表性理论包括拉姆齐法则、科利特—黑格法则等。

（一）最优商品税的代表性理论

1. 拉姆齐法则(1927)

拉姆齐(Ramsey)在其1927年的论文《对税收理论的贡献》中，率先给出了如何基于效率原则来设计税制的答案。

拉姆齐研究了只有一个个体（一个家庭或具有同质的许多人）的经济体，该经济体不存在国际贸易；经济完全竞争；生产总是等于消费，不存在过剩问题；私人品与公共品总是相等，不存在外部性；货币的边际效用是常数；不考虑收入分配调节问题，仅考虑效率。政府根据个人对社会各种商品 x_i 的消费进行征税，不同商品的消费适用不同的税率。拉姆齐研究得到的结论是，税率的设定应使得征税前后人们对各商品的消费以相同的比例下降（见式7-1），即课税不会改变人们对各商品的消费比例结构。

$$\frac{dx_1}{x_1}=\frac{dx_2}{x_2}=\cdots=\frac{dx_n}{x_n} \qquad (7-1)$$

此即拉姆齐规则。

鲍莫尔(Baumol)和布来福特(Bradford)对拉姆齐的理论作了发展，推导出"逆弹性"规则(Inverse Elasticity Rule)（其推导过程参见资料7-1），即当对各种商品的需求相对独立时，对各种商品课征的税率应当与该商品自身的需求价格弹性呈反比例关系，对生活必需品等需求弹性小的商品课以重税，对奢侈品等需求弹性大的商品则应少征税或不征税。可以证明，逆弹性法则与拉姆齐法则是等价的。

2. 科利特—黑格法则(1953)

哈维·罗森(Harvey S. Rosen)指出，闲暇与某些商品之间存在替代性或互补性，课征一般商品税会扭曲人们在闲暇与一般商品消费之间的选择，从而对劳动力供给产生影响。理想的税制应当对包括闲暇在内的所有商品按照从价税率课税，这样就不会产生超额负担。

虽然罗森的看法很有见地,但直接对闲暇本身课税显然是不现实的。

之后,科利特和黑格(Corlett and Hague,1953)把最优税收理论与闲暇需求之间的关系进行了具体化,在其论文《互补性和税收的超额负担》中研究了政府如何对商品征收间接税以取得收入的情况。他们的思路同拉姆齐类似,但是放宽了拉姆齐关于商品之间不存在交叉效应的限制。要提高对某商品的课税而降低另一商品的课税,以便获得相同的税收收入,消费者的福利水平能否提高呢?结论是,若这种边际变化使消费者占有的闲暇减少,则该消费者的福利水平就会提高。而且,如果税率被提高的商品是与闲暇具有很大互补性的商品,税收的边际变化可能会使消费者占有的闲暇减少,从而使该商品税类似于对闲暇课征的一种间接税。最后得出的结论是,政府在不能对闲暇直接征税的情况下,可以在设计商品税的税率结构时采取补偿性措施:对与闲暇存在替代关系的商品征收较低税率的税收,对与闲暇存在互补关系的商品征收较高税率的税收,这样可以使征税所造成的超额负担最小。

该法则与逆弹性法则也是一致的,是其一个具体实例。

3. 戴蒙德和米尔利斯(1971)

经济学家戴蒙德(P. Diamond)与米尔利斯(James A. Mirrlees)在1971年合作发表《最优税收与公共生产:生产的有效性》与《最优税收与公共生产:税收规则》,将研究扩展到多种商品与不同收入水平以及消费模式的多人经济,突出强调追求公平的政策偏好怎样修正经典的拉姆齐规则。戴蒙德指出,效率目标要求对闲暇的互补商品实行相对高税率,公平目标要求对在穷人预算支出中占较大比重的商品实行相对低税率,也就是说,对奢侈品则应以比较高的税率征税,对社会必需品应以较低的税率征税,从而兼顾公平和效率。

4. 阿特金森和斯蒂格利茨(1976)

阿特金森和斯蒂格利茨(Atkinson-Stiglizs,1976)证明,如果消费者对闲暇和其他所有商品的偏好微弱可分,当政府实行非线性劳动所得税时,差别税率的商品税不是最优的选择,主张实行统一的商品税率。

(二)最优商品税理论总结

拉姆齐的研究对最优税收理论来说是开创性的,它为"理想"税制指明了发展方向,但由于它的假定条件过于理想化,也存在着许多不足之处,与实际应用还有很大距离。一是假定经济是单一消费者经济,并假设商品间不存在任何交叉影响,这一假定与现实相差甚远。二是没有把公平问题纳入研究的范围。在实践中,由于需求弹性较低的商品大多是生活必需品,穷人富人都要消费,对这些商品课征较高的税是不公平的。三是确定税率所需的弹性信息在实践中也很难获得。

由于科利特—黑格法则在推导过程中的假定条件与拉姆齐规则的假定条件基本一致,其得出的结论也与拉姆齐的结论类似,因而拉姆齐规则的缺陷也就是科利特—黑格法则的缺陷。但科利特—黑格法则的假定考虑到商品与闲暇的替代与互补性,这一点较接近于现实情况,由此得到的结论也比较接近现实的税制状况,从这个意义上说,科利特—黑格法则是最优税收理论研究的一大进展。

由于拉姆齐最优商品税理论不考虑公平问题,戴蒙德、米尔利斯、阿特金森、斯蒂格利茨等相继将收入分配问题纳入考察视野,认为商品税设计需要权衡效率和公平目标。现代经济学家们所做的经典分析既对差别税率的商品税提供了证据,也指出了其存在的明显的实际障碍:没人知道闲暇和其他所有商品、服务的补偿交叉价格弹性数值的大小,甚至连符号也不清楚。现实中也不可能获得依据最优商品税理论实行差别税率所必需的信息。

鉴于此,实际政策制定者只能认为所有商品对闲暇替代效应相同,正如 Atkinson-Stigliz 所主张的,实行单一比例税率的商品税。因此,许多政策专家和理论学者主张实行统一的增值税,并通过选择性的消费税进行补充以纠正明显的外部性。

三、最优所得税理论

最优所得税问题是一个更古老的问题。与最优商品税假定不存在公平问题相反,最优所得税最初的研究则对效率采取了全然忽略的态度。

（一）最优所得税的代表性理论

1. 埃奇沃思模型

在拉姆齐发表《对税收理论的一个贡献》(1927)这篇开拓性论文之前,在经济学界占主流地位的是埃奇沃思模型。该模型是从纯粹公平角度,采用当时流行的边际分析方法和效用概念,在边际均等牺牲理论的基础上提出的。

埃奇沃思(Edgeworth,1897)采用功利主义的社会福利函数,认为在一定的假设条件下,即:(1) 社会福利函数是个人福利函数的简单加总;(2) 所有个人的效用函数相同,效用大小仅取决于各自的收入水平,是收入的增函数,但收入的边际效用递减;(3) 政府的税收收入固定,即使税率达到100%也不影响产出;(4) 税收的目的是使社会福利最大,则社会福利最大化的条件在于使每个人的收入的边际效用相同。由于个人福利函数完全一样,只有在收入水平完全一样时,收入的边际效用才会相同。其政策指导意义是要使得确立税制后的每个人收入都要相等。这就要求有一种累进的所得税制把富人的收入转移到穷人手中以达到模型中的完全平等。所以,在税率设置的时候要求多级次高税率的累进制,高所得者的边际税率可达到100%。如此,一个很大的可能性是高收入者将舍弃工作,选择闲暇。由于损失了效率,政府的收入反而低于课征低税率的收入。

埃奇沃思模型的缺陷在于,第二、第三项假设条件理想化了。第一,模型忽视了,若是采用高税率的累进制,将带来劳动者对工作和闲暇时间选择的变化,对劳动供给带来抑制作用。第二,个人效用函数完全相同以及怎样准确去测量,也是一个难题。个人的效用函数并不相同,也不仅仅取决于其收入;税收收入总额并非固定,若效用还取决于闲暇等因素,过高的所得税会抑制劳动供给,造成税收的超额负担和效率损失。设计一种所得税让税后个人收入的边际效用完全相同并不现实,因为个人收入的边际效用无法用数据表示。

如果所得税会影响到劳动供给,进而影响到产出（经济效率）,那么应如何设置所得税的税率才能满足税制的公平和效率目标？这就是20世纪70年代发展起来的最优所得税理论所研究的主要内容。

2. 斯特恩模型：最优线性所得税

在各种最优所得税模型中,斯特恩(Stern)的线性所得税模型是颇具代表性的一个模型。1976年,斯特恩在其《论最优所得税模型》一文中,利用负所得税计划这一工具,提出了一种线性所得税模型。最优线性所得税是最优所得税的一个特例,该模型具有固定的斜率（边际税率）和固定截距（补助）。即：

$$T = -G + tY$$

其中，G 为政府对个人的一次性总额补助，t 为固定不变的边际税率，Y 为个人的全部应税收入，$G>0$，$t>0$。

斯特恩的社会福利函数选择罗尔斯主义为标准，即着眼于社会中境况最差者福利水平的增进。当收入为零时，个人从政府获得补助为 G；随着收入增加，净补助逐渐减少；当收入为 G/t 时，既不纳税也不获得补助；当收入超过 G/t 时，纳税人每获得 1 元收入，必须向政府支付 t 元税收。这一模型的几何图形是一条直线（见图 7-1），点 b 是一个临界点，在该点处，纳税人支付的税收等于他所获得的一次总额补助。

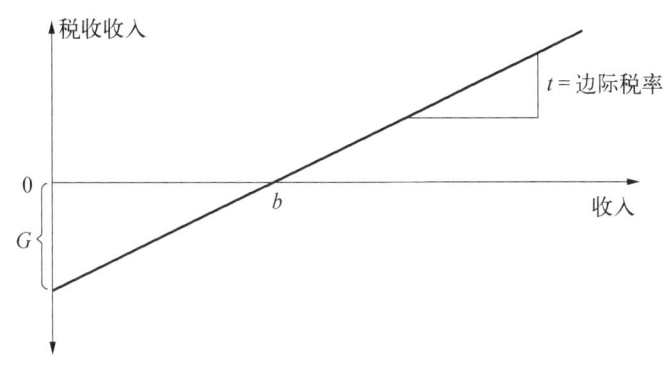

图 7-1 线性所得税

尽管线性所得税边际税率是固定不变的，但随着个人收入的增加，平均税率（$t-G/Y$）是递增的。从这个意义上，线性所得税是累进的，t 越高，税制的累进程度越高，体现了纵向公平。

斯特恩的这个最优所得税模型纳入了个人工作积极性的影响，即假设在所得与闲暇之间具有替代关系，并认为劳动与闲暇的替代弹性、社会对公平问题的关注程度以及政府的收入水平都会对最优所得税产生影响。得到的结论是：最优所得税率与劳动供给弹性负相关，当其他条件不变，劳动供给弹性越大，最优 t 值应越小。这否定了认为累进税率应当随收入递增最后达到 100% 的观点。斯特恩还以现实的数据为依据推断出，当所得与闲暇的替代弹性为 0.6 时，最优的 t 为 19%。这个税率数值与实际税制较为接近，是一个巨大的进步。

但同时我们应该注意到，这个模型也存在一些重大缺陷：一是福利标准的选取。对于不同的社会福利函数，会得出不同的最优税率结果，甚至可以说，得出的结果与现实相差甚远。第二，个人效用加总为社会效用的方法是积分的数学手段，斯特恩所采用的福利函数是否能够达到连续可积的要求，也值得推敲。此外，线性所得税基于一次总额补助，但这样的总额补助在现实中的可行性较差。这些都是最优线性模型存在的问题。

3. 米尔利斯：最优非线性所得税

若所得税有多个边际税率，不同的收入水平适用不同的税率，即税率是累进（退）的，则应如何确定其累进程度即边际税率？诺贝尔经济学奖获得者米尔利斯（Mirrlees）在其论文《最优所得税理论探讨》(1971) 和《最优税收理论》(1985) 中，对激励条件下最优非线性所得税问题进行了经典性研究。

在一系列假定条件下（静态经济，税收仅对劳动供给有影响，对储蓄无影响；只考虑劳动收入,不考虑财产收入;个人偏好无差异;效用函数相同;劳动量不影响价格;等等),米尔利斯得出了一些引人注目的结论。

第一,提出了一个近似线性的所得税税率表。根据斯特恩的总结,米尔利斯对税率的研究结论为:(1)边际税率应在0和1之间;(2)有最高所得的个人的边际税率为0;(3)如果有最低所得的个人按最优状态工作,则他们的边际税率也应当为0。也就是说,最优的税率结构应该是呈"倒U"形,个人适用的税率首先应该是累进的,而后转向累退,收入最高的人所适用的边际税率应该是零。米尔利斯指出,考虑到行政方面的优势,一个近似线性的所得税税率表是可取的。

第二,所得税在减少不平等方面远不如人们通常认为的那样有效。米尔利斯对通常所认定的累进所得税制的合理性提出了质疑。他认为,如果政府对具有较高劳动技能和收入的人征收高的边际税率,由于信息不对称问题,政府不了解个人能力,而只能看到个人的收入,就会出现负激励问题,使得高收入者的劳动供给减少,可能牺牲更多的产出,因此收入最高的人适用的边际税率应该是零。

第三,最好能设计出与所得税互补的税种,如引入一种既依赖工作时间又依赖劳动所得的税收方案,最好还能抵消从基因和家庭背景中得到的先天优势。

米尔利斯理论的贡献在于,他否定了一个传统观点,即为了实现公平,设计的边际税率应当随收入的上升而上升。他提出只对天赋课税,不对努力程度课税,因为天赋不会随税收的变化而变化(属于弹性较低的商品),只对天赋课税不影响产出。但由于实际上天赋无法准确测量,而且个人的收入与其天赋和能力之间也不一定完全正相关,因此即使假定可以仅仅对天赋课税,也会产生不公平。因此,他认为所得税其实并非是一个缩小不平等的有效工具。

拓展资料7-2
曼昆:高个子多纳税

事实上,如何实现只对天赋课税,以实现社会公平,是众多经济学家孜孜以求的课题。曼昆等人就曾作出过探讨,参见拓展资料7-2。

(二)最优所得税理论总结

现代西方最优所得税理论主要集中于个人所得税的研究。这是因为公司所得税在筹集财政收入方面的功能强一些,在收入分配方面的功能不如个人所得税。因此,旨在研究公平和效率关系的最优税收理论对所得税的关注点就定位于个人所得税这个税种上,而传统的最优税收理论对个人所得税的研究重点又集中于个人所得税的税率方面。

通过对个人所得税税率的探讨,相比于埃奇沃思模型,斯特恩的最优线性所得税理论和米尔利斯的最优非线性所得税理论进一步推进了所得税公平理论,并适当纳入了效率的考虑。

四、最优混合税理论

最优混合税理论对商品税和所得税的各自缺陷及其在效率和公平方面的各自优势作了综合考虑,研究了两者的适当组合,特别是用差别商品税来补充所得税是否可取的问题。

(一)最优混合税理论主要观点

1. 希克斯和约瑟夫的理论(Hicks and Joseph,1939)

希克斯和约瑟夫在假定市场完全竞争、政府税收收入既定的情况下,对所得税和商品税进行了比较。他们的结论是:(1) 若劳动供给固定,则对消费者征收所得税带来的福利损失小于征收商品税带来的福利损失,因此所得税优于商品税,原因是不会引起对商品的选择扭曲而带来额外负担。(2) 若消费者所得可变或劳动供给可变,则征收一次总付税比征收比例所得税带来更少的福利损失。(3) 若储蓄供给可变,则征收所得税或一次总付税,对消费和储蓄的影响都比商品税更小,因而更优。

2. 莫格的理论(Morag,1959)

莫格(1959)指出,当政府征税并非以获得既定税收收入为前提,而是为实现减少相同的消费数量时,消费税要优于所得税。前提是消费者在课征消费税的情况下仍愿意保持一定的储蓄而减少消费。倘若消费者在课征消费税的情况下要维持税前的消费水平而减少储蓄,则前述结论就需要重新论证。

3. 弗里德曼的理论(Friedman,1952)

弗里德曼进行了一般均衡分析,同时考虑课税对消费和生产的影响,且不一定完全竞争,政府税收收入不必是既定不变的。结论是,选择性商品税会扭曲该商品的边际替代率和边际转换率,扭曲消费者的消费选择,产生超额负担,但所得税不会,因此所得税优于选择性商品税。

4. 李特尔的理论(Little,1951)

李特尔认为,不能假定劳动供给不变。征收商品税(X),会改变商品 X 与商品 Y 及闲暇 Z 之间的价格比,造成扭曲;征收所得税时,虽没有改变商品 X 和 Y 的价格比,但改变了商品 X 和闲暇 Z、商品 Y 和闲暇 Z 的价格比,也造成扭曲。可见任何一种税都会对三个市场中的两个市场造成价格扭曲,不能说哪一种更好。

5. 阿特金森和斯蒂格利茨的理论(Atkinson and Stiglitz,1976)

阿特金森和斯蒂格利茨(1976)在《税制结构的设计:直接税与间接税》一文中,在效率、横向公平、纵向公平的不同侧重下,探讨了商品税和所得税的相互作用及最佳组合。假设是:个人采用定义良好的效用函数;所得唯一来源于工资;个人能力有差异但具有相同偏好;社会福利函数采用伯格森(Bergson)形式;约束条件为既定税收收入。通过对拉姆齐规则的拓展,考虑公平时,可增加高收入者消费的商品税率;加入所得税后,由于它对税收分配的影响是直接和易被察觉的,而商品税带有隐蔽性,最优税制应该是两者的某种组合。

(二) 最优混合税理论总结

最优混合税理论综合考虑了商品税和所得税在效率和公平方面的各自优势,研究了商品税(间接税)和所得税(直接税)的适当组合问题,特别是用差别商品税来补充所得税是否可取的问题。当个人间的差异仅仅体现在生产率上时,首先应考虑线性所得税,同时配合增加高收入者所消费商品的税率,或者对低收入者增加总额补贴的规模,可能是可取的。再来考虑非线性所得税。非线性所得税显然提供了更灵活的方式来实现所得税的分配目标,此种情况下,只要劳动与所有消费的商品之间是弱可分的效用函数,即所有商品之间的边际替代率必须独立于休闲,统一税率的商品税是最优的。只是这样严格的假设很难证实其合理性。

总的来说,大家看到了商品税和所得税的各自缺陷,结合对制度因素等现实条件下的考虑,认为混合税是两者的最优组合,并且在不同的税制和国家经济状况下,会有丰富的组合方式。

第二节 供给学派的最优税收理论

一、供给学派主要观点

供给学派兴起于20世纪70年代。"拉弗曲线"是供给学派理论的主要贡献之一。美国供给学派的代表人物阿瑟·拉弗（Arthur Laffer）所提出的"拉弗曲线"，对税率与税收以及经济运行之间的关系做了经典的"倒U"形描述（见图7-2）。该曲线表明，税率、税收收入和经济增长之间存在着相互依存、相互制约的关系，高税率不一定能取得高收入，高收入也不必然要求高税率，取得同样多的税收收入，可以采取高低两种不同的税率。

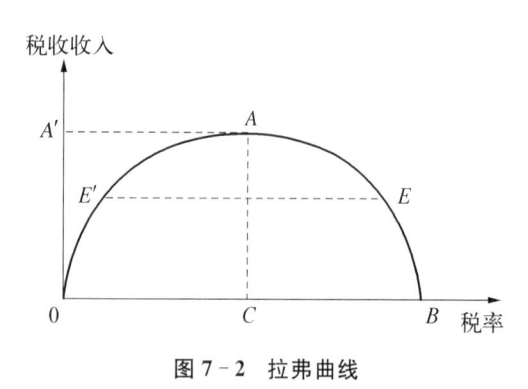

图7-2 拉弗曲线

因此，供给学派指出，政府存在最优税率使税收收入达到最大，当税率低于最优点时，税收收入随税率的上升而上升；相反，当税率高于最优点时，税收收入随税率的上升而下降。

之后，马斯顿开展了经验分析，他选择了具有可比性的21个国家的经验数据，对宏观税负高低对经济增长率的影响进行了研究，基本结论是：一国的低税负对提高本国的经济增长率具有积极的促进作用。根据马斯顿的研究，低税率促进经济增长，主要通过两个机制实现：第一，较低的税率可导致较高的要素收益率，而较高的收益率会刺激这些生产要素的总供给，从而提高总产出水平；第二，低税国家的各种税收刺激，将使资源从低生产率部门和活动转移到高生产率部门和活动，从而提高资源使用的整体效率。

供给学派理论从供给角度考察和分析经济现象，借助"拉弗曲线"分析了税率调整产生的效应，主张减税和货币管理，反对过多的政府干预和社会福利支出。供给学派认为，凯恩斯主义的总需求管理政策导致了"滞胀"的出现，主张从供给侧出发，通过减税来刺激社会投资和生产，从而增加社会总供给和促进经济发展。

供给学派曾对西方经济学的发展和西方国家的经济运行产生过重要影响。在1980—1988年间，里根政府以"拉弗曲线"为理论依据，减少个人所得税和企业所得税以刺激投资，其中个人所得税的最高累进税率从70%下降到28%，公司所得税从过去的最高税率46%降低到34%，使得美国成为西方发达国家中税率最低的国家。

二、供给学派最优理论总结

供给学派的"拉弗曲线"理论为实现财政可持续性提供了思路。虽然达到最优税率的条件在现实中可能难以完全实现，但政府在部署减税降费工作的同时，可不断探索和寻求"拉弗曲线"最优税率点的近似实现条件，以获得最优税收收入，维持财政收支平衡，最终促进财政可持续性。

供给学派的最优税收理论为轻税政策提供了理论依据，但美国的减税改革并未全部奏效。拉弗曲线理论本身也存在着缺陷，在众多影响税收收入和经济增长的因素中过分强调税率变量,而对其他宏观经济变量缺乏考虑。现实中,"拉弗曲线"的具体形态也会受到政府财政政策、政府角色、金融市场性质、地下经济规模、税制累进性以及要素供给弹性等众多因素的影响(黄健等,2018)(参见专题 7-1)。

专题 7-1

影响"拉弗曲线"形态的因素

1. 政府财政政策。政府属于以提高经济生产率为重点的生产型政府,还是属于以增加社会消费为重点的消费型政府,其"拉弗曲线"在形态上有所不同。根据 Daniel 和 Gao(2015)的研究,生产型政府下的"拉弗曲线"相对于消费型政府在低税率区域更陡峭且曲线的峰值更高。这是因为生产型政府的支出能够有效提高经济生产率,从而抵消税收对经济的扭曲效应;而消费性政府的支出主要用于社会消费,对经济生产率无实质性影响,难以抵消税收的扭曲效应。

2. 金融市场性质。市场是否具有完全性将在一定程度上决定"拉弗曲线"是否具有显著的"倒 U"形态。Fève 等(2013)利用 Heathcote(2005)的模型对此进行了系统的分析。研究指出,在完全市场下,拉弗曲线的"倒 U"形态不会因各税种的税率变化或者政府负债比例的变化而发生改变;但在不完全市场下,随着政府负债率的增加,"拉弗曲线"呈水平 S 状,且不同税种的"拉弗曲线"会有差异。对此,他们给出了两个解释:(1) 非完全市场税基的税收弹性小于完全市场税基,这将导致"拉弗曲线"的形态出现差异。(2) 在非完全市场下政府债务将作用于均衡配置和价格体系,从而影响税收收入与税率的关系;而在完全市场下,政府债务与均衡配置和价格体系无关。

3. 经济周期。商业周期的不同会影响"拉弗曲线"的形态。Oliveira 和 Costa (2015)以增值税为研究对象,研究发现,经济衰退年份的税收收入会减少,使得曲线更为陡峭,峰值税率也会因此下降。该研究还显示,反周期的税收政策不仅加大了潜在的商业周期波动,还会带来增值税收入的长期不稳定。Miravete 等(2017)的研究表明,市场势力和价格反应会减弱税收政策变化的税收收入效应,从而降低监管机构通过税收政策变化带动收入增长的能力,即"拉弗曲线"的形态与企业市场势力和价格反应有关。因此,对于企业在给定税率下的最优策略反应,政策制定者的预测准确性将显著影响政府的税收收入。

4. 税收制度。税种和税率同样是影响"拉弗曲线"形态的重要因素。Brill 和 Hassett(2007)基于经合组织(OECD)国家公司税数据的研究证实了"拉弗曲线"峰值税率与平均税率之间的差距在逐渐缩小。该分析还显示,20 世纪 80 年代后期公司税的最优税率约为 34%,而到了 21 世纪最优税率已下降到 26% 左右。Trabandt 和 Uhlig(2012)采用基于"恒定的弗里希价格弹性"的新古典增长模型测算出美国的税率尚未到达峰值税率,而欧盟地区减税的空间要明显大于美国。就税制累进性而言,当税收收入用于居民收入分配时,税收累进性的减少会导致"拉弗曲线"整体收入水平的降低;当税收收入用于偿还债务时,累进性的增加有利于最高债务水平的降低。在 Zanetti(2012)看来,Trabandt 和 Uhlig(2012)关于美国和欧盟地区在减税空间上的不同与这两个经济体在失业补贴或劳动供给弹性上的差异有关。由于欧盟地区的失业补贴和劳动供给弹性高于美国,该地区"拉弗曲线"的向内偏移度更大,峰值税率也更低。Oliveira 和 Costa(2015)同样发现,欧盟地区增值税的"拉弗曲线"在 1995—2011 年间出现了向内偏移,增值税标准税率的峰值也同时下降。他们特别指出,葡萄牙的增值税标准税率虽然与一些国家的标准税率同为 23%,但已经进入了"税收禁区"。Nutahara(2015)发现,日本劳动税税率与资本税税率在"拉弗曲线"上的位置有所不同,劳动税税率离峰值税率还有一定距离,资本税税率则非常接近甚至已经超过了峰值税率。换言之,日本政府可以通过提高劳动税税率和降低资本税税率来实现税收收入最大化。

5. 政府税收管理。政府的督查率和罚金率的高低也会影响"拉弗曲线"的陡峭程度。这是因为督查率与罚金率的上升会影响地下经济的规模,而这有可能导致"拉弗曲线"后半段坡度的变缓(Watanabe,1995)。不过,在经济全球化的背景下国别之间的经济边界日益模糊,而且多数国家设立专门机构对逃税活动进行监管。因此,一些文献选择在放松有关假设的情况下探讨"拉弗曲线"的形态。Sanyal 等(2000)指出,"拉弗曲线"的"倒 U"形态是否出现在一定程度上与体制腐败程度有关。在腐败和混乱的管理体制内,不同的税率将导致官员与纳税人的战略决策的调整。较高的税率使得贿赂率提高与腐败行为增加,还造成纳税人税收遵从度的下降,更容易导致政府税收收入下降。

思考讨论题: 文中所述可能影响拉弗曲线形态的因素,进一步会如何影响最优税收结论?

第三节　公共选择学派的最优税收理论

一、公共选择理论对政府目标和税收福利成本的解说

(一) 政府目标

标准最优税收理论与福利经济学假定政府是社会计划者,其目标是最大化社会福利函数。但从公共选择理论视角来看,政府的目标是最大化收入,或者说是在效率损失封顶的约束条件下最大化收入,其中会发生委托—代理问题;当选的政策制定者并非社会计划者,他们不关心是否能最小化税收负担,只关心自己能否当选;政策制定者并不是根据商品弹性来确定税率,而是会降低看得见的税率,提高看不见的税率,因而提高透明度才是最主要的问题(洛曼和维茨,2002)。

(二) 税收福利成本

在标准理论看来,税收的福利成本之所以产生,是因为税收导致人们对课税物品想方设法加以规避,从而产生所谓的超额负担。也有学者指出税务行政成本和遵从成本也不可忽视,也应归为税收的福利成本(参见"征管视角的最优税收理论"部分)。然而,税收的政治成本(Political Cost of Taxation)在经济学分析中却常常没能引起足够重视。公共选择理论认为,税收制度是政治程序的产物,对最优税收的经济学分析必须将其所依存的政治环境考虑进去(Holcombe,2002)。

税收的政治成本不仅包括纳税人为了影响税收立法而进行寻租所产生的成本,还包括政府与支持或反对税法改革的公民和利益集团进行互动所产生的成本,以及政府在做出决定税法的政治决策时所产生的成本。这些政治成本在税收文献中几乎没有被注意到,但根据有限的数据,霍尔库姆估计它们可能在总税收收入的10%左右(Holcombe,1997)。如果这个数字估计较为准确的话,那么政治成本在税收的总福利成本中占了相当大的一部分。

二、公共选择理论对最优商品税的解说

关于最优商品税的一个最持久且广受认同的规则就是拉姆齐规则,根据该规则,当商品的税率与需求弹性成反比时,商品税的超额负担将最小化。霍尔库姆(2002)提出批评,认为拉姆齐规则没有考虑税收设计所处的政治环境,各利益集团通过寻租活动会对税率产生影响,因此应该考虑决定税率的政治过程。

(一)商品弹性的信息需求

如前所述,根据拉姆齐规则决定税率所需的商品弹性的信息是无法直接观察到的,只能通过某种方式加以估计。而在一个民主政府中,获取这些信息的过程是一个政治过程,利益集团参与其中,试图产生有利于自己的结果。每个利益集团都有雇佣"专家"的动机,这些专家向立法机构提供信息,表明他们的商品有非常灵活的需求,因此应该有较低的税收。在拉姆齐规则下面临高税收的非弹性需求集团,比游说反对高税收的弹性需求集团,更有动力游说降低税收。这种政治压力促使商品税税率更加统一,并背离了拉姆齐规则规定的税率。立法机构最终所使用的需求弹性反映的更可能是各种利益集团的政治实力,而不是税后商品的实际需求弹性。

(二)税率的动态调整

更糟糕的是,在现实世界中,需求弹性会随时间而变化。如果商品税结构的目的是将税收的超额负担降到最低,那么商品税税率就必须不断调整,以准确反映需求弹性的变化。这进一步推动了政治操纵的进程。利益集团必须持续地游说立法机关,那些退出政治进程的潜在纳税人将发现自己很容易被征收更重的税。因此,试图保持税率符合拉姆齐规则将产生持续的政治和寻租成本。

因此,税率的制定取决于利益集团的政治权力,政治程序将不会产生在任何情况下都符合拉姆齐法则的税收结构,利益集团施加的政治压力对商品税率的影响将大大超过应税商品需求弹性差异的影响。允许商品课税实行差别税率只会为增加与商品课税有关的政治成本打开方便之门,进而增加商品税的福利成本。在把政治成本作为一个要素纳入税收分析中时,最优商品课税也许就意味着对不同商品采用统一税率,以使政治成本最小化,而不像拉姆齐法则所暗示的那样不同商品适用不同税率。如果在财政宪法中设定对所有零售销售设定统一和固定的税率,游说降低税收份额的动机就会消失,从而降低税收体系的政治成本。然而,政治成本的存在必定会使得税收更低效吗?一些学者对此进行了讨论(参见专题7-2)。

> **专题 7-2**
>
> ### 政治成本使得税收更有效率还是更无效率?
>
> 存在两种不同的观点:一种观点认为,利益集团政治导致的政策将驱动特殊利益超过一般公共利益(Weingast,Shepsle and Johnsen,1981;Holcombe,1985),利益集

团有动机在寻租活动中花费资源以达到寻租活动收益的预期价值(Tullock,1967),从而给经济带来巨大的政治成本,导致资源的低效使用(Tullock,1967;Krueger,1974)。而另一种观点沿着 Becker(1983)、Wittman(1989)的思路具体到税收政策上,例如 Hettich 和 Winer(1988)对具体税收政策的研究认为,"政治市场"具有使政治结果与市场结果一样有效的力量,能将税收结构推向有效率。

两者都依赖于对立利益集团的相对实力,但由于模型的假设不同,得出的结论也不同。与后者相比,前者的考虑可能忽略了"政治市场"相对一般市场具有的非对称性。一方面,"市场"双方的组织优势不同,一些集团在利益集团政治中相对于其他集团具有组织优势(Olson,1965)。另一方面,动力和意愿的程度及方向不同,例如按照拉姆齐规则征收的商品税会给某些人带来比其他人更大的成本,那些在非弹性市场上交易的人愿意付出更大的政治代价来降低税率,而那些在弹性市场上交易的人则愿意付出更大的政治代价来阻止税率的提高,他们都有动力游说降低自己的税收,但都没有动力游说增加税收。现实中,财政收入是由税务部门征收的,其与财政支出之间只有些微的联系。特别是对于类似商品税等税收收入在税收总收入中占比不高的税种,纳税人将税收视为一种成本,但在政治过程中没有对立的利益集团将税收视为他们的收益,希望增加财政支出的利益集团不太可能游说提高商品税的税率。

思考讨论题:你如何看待"政治市场"及其引发的政治成本对税收效率的影响?

三、公共选择理论对最优所得课税的解说

以米尔利斯为代表的最优所得税研究通常采用的方法是,通过使受制于某些约束条件的社会福利函数(即社会福利是社会中所有个人效用的函数)最大化来确定最优税收结构(Mirrlees,1976)。布坎南对此提出了批评,认为它未能将政府预算支出考虑进去。此外,所有群体都试图使尽可能多的收入转移给他们或者使尽可能少的收入从他们身上流失,这造成大量政治成本,导致税制在社会中的再分配作用无法有效发挥。

在这个问题上,累进所得税与比例税相比就更为严重,因为"通常并不存在任何准则能告诉我们不同个人相对负担应当是多少"(Havek,1960)。基于这个理由,布坎南(1993)赞成所得税制实行比例课税,因为如果实行比例课税,则所得税制的政治成本就能够大大降低。米尔利斯之后的最优所得税研究已使人们注意到实行相对统一税率的所得税结构的必要性,尽管从研究方法上这些文献与公共选择有关文献存在着较大差异。同一观点也适用于税前扣除、减免税和税收抵免等,用以改变应税所得额。如果所得税制具有弹性(准确地讲是随意性)或者易受协商(或谈判)的影响,那么它通常会招致因试图改变这一制度而发生的政治成本。

四、公共选择学派最优税收理论的贡献

在提出政治成本理论基础上,公共选择学派也提出了自己的解决方案,即财政立宪。通过制定一个相对刚性的财政宪法,来阻止利益集团的寻租活动。布坎南(Buchanan,1967)

认为,财政宪法的优点是"准永久性和长期性",可以避免政府程序沦为"各独立联盟相互剥削的手段";财政规章必须建立一种只有在实质性意见一致的情况下才能改变的基本税收结构,从而减少因试图说服议员修改税收议案以便为特殊利益集团谋利所带来的潜在政治成本。

他们认为,如果税收结构设计恰当的话,集体选择程序就能够提供一种有助于提高政府税收和支出效率的机制。其想法是,通过制定一整套公共选择规则、程序和方法,将公共产品与税收对应起来,有利于各个投票人(纳税人)更直接、更具体地感觉到个人纳税与其预期收益之间的直接联系,使每一个纳税人都能针对任何特定的公共产品项目和税收方案,权衡利弊得失,决定自己的选择意向,努力争取以最小的税收成本,换取最大的经济福利。公共选择学派认为,只有尊重纳税人—投票人—受益人的意愿,才能努力促成征税方案完善,实现帕累托最优。

第四节　征管视角的最优税收理论

一、考虑税收的征管成本

逃避税现象的客观存在,表明在税制设计和选择时必须考虑征管成本和遵从成本。税收征管成本和遵从成本高昂,有学者估计甚至超过效率损失。例如,美国的税收系统有1亿多纳税人、数十万税务专业人员的参与,美国国税局(Internal Revenue Service)及其各州对应机构每年要花费数十亿美元的预算。仅运作所得税系统的资源成本,包括政府承担的行政成本和纳税人承担的遵从成本,每年就高达350亿美元,约占收入的7%(Slemrod and Sorum,1984)。无论从其绝对值还是相对于税收超额负担来看,这个成本都是巨大的、不可忽视的。这使得经济学家无法再忽视该成本对最优税制选择的影响(参见专题7-3)。

> **专题 7-3**
>
> **征管视角下如何调整标准最优税收法则?**
>
> 艾尔姆(Alm,1996)认为,从征管视角看,标准最优税收理论的三个主要标准都需要重新加以权衡取舍:
>
> 第一是所取得的收入(Revenue-yield),即税收总收入需要扣除管理和实施成本之后的收入;
>
> 第二是公平(Equity),指个人的税收负担除了税款之外,还应包括纳税人的遵从和不遵从成本负担;
>
> 第三是效率,要考虑到纳税人的决策受整个税制、遵从与执法情况的影响。
>
> **思考讨论题**:如果将征管成本纳入考虑,标准最优税收理论可能需要做出怎样的调整?

高企的征管成本和遵从成本可能导致人们选择带来更多效率损失(超额负担)的税制。

而对于任何特定的税收结构,在执行中花费更多的资源都可以减少逃税的程度,从而产生更多的收入,减少扭曲,提高横向公平。

根据最优商品税理论,所有商品一般应按不同的税率征税。但从行政成本的角度,当可替代商品的税率不统一时,行政成本会比较高。而且商品税的税率数量越多,商品税制度的行政成本越高。这也是美国之所以未引入增值税的考虑因素之一(见拓展资料7-3)。

拓展资料7-3 美国对引入增值税的一个考虑

二、考虑税种的可管理性

而相比于成本的大小,管理各种税收的容易程度对税收最优结构的影响更为重要。一种不可管理的税制是没有多少价值的。那些基于不可观察和实际上不可测量的指标(如能力)的税制在理论上也许是可取的,但在实际税制选择中必须考虑其是否易于管理这个问题。如果最优税收理论要成为一个可靠的行动指南,它就必须考虑税务系统实际运行中出现的问题。

将可管理性纳入最优税收理论,需要将重点从对偏好结构的关注转向征管技术和税收工具的选择。标准最优税收理论主要通过对政策制定者可获得的税种进行极端假设来处理税收可管理问题,一般假设税收工具是给定的,无法进行选择:最优商品税理论假定不使用一次总付税;最优所得税理论以能力难以衡量为由,排除了对能力课税的可能性。是否选用一项新的税收工具,取决于该税收工具相对于其有效性或成功程度所耗费的征管成本。

三、最优税收体系理论的提出

斯兰罗德(Slemrod,1990)提出了最优税收体系理论(Theory of Optimal Tax Systems),将之同最优税收理论(Theory of Optimal Taxation)区分开来。最优税收体系理论更多地考虑了税收的征管成本,在税制工具的选择上有了更大的余地,认为真实世界中的最优税收体系,最优商品税率很大程度上应该是比例税率;所得税应该实行不变的边际税率,对定义较广的税基、高于一定水平的所得、免税额和扣除,尽可能少用特别税收激励;直接税和间接税都要使用,每一种都要采用较低的边际税率,以便既能减少扭曲又能减少不遵从行为,这样政府可以有更大的灵活度实现公平和取得收入的目标。

显然,斯兰罗德所说的最优税收体系理论,既包括了最优税收理论发展的重要成果,又考虑了征管技术以及技术对税收政策的约束,是一种试图在税收政策建议上提出更为实用主张的理论。

比较前述不同学派的最优税收理论,各有其研究贡献:标准理论研究的结论虽然很难直接应用于现实的税制改革,但它运用规范方法,通过理论推导得出了一系列具有启发意义的结论,不仅对经济学一般理论的发展有贡献,也能为税收政策选择提供一种思路和新的评价方法,其影响甚至超越了财政学的研究领域,对整个经济学都产生影响。公共选择视角更多的是公共选择理论与标准理论的交叉结合,在反击以福利经济学作为税制选择理论基础方面起到重要作用。征管视角在标准理论基础之上发展起来,由于较多地考虑到逃避税行为对税制设计的约束,直接推动了行为经济学的发展。

第五节　引入不确定性的最优税收理论

传统经济学的一个基本假设是确定性假设。在古典及新古典经济学理论中,关于经济运行及决策的分析一般都假定所有的经济主体事前能够确定在一定约束条件下其行为的最终结果,因此他们可以按照效用最大化或利润最大化原则在数量与价格组成的一对变量的集合中进行优化选择,此即确定性假设。基于确定性假设的最优税收理论研究已取得丰硕成果。

但现实中,确定性只是一个例外,不确定性才是一种常态。詹凌蔚等(1999)对不确定性引入最优税收理论进行了初步探讨。

一、不确定性的含义

不确定性是指对当前已发生的行为预测其将来结果的能力大小的犹豫(引自《新韦伯斯特百科大辞典》)。当个人无法确知其行为将产生的结果时,不确定性问题就产生了。

不确定性有广义和狭义之分。狭义的不确定性就是风险,如果一个经济主体所面临的随机性能用具体的数值概率来表述,这种情况就涉及风险。风险是客观存在的,可以通过概率分布加以测度。研究狭义不确定即风险问题,重要的研究方法是在原有的一般均衡分析基础上引入概率论。广义的不确定性问题则包括除确定性以外的所有事件与问题,包括信息不对称、信息不完全引起的问题。对策论和博弈方法是其最主要的分析工具之一。因此,对不确定性的判断很大程度上受到个体所能获得的信息量大小及类型的影响。

二、最优税收理论研究引入不确定性的必要性

引入不确定性问题,有助于最优税收理论的探讨取得进一步的发展,原因包括:

第一,研究不确定性问题是实践的需要。

首先,在某些税收领域,不确定性问题是其应主要关注的对象。例如,资本市场是风险决策的集中体现,在考虑资本市场的税制设置对资本市场风险投资行为等的扭曲时,必须将不确定性问题纳入基本的考虑范畴。其次,不确定性问题的研究符合现实社会的发展趋势。实践中,不确定性和信息问题的产生与影响越来越广泛和复杂,税收主体面临的风险决策越来越普遍。

以不确定性假设替代确定性假设,可以使最优税收研究的前提假设得到拓展,更完整地描述现代税制所面临的市场经济环境,从而使最优税收理论研究的结论更趋完善,更贴近实际,对现实中的税制设置与改革起到更有力的指导作用。不论是狭义的不确定性(风险)还是广义的不确定性(包括信息不对称)都应作为税制优化过程中的重要现实约束条件加以研究。

第二,不确定性问题的研究符合现代最优税收理论的研究趋势。

耐特(Knight)的《风险、不确定性与利润》是研究不确定性问题在经济分析中应用的早期代表性著作。20世纪70年代以来,随着阿罗(Arrow)和德布鲁(Dubreu)在他们的一般均衡模型中引入了不确定性分析,这一基本问题研究已逐渐渗入微观经济学的各个领域,并成为现代西方经济学理论的前沿阵地。

最初,税收理论与国际贸易理论这两个领域在应用经济诸学科研究中处于相对领先地位。20世纪70年代以后,国际贸易理论与不确定的结合研究逐步趋向成熟,而税收领域对不确定性的研究大大落后。在一些权威的公共部门经济学教科书中,对不确定性的研究主要体现在公共投资支出的风险决策中的成本—收益分析中。近年来,随着世界经济发展中经济风险与不确定性的不断增加,西方财税理论界开始强调税制优化与不确定性的结合,较有代表性的最优税收理论开始注重分析在不完全信息条件约束下税制对经济行为主体(包括企业、政府等)决策的刺激作用。对于不确定性条件下税制优化的研究,在国内外都尚属税收理论的前沿课题。

三、引入不确定性的分析思路

在进行不确定性问题研究时,不能割裂其同原有的确定性问题研究之间的关系,一般经济分析框架的构建与基础并没有随着确定性向不确定性的拓展而坍塌或消失。这是进行不确定性问题研究的一个基本思路。一般的经济分析框架分为四个层次:

(1) 用数学函数描述决策的经济环境;
(2) 用数学中最优决策理论对相应环境进行决策分析;
(3) 用均衡概念进行均衡分析;
(4) 进行与价值判断有关的社会福利分析。

在上述四个层次中,不确定性问题研究相对于确定性问题研究的思路的变化主要体现在第一个层次,即在经济环境的描述中,引入概率、可能性及预期的概念。具体地说,邓力平和詹凌蔚(1999)认为,在不确定性下经济主体进行决策所涉及的经济环境需描述为:

(1) 确定一组可替换的行为集合;
(2) 确定反映经济主体对各种不同状态出现可能性大小的判断的概率函数 $P(S)$;
(3) 确定在各种行为与外部状态结合下的产出函数 $f[a, P(S)]$;
(4) 确定对各种可能的结果的相应期望效用函数 $Ue: U\{f[a, P(S)]\}$。

这样,在期望效用函数基础上,即可进行个体的决策行为。

四、现阶段引入不确定性的基本研究内容

(一) 理论研究方面

不确定条件下,需要对原有税收与税制优化的许多基本范畴进行重新审视和进一步的理解,包括:(1) 税收的本质[①];(2) 税收的原则;(3) 税制优化的目标模式;等等。

例如,原有的衡量税制优化的效率原则、公平原则是否依旧成立,是否需要增加诸如风险或不确定性原则? 在给定约束下,尽量减少税制效率损失是否依旧作为税制优化的重要目标,还是同时需要考虑风险因素? 从而推动最优税收理论的发展。

(二) 实证研究方面

实践上,税制优化中的不确定性问题研究应侧重从实际出发,结合各国国情开展。我国目前重点可从三个角度开展研究:

---

① 在古典学派看来,税收在本质上是政府与人民之间的利益交换关系,政府向人民提供人身、财产安全保障,创造生产、经营的外部条件,人民向政府纳税则是享受上述利益的代价。

1. 基于征税对象不确定的税制优化研究

征税对象存在不确定,税基或税源的变动都会引致应税所得发生变化,影响税制的效果。较典型的如风险投资,或资本市场中资本利得的不确定等,需要通过收益和风险两个参数对资产性质进行描述。

从广义角度看,确定各类税收工具的最优选择必须基于征管过程中一系列复杂的信息,如税基监测、税源观察、外部效应评估等。由于政府不可能掌握制定和实施所有税收工具所需要的全部信息,因而任何税收工具的有效性都会大打折扣。正是因为资本利得税的税基可监测性较低,很多国家就采取了免征资本利得税的做法,但这就引发出复杂的次优课税问题,基于部分所得的征税不能准确地反映税收公平原则的要求。

2. 基于征税过程不确定的税制优化研究

从纳税人角度,是否严格依法纳税,还是进行偷逃避税,是一个有风险的决策过程。从税务部门角度,其对纳税人的纳税能力、对公共物品的偏好、财产等情况并不能全面了解;而纳税人对征税部门的执法能力、稽查频率、惩罚措施的信息也不完全了解。在征纳过程中征纳双方信息掌握不完全、不对称,以及相互间存在动态博弈,引发征税过程的不确定。事实上,不仅征纳双方之间,在政府与税务部门、税务部门内部以及税务系统之外包括海关、金融、工商等相关部门之间都存在信息不对称,从而影响到征税活动的不确定性程度。

3. 基于外部环境不确定的税制优化研究

宏观经济发展的不确定及微观经济基础运行的不确定,会对税收制度的有效性产生影响。因此需要分析经济、政治和社会环境的不确定对税制有效性带来的风险,包括税收收入的风险、政府开设新税种或改革现有税种可能遇到的风险等,在此基础上对税制作适应性调整。国际税收方面也需要加强风险分析,包括国际税收活动、国际税收协调和国际税收协定执行等方面对有关风险的预期与防范,优化国际税收。

当然,引入不确定性的最优税收理论的探讨还处于初步阶段,尚未建立完整的理论体系,有待未来的研究继续发展。

课程思政

什么样的税制是最优的税制,这是税收领域的学者孜孜不倦探讨的课题。各个国家有不同的制度文化背景和经济发展水平,最优税制的形式没有统一的答案。通过本章学习,引导学生努力掌握专业知识和方法工具,为我国寻求最适合的税制不断求索创新。

本章小结

按照发展顺序、基本思想和政策主张,西方最优税收理论可以划分为正统学派、供给学派和公共选择学派,其中正统学派理论一般被称为标准最优税收理论。

标准最优税收理论的核心议题是在政府税收收入水平既定的约束条件下,探讨如何选择税制,实现效率和公平的最佳权衡,使税收超额负担最小化或社会福利最大化。其提出的主要判定法则是,商品税率的设定应能保证课税后人们对各种商品的消费比例结构不会改变,对各种商品课征的税率应当与该商品自身的需求价格弹性呈反比例关系。

功利主义立场的最优所得税理论要求实行累进程度很高的税率结构,即应从最高收入一端开始削减收入,直到所有人的收入完全相等,即高收入者的边际税率应为100%。而米尔利斯基于信息不完全假设,认为最优所得税的税率结构应该是"倒U"形,即个人适用的税率应该先是累进的,尔后转向累退,收入最高的人所适用的边际税率应该为零。

供给学派指出,政府存在最优税率使税收收入达到最大,当税率低于最优点时,税收收入随税率的上升而上升;相反,当税率高于最优点时,税收收入随税率的上升而下降。

公共选择学派认为,政府目标并不是社会福利最大化,而是政府收入最大化,税收的政治成本也应加以考虑,为此提出财政宪法。

征管视角的最优税收理论认为,税收的征管成本不可忽视,同时税种的选择也需考虑税种的可管理性。

鉴于传统经济学的一个基本假设是确定性假设,但现实中确定性只是一个例外,近年也有探讨将不确定性引入最优税收理论。

复习思考题

1. 西方最优税收理论有哪三大流派?
2. 标准最优税收理论的研究思路和研究方法是什么?
3. 最优商品税理论有哪些代表性学派和观点?
4. 什么是拉姆齐法则?有什么优缺点?
5. 什么是埃奇沃斯模型?其存在什么缺点?
6. 最优线性所得税的基本模型是什么?
7. 米尔利斯的最优非线性所得税理论包含哪些内容,有什么重要贡献和意义?
8. 最优混合税方面的代表性理论有哪些?
9. 公共选择最优税收理论同标准最优税收理论对政府税收目标的理解有何不同?
10. 公共选择学派如何解读最优商品税和最优所得税?
11. 公共选择学派提出的财政宪法有什么含义?
12. 征管视角的最优税收理论同标准最优税收理论有何差异?
13. 标准理论、公共选择视角和征管视角的最优税收理论有哪些异同?
14. 最优税收理论如何引入不确定性研究?

PART 3 专题分析篇

第八章

税制结构及其改革的经济分析

名人名言

税收的合法性取决于其实质,而不是其名称。　　　　　　　——本杰明·N·卡多佐

税收不是解决问题的唯一方法,但确实是一个重要的方法。　　　——罗纳德·里根

教学目标

通过本章学习,理解税制的含义和要素,税制与税法、税收政策的关系,为什么要提出税收支出这个概念,有什么独特意义;各国税制结构的演变受哪些因素影响,呈现了什么样的趋势;税制改革有什么特征,为保证改革成功,需要考虑哪些因素。

第一节　税制的含义和要素

一、税制与税法、税收政策

(一) 税制的定义

税制是税收制度的简称,广义上可以理解为是一个国家的税负结构、税收管理体制及征收管理体制的总和,包括国家向纳税人征税的法律依据以及征税机关的管理体制和工作规程(王惠,2000)。

狭义的税制通常指某一方面的税收章则,例如所得税制度、消费税制度等。狭义的税制一般由纳税人、课税对象、税目、税率、纳税环节、纳税期限、纳税地点、税收优惠、法律责任等要素构成。

(二) 税制、税法和税收政策的关系

税制与税法、税收政策均是因税收而产生,三者之间存在密切关系。

1. 税法与税收政策的联系和区别

税法是国家制定的用以调整国家与纳税人之间在征纳税方面的权利和义务关系的法律规范的总称,是国家税务机关及一切纳税单位和个人依法征税、依法纳税的行为规则。税法属于上层建筑,有严格的立、改、废程序,具有人人必须遵守的效力。而税收政策是国家或政党用以指导和影响税收征纳活动及税务管理的准则和措施。

税法和税收政策的制定主体和制定程序有所不同。税法的制定主体是国家,即国家立法机关和经立法机关授权的国家行政机关;税收政策虽然也由国家制定,但多数情况下是由

执政党或政党和国家共同制定的。在制定程序上，税法一般有严格具体的立法程序，而税收政策一般没有专门的制定程序。一项税收政策的出台可能是雷厉风行的，但只有经过一个极为复杂的过程才能最后成为税法。实践中，税收政策总是为适应政治经济形势的需要而经常处于变动之中，但税法受立法程序的制约，其变动相对迟缓得多，具有更大稳定性。

税法与税收政策的法律效力和责任也因而有所不同。税法受国家强制力保护，其规定具有法律上的效力，且效力范围要广泛得多。纳税人和征收机关都受税法约束，不允许有超越税法之外的特权。同时，由于税法规定的义务是具体明确的，违反税法就一定要受到确定的制裁，因此税法具有确定的法律责任。而税收政策没有具体的规范，不具备法律约束力，也不以法律责任作为对责任主体的惩戒措施。

税法与税收政策之间有着密切联系。税收政策是制定税法的重要依据，对税法的制定和实施起到指导和制约作用，许多政策精神往往就是税收立法的指导思想和基本原则。经过实践检验是正确的税收政策，可以国家税法的形式颁布施行，成为具有普遍约束力的行为规范。因此，税法是税收政策的制度化、规范化和具体化，税法的制定和实施过程实际上就是税收政策贯彻执行的过程。同时，税法也是税收政策得以实现的根本保证，因为税法是由国家强制力保证实施的，违反税法所受到的法律制裁比起纪律制裁等其他制裁更为严厉。

2. 税制与税法、税收政策的关系

税制主要是一个经济范畴，税法是法律范畴，税收政策是行政范畴。税制与税法、税收政策的关系可以理解为：税制是税法和税收政策的内容，税法和税收政策是税制的外在表现；税制一部分通过税法来规定和确保实施，一部分通过税收政策来实施。

（三）税制的基本要素和特殊条款

设立一个新的税收制度，需要回答的几个基本问题是：向谁征税？对什么征税？征多少税？因而，纳税人、课税对象和税目，以及税率就构成了一项税制的基本要素，是一般性或规范性的要求或条款。除了基本要素的规定以外，税制要素中也包括一些偏离基本要素的特殊条款，如税收优惠的规定。下面对税收优惠以及一个与之相关的概念——税式支出加以专门介绍。

二、税收优惠

税收优惠（Tax Preferences）是政府为实现社会和经济政策目标，以牺牲一定的税收利益为代价，通过对基准税制的背离，向特定纳税人提供的优惠安排。税收优惠的具体形式很多，大体可以分为税基式优惠、税率式优惠、税额式优惠以及递延式优惠四大类。

1. 税基式优惠

税基式优惠是通过直接缩小计税依据的方式来实现减税或免税。具体包括：起征点（Tax Threshold）、免征额（Tax Exemption）、税收扣除（Tax Deduction）、盈亏互抵（Loss Relief）等。

2. 税率式优惠

税率式优惠是指对特定的纳税人或特定的经济行为，通过直接降低征税税率的方式来实现免除或减轻其税收负担。具体包括减按低税率征税、零税率。

3. 税额式优惠

税额式优惠是指通过直接减少应纳税额的方式实现减轻或者免除纳税人的税收负担。

具体包括：优惠退税(Tax Refund)、出口退税、再投资退税、税收抵免(Tax Credit)、投资抵免、境外税收抵免、减半征收、核定减征率、全部免税(Tax Exemption)，等等。

4. 递延式优惠

递延式优惠又称延期纳税(Tax Deferral)，即准许纳税人推迟缴纳税款的时间或者分期缴纳税款。这种方法并没有直接减轻纳税人总税负，但能够减轻其当期税收负担，减少纳税人税款的资金占用，相当于获得了一笔金额为递延缴纳税款额度的无息贷款。具体形式包括加速折旧(Accelerated Depreciation)和分期纳税(Installment Payment)。

从确定的程序看，税收优惠措施可以分为法定优惠和特定优惠，其中法定优惠是税收基本法规中列举的减免安排，如个人所得税的起征点；特定减免是各级政府及税务部门根据国家的税收政策，在自己职权范围内所给予的减免。

三、税式支出

税式支出(Tax Expenditure)，也称税收支出，是一国政府为实现特定的社会和经济政策目标，对负有纳税义务的单位和个人给予税收减免等优惠待遇所导致的国家财政收入的减少，是以放弃财政收入形式进行的间接支出。从表面上看，税式支出是国家对纳税人实施的税收优惠政策，属于财政收入的范畴，不属于财政支出，但究其本质特征，国家对应税收入的放弃最终影响了财政支出的规模。因此，税式支出实际上是通过税收制度实行的一种特殊财政补助，属于财政补贴性支出的范畴。

税式支出的概念最早是由美国哈佛大学教授、时任财政部部长助理斯坦利·萨里(Stanley Surrey)于1967年提出的，是对传统财政理论的一大突破。它一出现就引起了财政理论界的重视，并成为财税制度改革的重要领域。那么，萨里为何要提出税式支出概念？它区别于税收优惠以及财政支出概念的意义何在？

(一) 税式支出与税收优惠概念的区别

税式支出由税收优惠发展而来，二者所涉及的对象基本相同，但有本质区别。税收优惠更多的是从纳税人的角度而言，而税式支出则是站在财政部门的角度而言。从纳税人角度看税收优惠，是从分散的个体角度去认识，没有与国家财政收支安排联系起来，而从国家财政的角度看税收优惠，可以将其纳入财政总体安排的框架之内，建立税式支出预算，便于开展宏观上的总量控制、结构调整和效益分析。

税式支出概念的提出，对纳税人而言，可以使其增强受益感，提高对这笔资金的使用效益，从而更好地发挥税收优惠对社会经济的调控作用；对政府而言，则可使其更加重视税收优惠对财政收支平衡的影响，利于财政资金的公开化和透明化。

由于税式支出和税收优惠对预算管理模式的要求不同，作为支出概念，意味着应与其他政府支出一样，纳入规范的预算管理程序。因此，税式支出概念的提出也利于加强对税收优惠的预算管理。这也正是各国政府和有关国际组织研究和倡导税式支出概念的初衷。单纯的税收优惠是无须执行严格的预算管理程序的。

此外，税式支出概念的提出，也利于建立其与一般性财政支出之间的对比关系。两者本质上都是可替代的财政补助形式，可以放在政府综合财政收支平衡的大框架下通盘考虑，便于政府根据具体的目标择优选择。可见，税式支出概念的提出，打破了单纯从收入角度看待税收功能的局限性，是财税认知的一次质的飞跃，为财税理论研究开拓了思路，也推动了财政预算管理实践的新发展。

（二）税式支出与直接财政支出比较

税式支出与直接财政收支都属于财政资金的无偿补助，都具有支出这种形式特征，但二者存在显著差异。税式支出相对于直接支出具有的本质特征包括：(1) 税式支出是一种虚拟性支出。财政支出伴随实实在在的资金流动过程，而税式支出虽名为支出，但无论在财政部门的账面上还是在纳税人的账面上，都不存在资金上收下拨的过程。(2) 税式支出同税收收入有对照性，与特定的税制结构相联系。预算内每项财政支出的数量及其构成并不直接取决于财政收入项目的数量及构成情况，但税式支出的每项支出都取决于税收收入的构成状况，即虽然税法中并不存在直接的"支出"条款，但税制的不同结构的对照却决定了税式支出的存在。

相对于直接财政支出，税式支出具有如下优点：

(1) 税式支出较灵活、时效性强，实施的行政费用较低。由于税式支出在纳税人履行纳税义务时可直接从应纳税款中自动兑现，相比直接财政支出，省略了纳税人支付税款、政府再按照预算审核拨付资金这一程序，时滞减少，程序的简化也降低了实施的行政费用。

(2) 提高了受补助人的可接受性。直接财政补助一般需要受助人向相关部门提出申请，意味着被贴上"福利接受者"的标签，一些企业和个人会认为这是对其人格或经营能力的羞辱。而税式支出只需通过自行填写税单的方式完成财政补助的获取，相比直接财政补助更为隐蔽，甚而很多纳税人并不把税式支出当作是政府补助，而是视为一项税收条款而心安理得地接受。

正如一个硬币的两面，税式支出相对于直接财政支出也存在一些缺点：

(1) 隐蔽性较强，容易脱离预算监控。由于税式支出并没有实际的支出程序，而是一种间接支出，相比直接财政支出较为隐蔽和模糊，而且税式支出散布于税制无数条例中，不像直接支出那样有清楚透明的数据，因而容易脱离预算监控，导致税式支出滥用和出现避税漏洞。

(2) 不够公平。由于税式支出的受益额同应纳税额相关，收入越高，应纳税额越多，从税式支出中获利越多，而低收入者可能因为是非纳税人，无法享受税式支出。因此，从公平性角度看，税式支出不如直接支出。

（三）税式支出的预算管理

为避免和克服税式支出的随意性和盲目性，提高其政策效应，需要建立税式支出预算制度，对其规模和内容进行预算审核、管理和控制。目前，世界各国对税式支出的预算管理方式主要有三种：

(1) 非制度化的临时监督与控制。即政府临时以税式支出方式对某一部门或行业提供财政补助，此时才建立税式支出账目，对因此放弃的税收收入参照预算管理的办法进行估算和控制。这种情况一般没有形成制度化，也不提交给立法机关进行审议。

(2) 准预算管理。即政府只对重要的税式支出项目编制定期报表，虽也有政府的评估意见和统计数据，但不直接纳入正式的财政预算程序，只作为预算法案的参考和说明，也无需立法机关审批。

(3) 全面预算管理。即将各个税式支出项目按年度纳入统一的账户，按规范的预算编制方法和程序编制税式支出预算，并作为政府预算报告的组成部分送交立法机关审批。

目前,西方各国对税式支出的管理主要采用三种模式:(1)全面预算管理。即将各个税式支出项目纳入统一的账户,按规范的预算编制方法和程序编制税式支出预算,并作为政府预算报告的组成部分送交议会审批。(2)准预算管理。即国家只对重要的税式支出项目编制定期报表,虽也有政府的评估意见和统计数据,但不直接纳入正式的财政预算程序,只作为预算法案的参考和说明,也无需议会审批。(3)非制度化的临时监控。即政府决定以税式支出方式对某一部门或者行业提供财政补助时,才对因此而放弃的税收收入参照预算方法进行估价和控制,不需要向议会提供。

三种管理模式中,全面的预算管理模式较为完善,对税式支出的控制最严,准预算管理模式次之。非制度化的监控模式由于未真正形成统一、定期和系统的制度,只是预算控制方法在税收管理上的临时应用,严格意义上,并不能算作一种管理模式。实践中,各国通常都是基于本国的国情及各种条件,选择适合自己的税式支出管理模式。目前,美国、法国、澳大利亚和加拿大等国实施了全面预算管理模式;而意大利、法国、德国等则采用了准预算管理模式;爱尔兰、芬兰等一部分发展中国家则选用非制度化的临时监控模式。

第二节 税制结构的类型和演变

一、税制结构的含义和类型

(一) 税制结构的含义

税制结构是指一国税收制度的整体布局和总体结构,是税收制度的分类、层次、构成、比例以及相互关系的总和,也称"税制体系"。税制结构从大到小包括三个层次:

(1) 不同税类的地位和相互关系;

(2) 同一税类中税种的布局及构成,即每一类税中由哪些税种构成,各税种的地位和相互关系;

(3) 税制要素(即纳税人、征税对象、税率等)构成的选择和设置。

合理的税制结构是实现税收职能作用的前提,它决定了税收作用的范围和深度。只有税制结构合理了,才能从总体上做到税制的合理,才能充分发挥税收的作用。因此,税制结构可以说是税制设计的战略问题。

(二) 税制结构的类型

根据包含税种数量的多少,税制结构可以分为单一税制和复合税制。

1. 单一税制

单一税制即一个国家在特定时期里只以一种课税对象为基础设置税种所形成的税制。单一税制可以是由一个税种构成的税制,也可以是由属于同一税类的几个税种构成的税制。从理论上说,根据税种的不同,单一税制可以有单一消费税、单一土地税、单一所得税、单一财产税等具体形式。

一般而言,单一税制税负较轻、课征简便、征收成本低。但显然,单一税制也存在如下缺陷:第一,只课征单一税种或单一税类能够获得的财政收入相对有限,难以保证国家财政支出需要;第二,单一税制的课税对象范围较小,无法通过普遍课税发挥调控作用;第三,风险较高,易受经济波动影响,导致税源枯竭,从而危害经济平衡发展。为此,各国在历史上几乎从未真正实施过完全的单一税制。

2. 复合税制

复合税制即一个国家的税收制度由多个税类的多个税种构成,各税种之间在征税范围、税率水平等方面需要互相配合和协调,以更好地实现税收调控的总体目标。在实践中,各国在实行复合税制时往往以一个或两个税种为主导(此即主体税种)来筹集财政收入和调节经济活动,相应形成单主体复合税制和双主体复合税制。

能够成为主体税种的税种,往往具备财政收入功能强、经济调控能力强、社会接受度高、税务行政效率高等特点。而由于所得税和增值税最符合上述特点,目前世界各国主体税种的选择都以这两个税种为主。

复合税制的优缺点同单一税制恰好相反。从财政收入方面看,复合税制税源广且普遍,伸缩性大,弹性充分,可以较好地保证财政收入;从社会调控功能看,复合税制能够发挥调节社会财富、稳定国民经济的功能。其缺点则是征管手续繁杂,征收成本高,容易出重复课税现象;另外,因税收种类较多,可能对社会经济活动产生不利影响。

二、税制结构的演变

(一) 税制结构演变的总体趋势

同其他制度形式一样,税制结构也需要根据一国经济和社会的发展变化而有所调整。税制结构的演变,既体现为不同税类之间的结构变化,也体现为同一税类内部不同税种之间的结构变化。

从世界各国发展的历程看,不同税类之间的税制结构演变大致经历三个阶段:以古老直接税(即早期直接对人或物课征的人头税、土地税、房屋税、户税等原始直接税)为主体的税制结构、以间接税为主体的税制结构,以及以现代直接税(即个人所得税和社会保障税等)为主体的税制结构。出于经济发展的需要,未来也有可能形成所得税和商品税并重的双主体税制结构。

在同一税类内部,不同税种之间的相对重要性也在不断变化。例如,在间接税中,经历了关税、商品税、消费税、增值税的主体地位的变化;在直接税中,重要性变化程度更大,表现为个人所得税的地位不断上升、公司所得税的地位持续下降、社会保障税的规模迅速扩张的演变趋势。

(二) 当代发达国家税制结构的演变特征

发达国家大多实行以所得税为中心的税制结构,其所得税占税收总收入的比重一度达到70%甚至80%以上。20世纪80年代末90年代初,许多发达国家用推行增值税或提高增值税税率的办法来弥补所得税减税造成的损失,流转税的比重有所提高。发达国家通过长期实践发现,单一的所得税或流转税为中心的税制结构,各自有其优点和缺陷,不能实现税收与社会经济的良性循环。为此,发达国家税制结构开始向非中心的税制结构方向发展,呈现出"双主体"甚至"三主体"的多元化趋势。而今发达国家税制结构有以下三大类型:

(1) 公平型。主要包括美国、加拿大、澳大利亚、日本和新西兰等国,这些国家的政府收入主要依靠所得税来筹集,目的在于增进社会公平。美国所得税占税收总收入的比例超过50%。

(2) 效率型。主要包括法国、希腊、冰岛、瑞典、挪威、葡萄牙和芬兰等。这些国家的税制结构设计偏重于效率原则,筹集税收收入的任务转向国内商品劳务税。

(3) 兼顾型。对于所得税和国内商品劳务税的课征选择上,兼顾公平和效率,实行两税平衡的税制结构,更接近于"双主体"税制结构。这些国家包括荷兰、英国、意大利、比利时、爱尔兰、德国、丹麦、瑞士、西班牙、卢森堡等。

无论哪一种,发达国家的所得税一般都以个人所得税为主,而不以公司所得税为主,以避免给公司生产经营获得带来过多的消极影响。

(三) 发展中国家税制结构的演变特征

受经济发展水平和税收征管能力的制约,绝大多数发展中国家的税制结构中,间接税仍占据举足轻重的地位,其税制结构改革的重点主要是完善间接税,优化其内部结构。随着本国生产水平的提高和国民生产总值的增长,一些发展中国家也开始逐步建立和完善所得税,或建立所得税与流转税并重的双主体结构。目前,发展中国家的税制结构也可以分为三种类型:

(1) 商品劳务税为主。这类国家包括捷克、秘鲁、阿根廷、乌拉圭、肯尼亚、巴基斯坦、哥斯达黎加等。

(2) 两税并重。例如巴西、波兰、泰国、伊朗、土耳其、菲律宾、罗马尼亚、马来西亚、哥伦比亚等。

(3) 偏重所得税。例如阿曼、印度尼西亚。

总体来说,发展中国家的税制结构,大多以国内商品劳务税为主体、所得税为辅,或两税并重。

可见,上述不同经济发展水平国家的税制结构存在明显差异,这种差异不仅表现在发达国家与发展中国家之间,同样也在发达国家内部和发展中国家内部得到体现,是受共同的规律作用。这种规律作用也将继续影响各国税制结构的演变。

(四) 我国税制结构的演变

从新中国成立以来至今,我国的税制结构经历了几次比较彻底的改革。计划经济时期的税制结构以流转税为主,税种比较少;商品经济时期实行利改税;市场经济时期实行分税制。在税制演进过程中,始终以货物和劳务税为主体。

为合理调节收入分配,实现共同富裕目标,未来我国税制结构的演变方向,在税类角度体现为提高直接税比重,逐步降低间接税比重。具体表现为:

(1) 完善个人所得税制度。加强对高收入群体的税收调节力度,逐步将资本所得和财产性所得纳入综合征收范围,同时降低中低收入群体的税收负担,进一步优化调整税率结构,继续完善专项附加扣除项目。

(2) 发展财产税和行为税。加快推进房地产税立法,适时启动遗产税和赠与税的论证与设计,关注财产行为税的结合税种,做好财产税和行为税的合并申报工作。

(3) 优化结构性减税政策。调整间接税内部的税种结构,继续减轻增值税税负,适当调整消费税征收重心,逐步降低间接税比重。

第三节 税制结构的影响因素

可见,同一时期不同国家的税制结构之间可能存在很大差异,即使同一国家,其在不同时期的税制结构也往往都会发生变化。那么,到底是什么原因导致税制结构的不同?尽管每一国家不同时期的税制结构都有其具体的形成原因,但总体上来看,基本可以概括为如下一些因素。

一、经济因素

经济因素是影响一国税制结构选择的最基本因素。经济因素主要体现为经济发展水平和经济结构特点。

一国的经济发展水平越高,人均收入越高,则所得税和社会保障税的收入潜力越高,因而征收所得税的空间较大,实行以所得税为主体的税制结构具有可靠的税源基础。反之,在经济发展水平较低的国家,流向企业和个人的所得相对较少,税收收入主要来源于商品和劳务税,因而往往选择以间接税为主的税制结构。

一国的经济结构,包括部门的结构形式、所有制的结构形式、产业的结构形式等,形成了国民经济总体构成形式和相互联系的方式,也可能在一定程度上影响税制的结构形态,见专题8-1。

专题8-1

经济数字化转型与税制结构

数字技术的发展将社会带入了数字经济时代。面对数字经济的冲击,税制结构会受到哪些影响?很多学者对此进行了讨论。例如,肖育才(2022)指出,数字经济时代的经济特征体现为:数据成为一种新的生产要素;主要商业模式为C2B;市场分工可以跨越企业边界,部分行业领域的生产组织形态重新回到市场交易契约;供需信息不对称显著降低,资源配置优化,效率提升;资产专用性得以消除;经济波动明显加剧;等等。

数字经济对税制的可能影响包括:(1)税制要素难以有效锁定,课税对象和纳税主体界定困难,税源和税基难以控制;(2)税收原则和税收收入划分受到冲击;(3)流转税中数据流转课税成为重要方向,传统流转税比重下降,所得税中企业所得税比重趋于下降,个人所得税比重将不断上升。

思考讨论题:经济数字化转型会通过哪些方面决定或影响税制的结构形态?

二、政策目标因素

对税收政策目标优先排序的差异也是影响税制结构选择的重要因素。税收政策的目标,从根本上说,包括财政收入目标、公平目标和效率目标,对这三个目标的不同侧重考虑,必然带来不一样的税制结构设计。将经济效率作为首要目标,必然会将流转税作为主体税种;而侧重于实现社会公平,则会实施以所得税为主体的税制结构。

三、税收征管因素

税收征管水平是制约一个国家主体税种选择的重要因素。发达国家具有现代化的税收征管技术,监督管理机制较为健全,征管效率高,有能力开征相对较为复杂的所得税;而发展中国家受限于征管水平,开征一些复杂的税种不仅很难保证税收收入,还会出现较多的偷逃税现象,因此一般会以相对容易征收的商品税为主体税种。

四、历史文化因素

首先,税制结构的选择作为一种制度安排,也具有路径依赖(Path Dependence)的特点,历史上已经实施过的税种,往往要比开征新的税种更为容易,也更容易得到保留。另一方面,社会的纳税习惯和遵从意识也影响税种的可接受性。例如,与所得税等直接税相比,间接税的财政幻觉较大,更容易被纳税意识相对较弱的发展中国家纳税人接受。

第四节 税制改革的基本问题

一、什么是税制改革

(一) 税制改革的含义

税制改革是指政策制定者为了增进福利水平对税收制度和结构进行重大调整的活动。不是税收制度的所有变化,而是只有"重大"的变化才能称为税制改革。

税制改革有很多形式,甚至不同人有不同的理解。通常的税制改革形式包括:(1) 税率的改变;(2) 纳税档次、税收门槛(起征点或免征额)和税基的变化;(3) 新税的出台或旧税的废除;(4) 税制结构的变化;(5) 主要税种的指数化;(6) 管理、程序方面的重大变化;等等。

> **专题 8-2**
>
> **我国税制改革的方向**
>
> 党的二十大提出了中国式现代化的目标。许玮仪等(2023)指出,在新的形势和发展环境下,我国税制改革的方向主要是:
>
> (1) 适应数字经济发展。一是在现有税收制度中明确跨境数字商务事项,修改原有常设机构定义,考虑用户数据流量价值等;二是依托现代信息技术,强化数字经济税收管控,打造数字税务征管体系;三是健全涉税情报交换机制,加强国际数字征管合作。
>
> (2) 完善绿色税收体系。包括探索开征碳税或完善环保税、"绿化"其他税种,以及健全绿色税收征管体系。
>
> (3) 健全地方税体系。我国地方政府承担了大量的经济社会发展职能,为更好地发挥中央与地方的积极性,未来税制改革方向将从以下方面探索:一是培育地方主体税种,形成具有规范性、稳定性、持续性的地方税体系。二是拓宽地方收入来源,如进一步拓展消费税征收环节后移的税目并相应调整税率,之后合理确定下划地方比例,实现相对稳定的央地财力格局。三是改变税收分享原则,试点推广增值税税收分享的

消费地原则,减少税收扭曲现象。四是合理扩大地方税权,适当扩大地方税政管理权,增强地方财政自主性。

(4) 提高直接税比重。为合理调节收入分配,实现共同富裕目标,我国未来的税制改革,一是完善个人所得税制度,加强对高收入群体的税收调节力度,降低中低收入群体的税收负担。二是发展财产税和行为税,加快推进房地产税立法,适时启动遗产税和赠与税的论证与设计。三是优化结构性减税政策,逐步降低间接税比重。

(5) 参与国际税收改革。面对国际税收新局势,我国应当积极参与改革,提高自身国际税收治理能力。对此,未来税制改革方向包括以下几个方面:一是深度参与国际税收改革,增强我国的税收话语权,坚持多边合作共赢理念,反对国家之间税收歧视,提出平衡多方利益方案,共建和谐国际税收环境。二是建立税收争议解决机制,和平协调区域税收争议,在碳排放税等特殊领域,坚决抵制税收保护主义,同时维护我国税收权益,探索发展国家维权路径。三是完善国内相关税收制度,提前适应国际税收新规,强化数字经济税收征管,出台数字税收管理办法。四是提升我国税收服务能力,给予出口企业优质服务,鼓励合理利用各国税制,助力跨国企业贸易往来。

(6) 共建国际税收治理体系。随着全球经济合作和竞争的持续加剧,我国作为发展中大国在国际税收治理中的地位和责任越来越重要。税务部门应积极参与国际税收规则的制定并提升话语权,力促构建公平、公正、合理的国际税收治理体系,引领建立有效的国际税收协助和税收协调机制,尤其是税基侵蚀和利润转移、数字经济税收领域的税收规则。同时,在双循环格局下,税务部门应立足国家对外开放战略,不断优化纳税服务,提高税收的确定性和透明度,为"引进来"的外资企业和"走出去"的中资企业创造良好的税收环境。

思考讨论题:为完善我国上述税制改革目标,可能需要涉及哪些税制改革形式?

(二) 税制改革与税制改良、税制设计

1. 税制改革与税制改良不同

税收制度的变化可以区分为税制改良和税制改革。税制改良(Tax Improvements)是指对既定税收制度不适应现实社会经济环境的某些不完善之处的修补;所谓税制改革(Tax Reform),是指现行税收制度的重大变化或重新构造。至于什么是"重大的"变化,可能需要进行定量检验,其参数可以是绝对税收收入的变化程度、税收收入来源的变化程度、收入分配的变化程度等。特别是,税制改革是一种不仅为了实现财政收入目标的税制变化,而且还要实现其他目标的税制变化或一系列变化,诸如改善横向公平或纵向公平、提高经济效率等。

美国经济学家迈克尔·J.博斯金在《美国税制改革前沿》一书的导言中警告,不要轻率地推行重大的税制改革,税制改革牵一发而动全身,需要慎之又慎。

2. 税制改革与税制设计不同

税制设计是在一张白纸上进行的,是针对罗尔斯"原初状态"(Original Position),霍布斯、洛克、卢梭的社会契约的。税制改革则是对现有税制结构的改变,在现实中,相对于税制设计的一揽子特征,税制改革是零碎的和动态的。与现行税制结构相比,税制改革所带来的变化要比重新设计税制小得多。

二、为什么要税制改革

从各国的情况看,实施税制改革的起因是多种多样的,例如:(1) 税收制度预期的目标没有实现;(2) 税收制度向经济行为主体发出的信号,与政策目标背道而驰;(3) 税制不适应经济结构和纳税人的特征变化;(4) 单个税种的税率数目过于繁多,想要简化(如我国前两年的增值税改革);(5) 存在部分纳税人或特殊利益集团独享税收减免规定,各税种税基长期被严重侵蚀;(6) 本国税制与其他国家的税制不协调;等等。既有国内因素考虑,也有国际因素考虑;既有目标—手段的不匹配导致的,也有"手段"本身不合理需加以优化的考虑。

从大的方面来说,各国的税制改革归根结底是想要对如下几个问题寻求更好的解决方案:

(1) 财政收入方面,如何进一步提高税制的总体收入弹性。从理论上说,销售税和增值税具有一定的收入弹性,个人所得税也相对具有弹性。如何改革税制,能否在短期内大大提高其总体收入弹性,可能是一些发展中国家特定时期特别关注的问题。

(2) 公平方面,怎样更好地发挥税制的再分配作用。大多数发展中国家采取的税制改革措施是:拓宽所得税的税基,辅之以合理的累进税率和较高的基本免税额。

(3) 效率方面,主要关注税率的选择。一是"高税率+多优惠"还是"低税率+宽税基"的选择。大多数国家的税制改革选择了降低税率和拓宽税基,这种改革方向与政府的收入需要和税制的横向公平原则相一致。二是统一税率还是差别税率的选择。赞同差别商品税和统一所得税的观点是优先考虑了效率原则;而赞同统一商品税和差别所得税的观点,则主要关注公平原则和其他目标。追求效率的税制改革与追求公平的税制改革,税制结构的形式会显著不同。

三、如何进行税制改革

实现成功的税制改革不是一个简单或容易的过程。惯常的做法是针对特定问题提出一个相对应的解决方案,而不对税收制度运行的更广泛背景和政府政策的其他目标作全面考虑和充分理解。这样的改革可以在该特定领域产生明显的效果,但会给其他领域带来成本(James and Edwards,2007,2008)。

因此,税制改革尤其是一些重大的税制改革,需要经过全面考虑、精心设计,并作周密部署和分步骤实施。

(一) 税制改革的程序

基于各国税制改革的成功经验和失败教训,一些学者提出了实施改革的程序或步骤的建议。

伯德和奥德曼曾经对税制改革的最佳方法作了非常简洁的概括,即要考虑到税收理论、经验证据以及政治和行政现实,并将它们与大量的背景知识和对当前宏观经济和国际形势的合理评估相结合,以产生一套可行的建议,这些建议要具有足够的吸引力,有可实施性,并且足够稳健、经得起时间的考验,在变化的时代仍能持续发挥作用(Bird and Oldman, 1990)。1973 年英国和 1986 年新西兰引入增值税的过程(James and Clinton, 2008),就与此方法基本一致,符合成功税制改革的一系列标准。

Jha(1998)认为,税制改革之前应了解如下信息:(1) 税制改革对税收收入的影响;(2) 税制改革收入的归宿;(3) 每个居民在社会福利中的权重,以便对税制改革给不同个体带来的得失进行加总。前两者可以通过家庭支出调查和研究总体税制得到,后者则较难,因为涉及复杂的价值判断。因而有人提出,可以把注意力放在帕累托改善性质的税制改革上,避开分配问题;或是采用功利主义或罗尔斯主义的社会福利函数,或阿特金森测算社会福利的方法。

James and Edwards(2008)针对澳大利亚所得税改革提出了分阶段目标的建议,建议按如下 10 个阶段进行分步实施:

(1) 确定税制目标;
(2) 确定实现各种目标的不同方法;
(3) 基于经济准则进行分析;
(4) 设定征管的具体约束;
(5) 识别不同风险;
(6) 行为分析;
(7) 考虑不同政策之间的关系;
(8) 形成策略;
(9) 计划和实施策略;
(10) 监测和评估策略。

同时,税制改革作为一个公共选择过程,与税制设计一样,都需重视"财政幻觉"因素,以降低阻力。

(二) 税制改革的政治经济学视角

法国路易十四时期的财政大臣、重商主义践行者柯尔贝尔(Jean-Baptiste Colbert,1619—1683)有句名言:"征税的艺术就像是拔鹅毛,获得最大数量的羽毛而听到最小的鹅叫声。"[①]这也可以理解为是税制改革的一种判断标准,即纳税人对改革的抵触最少,而税收收入最多,或者可以更宽泛地理解为,成本最小而收益最大。

人们从政治经济学视角即利益关系,对所得税制的改革以及方案生效日期也提出了一些观点和建议。

1. 收入中性的所得税制改革

税制改革不能过多地影响税收收入,即尽量保持收入中性。发达国家的税制结构基本上是以所得税为主体的。就收入中性的所得税制改革而言,政府旨在削减扣除机会以扩大税基,来换取降低税率的机会。许多欧洲大陆国家所得税税率高,且有着复杂的规则,扣除的形式有多种,理解所有相关税法要付出很高的信息成本。通常只有富人通过雇用昂贵的顾问,才能够充分利用这些扣除,因此人们宁愿要一个较简单的所得税制,即宽

---

① The art of taxation consists in so plucking the goose as to obtain the largest amount of feathers with the least possible amount of hissing.

税基、低税率的税制。政府要通过削减或取消一种、几种或者所有扣除来扩大税基,以换取低税率。

但这种方向的改革存在政治约束,要求政策制定者之间取得广泛的一致,但一些人会考虑取消扣除可能带来的负面影响,从而反对改革。因此,收入中性的所得税制改革的政治经济学考虑是重要的。任何具体建议在政治上要可行,必须赢得多数选民的支持。

2. 延迟税制改革方案生效日期

实施税制改革时延迟生效日期,可大大降低和改革相关的横向不公平,降低个人依照现行法律决策所引起的损失。

(1) 延迟生效日期降低了个人损失的现值。

(2) 对于影响劳动所得的税制改革,足够长的延迟可以使人们正确觉察税制改革所引致的影响,根据正确的规则在现在与未来之间对劳动时间作出选择,从而大大消除改革导致的横向不公平。

(3) 新税制将实施的消息将导致得到优惠较少的资源的流入下降。即使延迟不足以抵消税制变化带来的所有损失,一般均衡价格的变化也会引致横向不公平程度降低。

(三) 税制改革的成功条件

总的来说,一国的税制改革能否取得成功,取决于很多条件,既要考虑政治经济学因素,也要考虑社会背景、文化因素、法制建设,以及经济环境和管理能力等因素。一般而言,决定一项税制改革能否取得成功的关键条件至少包括:

(1) 税制改革领导者勇往直前的精神。税制改革的很多措施,尤其是拓宽税基、减少或取消税收特殊规定等,无疑要触及某些群体或利益集团的利益,受到来自各方面的压力。因此,如果税制改革能顺利实施并取得成功,关键条件之一就是需要有政治意愿强烈、敢于承担风险、精力充沛、意志顽强、果敢能干并坚定不移地进行税制改革的领导者。

(2) 最高行政首脑的大力支持。开明的最高行政首脑的大力支持,也是成功税制改革的重要条件。历史证明,仅有果敢能干的税制改革领导者,而没有最高行政首脑的支持,税制改革很可能会夭折。

(3) 密切配合的相关措施。主要包括:集中专门人才,立法的起草与制定政策一体化,宣传、教育与指导等。

(4) 稳定的宏观经济背景。如果一个国家的宏观经济环境不稳定,经济面临严重问题,则税制改革的前景将有很大不确定性。

(5) 发展中国家税改的成功需克服的其他约束条件。对发展中国家而言,除了上述条件,还需要克服预算约束、其他经济政策约束、管理能力约束等众多约束条件。

(四) 成功税制改革的评价标准

税制改革有许多失败的例子,这些税制改革的失败使得国家不仅没能成功达到预期目标,有时甚至可能需要推倒重来。但同样也有成功的案例,例如,英国和新西兰的增值税改革,已成功实行了许多年。

关于什么样的税制改革是一个成功的税制改革,学者们各自提出了一些评价标准,比较有代表性的有桑德福标准、马丁兹—凡奎兹和麦克纳伯标准,以及博斯金标准。

1. 桑德福标准

桑德福标准主要是从三个方面看:

(1) 税制改革在多大程度上实现了改革者确立的目标;
(2) 税制改革的可持续性;
(3) 税制改革产生合意或不合意的副产品的程度。

2. 马丁兹—凡奎兹和麦克纳伯标准

马丁兹—凡奎兹和麦克纳伯标准则从四个方面来判断一项税制改革是否成功:
(1) 新税制是否符合规范税制理论的基本要求;
(2) 新税制是否能够征集足够的税收收入;
(3) 新税制是否使税负公平分配于各个收入群体;
(4) 新税制使私人部门作何反应,特别是能否吸引外国直接投资。

3. 博斯金标准

博斯金(Michael J. Boskin,2005)[①]用五个问题来衡量美国的税制改革方案:

(1) 税制改革会改善经济表现吗?经济表现的最重要方面是经济增长率,因为这种增长决定了未来的生活水平。经济表现的一个重要方面是行政和遵从成本,在这方面,固定税率、销售税和增值税较有优势。但如果增加销售税或增值税,而不取消所得税,则会产生额外的行政和遵从成本。经济表现的另一个方面是纵向公平。目前的所得税制度是非常累进的;如果每一次改革都要使税法更加累进,那么就会使少数选民支付所有的所得税,这是不健康的。

(2) 税制改革会影响政府支出的规模吗?控制支出对税收负担和经济表现的影响是很重要的。严格的成本效益测试揭示许多支出计划急需改革和裁减。将税收与政府支出更紧密地联系在一起的税制改革,有助于促进一个更有效的政府。一种新的税种——广泛的消费税,比如欧洲的增值税——可能会在现有税种的基础上增加税收,用来增加政府的收入。

(3) 新的税制结构会影响联邦制吗?一些联邦税制改革可能会挤占州和地方的经济活动,例如,征收零售销售税(或增值税)可能会使它们更难增加收入。同样地,限制或废除州和地方的所得税和财产税的可抵扣性,将增加州和地方政府筹集收入的净成本。虽然我们应该支持那些加强联邦制并将权力和资源下放给州和地方政府的制度,目前的制度实际上补贴了州和地方支出,而不是私人或联邦支出。

(4) 新的税制结构是可持续的吗?一个更稳定的税制体系既能减少不确定性,又能降低复杂性,因为纳税人不必每隔一两年就学习和适应新的法律。但所有的税制都受到巨大的经济和政治压力的影响。那么,什么样的体系最有可能在相当长的一段时间内持续存在呢?一般而言,简单、透明、低至中等利率的税制,比复杂的、高利率的税制更有希望。支出控制也至关重要,以尽量减少增加收入的压力。

(5) 随着时间的推移,税制改革是否有助于实现繁荣稳定的民主?

从其第三条可见,博斯金的判断标准是针对联邦制的政治体制提出的,但对于其他政治体制的国家,同样可以参照类似标准进行判断和评价。

---

① Michael J. Boskin. A Broader Perspective on the Tax Reform Debate, Economists' Voice [EB/OL]. www.bepress.com/ev, December, 2005.

课程思政

税收制度需要根据社会经济的发展而不断作出适应性调整和改革,通过本章内容的学习,引导学生要始终葆有独立客观的精神和改革创新的进取心,寻求不断完善税收政策和制度,更好地发挥其功能作用。

本章小结

税制一般由纳税人、课税对象、税目、税率、纳税环节、纳税期限、纳税地点、减免税、法律责任等要素构成。

税收优惠和税收支出是一个硬币的两面,但税收支出有其独特的内涵和作用。

合理的税制结构是实现税收职能的前提,因而也可以说是税制涉及的战略问题。

决定一国税制结构的因素包括经济因素、政策目标因素、税收征管因素和历史文化因素。

税制改革与税制设计不同。与现行税制结构相比,税制改革所带来的变化要比重新设计税制小得多。

税制改革的目标包括提高经济效率,促进社会公平,促进宏观经济稳定,简化税制、降低税收征管和遵从成本。

税制改革过程非常复杂,为了减少横向不公平,有必要延迟税制改革方案的生效日期。

复习思考题

1. 税制的构成要素包括哪些?
2. 什么是税收优惠?有哪些税收优惠的形式?
3. 什么是税收支出?其与税收优惠概念有何区别和联系?
4. 有哪些测算税收支出的方法?
5. 税制结构包括哪几个层次?
6. 什么是单一税制?什么是复合税制?其优缺点是什么?
7. 世界上税制结构经历了怎样的演变过程?
8. 我国税制结构是如何演变的?
9. 当代发达国家和发展中国家的税制结构有何差异?
10. 影响一国税制结构的因素有哪些?
11. 经济数字化转型会对税制结构带来什么影响?
12. 税制结构对经济活动的影响体现在哪些方面?
13. 什么是税制改革?其与税制改良、税制设计有何不同?
14. 常见的税制改革的形式有哪些?
15. 一般税制改革的动机有哪些?
16. 如何进行税制改革?需要考虑哪些因素和问题?

17. 税制改革的一般程序是什么？
18. 从政治经济学视角，税制改革需要考虑什么？
19. 什么样的税制改革是成功的，有哪些评价标准？
20. 保证税制改革成功的条件有哪些？

第九章

税收竞争的经济分析

名人名言

征一半的税会多于征全部,因为被商人抛弃的港口是没有任何用处的。

——赫西俄德(古希腊诗人)

教学目标

通过本章学习,理解税收竞争有哪些类型和不同的表现;关于税收竞争的相关理论有哪些,其观点分别是什么;税收竞争有哪些正面效应和负面效应,判断有害税收竞争的标准是什么;以及如何应对税收竞争。

第一节 税收竞争概述

一、税收竞争的概念和发展概况

所谓税收竞争,就是各辖区通过竞相降低有效税率或实施有关税收优惠政策等举措,吸引其他辖区的要素资源流入本辖区的政府自利行为。税收竞争是独立政府间的非合作税收安排,每个政府的政策选择会影响这些政府所代表的各辖区之间的移动税基分配,不同政府可能会在工人、公司、资本或消费者的分配上相互竞争。

早在1672年,德国哲学家塞缪尔·普芬多夫(Samuel Pufendorf)就观察到,在具有竞争性的国际市场上,政府征税就会存在困难,因为如果商人在一个地方被收取太多费用,他们就会去寻找其他市场,因此政府征税应该谨慎。

从历史上看,税收竞争的情况随着社会经济技术的发展而呈现出变化趋势。早年间,在很长一段时期里,由于税负较低以及跨区域差异小,不会引发纳税人和税基的重大跨区域流动。到20世纪,税收负担急剧增加,但对跨境流动的限制也随之增加,高关税、严格的资本管制、有限货币兑换、严格的签证和移民法等,都大大减少了国际避税和逃税的区域范围。但随着20世纪80年代开始的全球经济一体化趋势,跨境移动壁垒逐渐瓦解,资本放松管制和货币可兑换,"无国界银行"的金融一体化形成,以及新的通信和运输技术的发展,使得货物、服务、资本和工作跨越国界的交易成本大大降低,为纳税人在不同区域间的自由选择和切换提供了便利条件。大量证据表明,各种形式的资本,包括国际存款、外国直接投资(FDI),以及经营场所如总部所在位置(Vogrt,2008)等,都具有税收敏感性。纳税人退出的可能性对福利国家的财政收入构成潜在威胁,为此,不同国家(或辖区)被迫竞相通过税收优惠措施吸引国际资本的流入,由此形成税收竞争。

而今进入数字经济时代,经济数字化使得传统的税收收入分配原则面临挑战,税收竞争又呈现全新的形势和局面。

二、税收竞争的类型

(1) 按税收竞争的方向,分为横向竞争和纵向竞争。横向税收竞争是指同一层次政府间的税收竞争,纵向税收竞争则是指不同级别的政府(如联邦、州和地方)对同一税基征税。在实行税收分权的国家,地方与中央之间的竞争可能会表现得更加突出。

(2) 按税收竞争的范围,分为国内竞争和国际竞争。在经济全球化时代,税收竞争还会表现为国际竞争,主要表现为各国采取税收优惠措施吸引国际间的流动资源要素流入本国,进而增加本国的经济利益和竞争优势。

(3) 按税收竞争的对象,分为狭义的税收竞争和广义的税收竞争。狭义的税收竞争主要是资本竞争。资本的竞争也有两种形式:一种是旨在吸引证券投资,尤其是个人有息投资的税收竞争,表现在对支付给非居民的利息课征较低或不征预提税,以及不向目的辖区税务当局提供此类支付的信息;一种是旨在吸引直接投资的税收竞争,表现在辖区政府给予投资者较大的税收优惠,使其投资于该辖区而非其他辖区。广义的税收竞争是针对所有流动性资源,诸如资本、技术、人才以及商品而展开的广泛的、多种形式的税收竞争。

(4) 按税收竞争的效果,分为有益竞争和有害竞争。同市场竞争一样,税收竞争有其正面效应和负面效应。

第二节　税收竞争的相关理论

一、蒂布特和奥茨的理论

(一) 蒂布特的"用脚投票"理论

蒂布特(Charles M. Tiebout,1956)在一篇开创性的论文《地方支出的纯理论》中指出,在可以选择地区的情况下,个人会根据他们收到的一整套公共服务以及他们必须支付的税费组合来选择最适合自己居住的地方;个人如果对某地的组合不满意,他可以选择离开,迁移到适合自己居住的辖区。蒂布特的假设条件包括:政府活动不产生外部性;人们是完全流动的;居民了解各社区的税收和公共服务提供状态,不存在任何的信息不对称;存在着足够多的不同社区,每个人都能找到满足其公共服务需要的社区;公共服务的单位成本不变,即如果公共服务的数量翻番,那么总成本也将翻番;地方政府提供公共服务的资金来源于居民的比例财产税,税率在各社区之间可以不同;通过对公共产品的提供吸引个人在本地区定居,可以最大化本地区土地的税后价值;社区可以颁布排他性区域规划法,禁止土地用于某些用途。

个人的"用脚投票"给地方政府很大的压力,因为如果很多人都这样做,地方政府将无法为公共服务筹集充分的收入,政府机构也将无法正常运转。这迫使各地政府像营利性公司一样应对移民的需求,最大限度地提高财政收支效率,在课征尽可能少的税收条件下提供最优的公共服务。因此,蒂布特认为税收竞争是有效的。

有研究探讨了地方公共服务和税收价值是否被资本化到了地方财产价值中。其观点是,如果人们搬迁是对于公共服务和税收组合的反应,那么,这些组合的差异应当反映到财产价值中;在其他条件相同的情况下,提供较好公共服务的社区其财产价值就应该高一些。实证研究结果表明,资本化确实是一种普遍现象。因此,蒂布特模型确实能在一定程度上反映现实状况。

蒂布特将辖区间的税收竞争类比于市场竞争,认为税收竞争有益,会促进公共服务的提供效率,因而赞成地区分权制。这样的地区分权制确实有其优点,包括:(1) 产出更适合当地偏好,因为某一辖区的官员比中央政府更了解本地区的特定问题;(2) 能够鼓励政府间竞争,竞争压力促使地方政府更有效率地提供公共服务;(3) 利于地方提供公共物品和服务的实验和创新、多样化的政府管理制度,可以鼓励地方政府进行低成本试验,增加找到解决问题方法的机会。

但蒂布特理论所基于的假设条件过于严格,在现实中显然不能完全得到满足,地区分权制在效率和公平方面也都存在一定的缺点。公平方面的问题是,高收入者会迁离税收和公共服务都有利于低收入者的社区,最终导致社区缺乏再分配收入能力。效率方面的问题包括:(1) 过度的税收竞争也会导致无效率;(2) 无法利用公共物品提供的规模经济;(3) 无法利用征税的规模经济;(4) 蒂布特理论忽视了区域间外部性的存在,实际上各辖区之间不可能相互独立。

区域间外部性是指一个辖区的政府采取措施增加本地居民的福利水平会导致其他辖区居民福利水平的改变。税收竞争文献通常涉及多种外部性:(1) 财政外部性,即一个辖区的公共政策对另一个辖区政府预算产生影响;(2) 货币外部性,即当一个辖区足够大时,能够对其他辖区面临的产品或要素价格产生影响。这些外部性会引发辖区间的无效率税收差异,进而导致资源错配。许多学者在放宽假设条件,考虑区域间外部性之后,往往得出税收竞争有害的结论。

(二) 奥茨的理论

蒂布特的"用脚投票"理论主要是针对居民个人开展分析的。1972年,奥茨(Oates)将蒂布特理论拓展到地方政府吸引流动性厂商的竞争。他认为,为了获取流动性资本,地方政府很可能会争相降低税收来吸引投资,这种税收竞争的结果必然导致地方公共物品的供给不足。因此,地区间的税收协调是有必要的。

二、税收竞争经典模型和发展

(一) 税收竞争基本模型:针对国内竞争

Zodrow 和 Mieszkowski(1986)在《庇古、蒂布特、财产税与地方公共品供给不足》一文中,将蒂布特和奥茨的思想模型化,针对国内竞争提出了 Z-M 模型,被称为税收竞争基本模型。

模型假定:存在大量规模相同的辖区,资本量相同(即对称的税收竞争);各辖区的总资本存量不变,但可以在辖区间自由流动,而各辖区的劳动供给固定;每个辖区的资本和固定要素只生产一种商品;提供的公共服务仅本地居民受益,不存在外部效应;只有对资本所得征收的财产税和人头税两种税;地方政府的目标在于本地居民福利最大化等。基于这些假设前提得到的研究结论是:辖区间的竞争将导致所有辖区内的财产税消失,而只有人头税;只要辖区数量足够多,即各辖区的资本供给具有完全弹性,则对高流动性的资本征收的任何税都将转嫁到非流动要素即劳动上。由于每个辖区都试图降低税负以吸引更多的资本,就会引发税收的逐底竞争(Race to the Bottom)。由于模型假定辖区同质、总资本量不变,因此不会出现资本所得零税率的情况,但各辖区政府都发现对资本征税会导致资本外流,进而降低当地工资水平和土地租金,最终导致公共支出减少。因此,税收竞争将导致所有辖区的公共服务供给不足。

基本模型的结论表明,税收协调具有潜在收益,在人头税筹集财政收入有限的前提下,税收协调会提高效率。也就是说,如果所有辖区同时提高资本税,那么所有辖区都将增加税收收入,进而改善公共服务水平。同时,由于国家资本总量固定且辖区是同质的,资本税的增加并不影响资本的分配结构。

Wildasin(1989)开展的实证研究支持了该结论。他利用基本模型估算了税收竞争导致的效率损失,因税收竞争导致的公共服务供给不足通过中央政府向地方政府的补贴来弥补。以美国为样本,估算结果发现,在不考虑政府间转移的情况下,地方政府支出的效率损失约占地方总支出的8%,而中央政府的补贴更要占到40%,但当允许政府间转移后,这两个比例分别降至0.6%和10%。

(二) 基本模型的拓展:针对国际竞争

20世纪90年代后,随着对税收竞争研究的发展,研究对象很快从国内的辖区拓展到国家之间的竞争。标准税收竞争模型也是建立在严格的假设条件之上的,后续的研究通过引入现实因素,使得模型朝着更为贴近实际的方向拓展,对税收竞争的效应也得出了不同结论。拓展的方向主要包括如下几个方面[①]:

(1) 辖区规模不同。基本模型中假设各辖区是同质的,即人口规模和资本量相同,这与现实状况相距甚远。为此,一些学者开始研究辖区规模不同的情形。辖区规模不同时税收竞争会出现新的特征。当一个辖区足够大时,它能够影响流动资本的税后收益。Wilson(1991)和Bucovetsky(1991)分析了基于人口多少划分的大小辖区之间的非对称税收竞争。大辖区不会积极参与税收竞争,不太关心因税收原因导致的资本外流,因而会实行较高的税率。辖区间的税收差异会引致资本由规模大的辖区向规模小的辖区流动。此时,税收竞争导致资本分配的低效率,使部分地区即小辖区受益(在相同的减税程度下,小辖区损失的税收收入小于从大辖区流入的税收收入,即存在"小国"优势;若规模差异足够大,小国在有税收竞争时的境况甚至会优于没有税收竞争时的境况)。欧盟的情况似乎对此提供了印证:欧盟中规模较小的爱尔兰、卢森堡和瑞典等国的资本税率确实相对较低,并且不愿意执行欧盟的税收协调政策。

(2) 存在交易成本。Haufler和Wooton(1999)提出的不对称税收竞争模型,假定参与竞争国家的市场规模不同,且市场都是不完全竞争的,并将交易成本纳入考虑范围。他们指出,小国虽然可以选用较低的税率以吸引资本,但是当存在交易成本时,厂商倾向于在大国进行生产,从而驱使资本流入大国,且该种效应在税收竞争中占主导地位,因此,存在交易成本的国际税收竞争中,大国会占优。

---

① 下文部分借鉴了吕民和常世旺. 税收竞争与协调:综述与启示[J]. 经济研究导刊,2008(6)。

(3) 存在贸易和要素流动。基本模型中假设只有一种商品,因而不存在辖区间的国内贸易和国家间的国际贸易。Wilson(1987)在基本模型中加入第二种商品后发现,税收竞争会引致同质辖区生产的专业化,一些辖区采用低税、低支出策略生产资本密集型商品,而另一些辖区则采用高税、高支出策略生产劳动密集型商品。税收竞争阻碍了个人所消费商品组合的差异化,形成效率损失。为提高居民消费福利水平,有必要进行税收协调。Peters(1999)在基本模型中加入了一大国与其他国家间的商品贸易和资本流动,研究表明,只要存在最优商品关税,资本所得税税率就不会降至零,因为在资本市场上大国具有一定的垄断性。但税收竞争仍然会导致低税率和地方公共服务的供给不足。如果没有最优商品关税,各国都试图利用资本补贴来影响贸易条件,最终结果怎样无法确定。

(4) 劳动供给有弹性。基本模型中由于劳动供给固定不变,因而劳动所得税就相当于人头税。然而,如果劳动供给是有弹性的,那么劳动所得税就会影响劳动与休闲选择。从这个角度看,劳动所得税并非最优的收入来源。Bucovetsky 和 Wilson(1991)的研究表明,当所有辖区都规模较小时,它们仍然偏好只对劳动所得征税。这是因为对各辖区来说资本的供给弹性是无穷大,而劳动与休闲之间的替代弹性则是有限的。也就是说,税收竞争会引致小国资本所得税消失而大国会保留资本所得税,但由于大国经常忽略因税收导致资本外流和劳动供给下降的负效应,也会使公共服务供给不足,这意味着税收协调或许是有必要的。

(5) 存在外部性。基本模型中假定辖区相互独立,不存在跨边界的外部效应。但一些公共品确实存在较强的正外部性。由于各辖区在提供公共品时忽略了这些外部收益,从而导致公共品的供给不足。Brueckner 和 Saavedra(2001)研究表明,如果某一辖区通过降低税率来吸引流动资本,外部性意味着,其他辖区的资本外流导致该辖区公共服务水平下降,对本辖区居民的福利水平的正外部性也会下降,因此,若通过对流动资本征税来为公共服务融资,则正外部性会破坏税收竞争。对纯国际公共品而言,这两种效应可相互抵消,也就不存在税收竞争的动力。因此,收益的外部性与流动资本税收的存在会降低税收协调的必要性。在不完全竞争市场或存在大规模辖区的条件下,一国政府可以将部分资本税负担出口到其他国家。

(6) 存在国内限制条件。基准模型假定国家税率的选择完全受国际税收竞争制约,但政治学家们发现现实中政府面临制度限制和"反补贴压力",这阻止或推迟了针对竞争压力的政策调整。制度限制主要指参与制定税收政策的反对者的数量和意识形态;反补贴压力包括预算僵化、与对固定因素征税相关的低效,以及对公平和规范的要求,这使得对流动因素的减税变得困难。将这些约束条件纳入基准模型,可减小竞争性税率下调的压力,并产生了新的不对称性:国内限制小的国家比国内限制高的国家更有能力竞争国际流动税基,因此有较低的均衡税率。

三、公共选择理论视角的税收竞争

前述研究文献都假定政府的目标是使本地居民福利最大化,但公共选择学派认为,政府官员也是"经济人",要实现自身利益最大化,追求政府预算规模的不断扩张,会受到寻租利益集团的严重影响。公共选择学派认为税收竞争促使政府降低税率,可以限制政府官员的寻租行为,迫使其征最少税收的同时提供最好的公共产品;就像市场竞争能够保护消费者免受厂商的掠夺一样,税收竞争也能保护公民免受政治家和官僚的掠夺。

公共选择学派反对税收目的是为政府筹集收入这一观点,提出了税收交换观点,认为税收只是公民愿意承担的公共支出;公民应有权表达意见,只有他们能够说明公共支出的增加是否值得增加税收;违反自愿交换原则的税收会被纳税人拒绝,不是通过政治讨论或发出抗议声音,而是通过退出或外迁,即蒂布特所称的"用脚投票"。

可见,高的税收收入不一定就是好的,政府税收与支出有一最优对应关系,而且这种最优关系需要通过政府间的竞争才能实现;税收和定价自由会刺激竞争以及合理征税,是有好处的,税收竞争不是太多,而是太少,因此应该放松对税收竞争的管制。存在一些因素阻碍了税收竞争、导致了垄断,因此不是要保护政府免受竞争,而是要通过消除这些障碍因素来促进政府间竞争。

第三节 税收竞争的影响效应

一、税收竞争的正面效应和负面效应

同市场竞争一样,税收竞争有其正面效应和负面效应。从特定区域和纳税人的角度看,适度有序的税收竞争具有明显的正面效应:

其一,资源得到更有效的配置,使经济效率最大化。一定程度内的税收竞争有利于生产要素在各地区之间进行合理分配,从而使得整体效率上升。同时,出于吸引资本、劳动力的目的,各国、各地区通过降低税率、增加税收优惠政策等方式促进税制的优化完善。

其二,辖区内的纳税人受益,使社会福利最大化。外部竞争环境的存在使政府面临许多潜在的竞争者,也使纳税人的种种威胁和暗示如"用手投票"和"用脚投票"成为可能,从而敦促政府降低税率,公共支出水平趋于合理,限制政府官员的寻租行为,所提供的地方公共服务能够更好地满足人们的需求愿望。

然而,竞争并非天然有序的,有竞争就有不正当竞争。传统财政理论认为税收竞争是破坏性的,会导致税收减少。若辖区政府滥用课税权开展税收竞争,会使同一层级的各辖区间的税收政策设计产生重大差别,从而会导致税负扭曲、扭曲投资和贸易的资本流向、增加征税成本、侵蚀国家税基等严重问题(Weiner and Ault,1998)。

第一,不正当的税收竞争会破坏税收秩序,使政府陷入"逐底竞争"的怪圈,增加税收流失,损害国家的整体利益,公共产品的提供也会下降至低效率或供应不足状态,最终使国民福利受损(见论文概览9-1)。

第二,恶性税收竞争会因为流动性生产要素片面追求利益而造成整体资源配置扭曲,各地区的实际税率可能相差甚大,这会干扰市场经济基础上资源的流向和流量,造成区位效率损失。

第三,越是经济上富裕的辖区,就越具有通过大幅度降低税率开展税收竞争的潜力,也越具有改变辖区内产品相对价格的能力,这必然导致资本和劳动从经济相对贫困的辖区向发达地区流动,进而加剧经济发展的地区间的不平衡性,与国家的政策目标背道而驰。

因此,对地方政府滥用课税权而实施的税收不正当竞争行为必须加以必要的限制。

> **论文概览 9-1**
>
> **税收竞争、税收执法与企业避税**
>
> 范子英和田彬彬(2013)利用中国 2002 年所得税分享改革的自然实验测量了税收执法力度,并研究其对企业所得税避税的影响。此次改革将企业按照成立时间的差异分别划归不同的征税机构,即国家税务局和地方税务局,地方政府间的税收竞争会降低地方税务局的税收执法力度,却不影响国税局,因此两者之间税收执法的差异就反映了税收竞争的效应。基于中国 17 万家制造业企业层面的数据,采用断点回归设计的方法,该文在实证上发现地税局对企业所得税的执法不力导致了大范围的企业避税。并且,这种效应仅存在于流动性足够强的企业类型中,如私营企业。这些结果也解释了中国地方政府"援助之手"的来源,以及近年来税收收入超速增长之谜。
>
> 资料来源:范子英,田彬彬.税收竞争、税收执法与企业避税[J].经济研究,2013(9).

二、有害税收竞争的判断标准

"有害税收行为"看起来是一个宽泛且主观的概念,因而理论界的定义和实务界的定义存在差异,理论界主要是基于后果,而实务界更多地考虑手段和过程。

(一) 有害税收竞争的理论判断标准

理论界认为,一旦税收竞争产生如下后果,则视为有害的税收竞争:

(1) 侵蚀各国税基。财政收入优先功能决定了税收作为政府支出的来源,各国政府依据不同的税收管辖权保护应有的税基。在税收竞争过程中,由于一国采用较低的税率或优惠措施,使税基向低税或无税国转移,他国为了留住税源,相应降低本国税率,被动调节税收政策,导致世界性税基被侵蚀,进而造成全球性财政功能弱化,各国公共需要得不到满足。

(2) 导致税负扭曲。主权国因为挽留流动性强的资源,在降低有弹性税基的税率之后,往往会相应提高缺乏弹性税基的税率,如降低流动性强的资本的税负,而提高劳动力、消费品的税负,从而造成税负的扭曲和税制的不公平,甚至给劳动力供给带来负面影响。

(3) 扭曲国际资本流向。阻碍了资源在世界范围内的合理流动。

(4) 增加征税成本。为避免税收竞争引起的税基被侵蚀和不公平,一国不得不采取保护本国的制度措施,以避免受到他国的不利影响;另外,为保证合理课征,有必要建立国际信息网络。这些都会造成税制的复杂化和征税成本增大。

(二) 有害税收竞争的实务认定标准

实务界对有害税收行为的定义,更多地考虑了手段和过程,通常将它定义为通过制定不透明或非常规的税收政策来吸引流动税基的一种行为。这种政策通常包含着免税或低税率政策,但不止于此,还包括不透明性、对于不同流动型业务的围栏(Ring Fencing,一种风险隔离机制),以及其他非常规的政策功能。例如,存在一些只对大型企业总部适用的制度,允许采用名义税基,而这一名义税基被定义为特定成本的一部分而非利润的一部分。有害税收竞争行为还包含有意图或潜在地帮助外国纳税人在本国逃税,包括许多所谓的避税地的做法。对于所有这些有害税收竞争行为,OECD 和欧盟提出了正式的界定标准。

1. OECD 的判断标准

有害税收竞争行为涉及一些国家为了吸引自由公司、被动投资或账面利润而建立的税收优惠制度,这些措施是 OECD 打击有害税收优惠制度的目标。OECD(1998)在其报告中提出判定有害税收竞争的 4 个标准:

(1) 对收入实行低有效税率或零税率;

(2) 税收制度封闭保守,采用了围栏策略,即与国内市场至少有部分隔离;

(3) 税制运作缺乏透明度;

(4) 不能与其他国家进行有效信息交换。

此外,OECD 还使用了一系列其他标准,如税基是否人为定义;国家是否遵守普遍接受的转让定价规则;完全豁免是否被应用于国外利润中;税基或税率是否可协商;是否有保密协定;是否存在广泛的税收协定网络以允许滥用税收协定的发生以及该制度是否被旨在实现税收最小化或者鼓励纯粹税收驱动的操作。根据这些标准,OECD(2000)确定了 47 种具有潜在有害性的制度。

2. 欧盟的判断标准

欧盟也有类似的标准,把零税率或低税率认定为有害税收制度,以及至少满足下述 5 种标准中的其中一条(欧盟理事会,1999):

(1) 税收优惠只适用于非居民;

(2) 制度存在隔离机制;

(3) 税收优惠在没有实质经济活动的情况下仍然存在;

(4) 税基的计算方法与普遍接受的计算规则不一致;

(5) 缺乏透明度。

基于此,欧洲理事会确认了 66 项可能存在有害性的措施。

这两个组织都仅关注内部成员国的税收制度,但是 OECD 侧重于国际流动活动,而欧盟的行为准则涵盖了所有的经济活动。他们据此认定了两种有害税制:避税港税制(Tax Haven)和有害的税收优惠制度(Harmful Benefits Provisions),并组织考察列出"有害税制清单"(参见拓展资料 9-1)。

拓展资料 9-1
避税港和税收优惠制度的经济效应研究

第四节 税收竞争的应对

一、如何推动有益税收竞争

阻碍政府间税收竞争的一些障碍,主要来自个人与居住地的关系。蒂莫西·布雷(Bewley,1981)指出,个人与其居住地之间的联系有以下几种:(1) 迁移成本;(2) 居住地家庭和朋友网络带来的效用;(3) 宜人的环境;(4) 专业技能可能只在当前的居住地有效;(5) 替代服务是有限的。

这种联系对资本不存在,但存在于人与居住地之间,会产生垄断力量,即使政府不提供最优的收支组合,个人也不会迁移,因而可能政府即便降低公共服务的质量,也不必担心居民会移出。这样,地方政府间开展竞争的动力就显得不足。因此,唯一可供选择的办法就是通过监管机构来限制地方政府垄断权,建立约束机制,督促提高公共服务质量。

传统的公共财政经济学家批评税收竞争是破坏性的,担心税收竞争产生规模不经济和财政外部性因素,因此提出由中央政府进行税收协调。但另一种观点认为,这些问题恰恰是因为竞争不够充分,可以通过更多的竞争而得到解决。因此,从这个角度来看,可能最必要的不是监管,而是放松对公共服务提供的管制。

二、如何打击有害税收竞争

(一) 税收情报交换和预提税制度

自 20 世纪 90 年代开始,OECD 和欧盟都开始加速打击有害税收竞争行为,在提高透明度和税收情报交换协议的签订方面做出了持续的努力。近期的事态发展表明,政治意愿能使被认为是多年来无法克服的障碍很快消失,来自 20 国集团的持续压力有可能让避税港不再存在。

OECD 以美国的《海外账户纳税法案》(Foreign Accounts Tax Compliance Act, FATCA)为蓝本,依托 G20 平台,逐步将《金融账户涉税信息自动交换标准》(Common Reporting Standard,简称"CRS")这套全球版的 FATCA 制度推向世界,目前已经有 150 多个国家加入 CRS。

虽然一些关键要素还处在不确定状态,但考虑到许多管辖区今后一段时期里仍需要执行 OECD 关于信息交换标准的承诺;且一个国家不能仅仅因为其在信息中没有国内税收利益,或者因为该信息由银行或其他金融机构持有,就拒绝信息交换的请求,因此,目前打击有害税收行为所做努力还将具有一定的可持续性。

为弱化有害税收竞争、确保地区间公平的税收收入分配,欧盟的策略,除了建立一个税务机关间的信息交换系统以外,还有一种策略是使用预提税制度来简单地避免执行信息交换时所存在的困难。这两个系统并不是相互排斥的。哪种策略更有效并不是很明显。为此,一些学者运用博弈论对情报交换和预提税策略的有效性进行了研究(参见拓展资料 9-2)。

(二) "支柱二"方案

近年来,OECD 开始着力于制订"双支柱"税改方案,以应对数字经济条件下的避税和税收竞争等问题。

2019 年 1 月,OECD 发布了《应对数字经济的挑战——政策通告》,正式提出双支柱方案。其中,支柱一方案主要解决征税权在跨国企业居住国与市场国之间的重新划分问题,要向市场辖区分配更多征税权;支柱二方案由基于国内税法的全球反税基侵蚀规则(Global Anti-Base Erosion Rules,GloBE)和基于双边税收协定的应税规则(STTR)两部分组成,规定了 15% 的全球最低企业税税率。作为支柱二方案的核心,GloBE 规则主要由相互关联的收入纳入规则(IIR)和低税支付规则(UTPR)共同构成。IIR 是指对跨国集团成员低税所得需要向母公司所在国补征税款至最低税负水平。UTPR 是指若低税辖区的税款未由母公司所在国通过 IIR 补足,则向该低税实体进行支付的辖区将通过拒绝税前扣除或要求等额调整等方式,就跨国集团成员低税所得补征税款至最低税负水平,但限于未适用 IIR 的部分。

支柱二方案最初是被作为打击 BEPS 的提案提交的。但人们很快认识到,一项国际协调的最低税也有可能遏制国际税收竞争,而这种可能实现的遏制作用具有相对清晰的理论基础。如果能够以一种协调的方式广泛实施,国际最低税有望为国际企业税收竞争设立一条以商定的最低税率为准的底线,GloBE 适用范围内的纳税人至少会在一个辖区就其利润承担最低税率水平的税负。如果在"来源地"(广义上)所征的税收尚未确保这一目标,那么合格国内最低补足税(Qualifying Domestic Minimum Top-up Tax,QDMTT)将被征收以相应增加总体税负,从而达到最低税率水平。由此,各国将不再有动机为吸引外国直接投资而设定较低的税率,因为这种做法只会使它们收入减少,而不会激励企业在当地落户或扩大投资。国际税收竞争可能会在这一最低税率的底线之上持续进行,但其效应或许会减轻。由于国际最低税也会减少利润转移的动机,潜在的高税收国家的税基或将变得不那么有弹性,这将使得这些国家以较低的税基流失成本提高其有效税率。

但上述国际协调最低税的潜在效应是否可以实现,以及可以在多大程度上实现,不仅取决于 GloBE 实施的广泛性,还取决于其具体设计,参见专题 9-1。

专题 9-1

支柱二方案能否遏制国际税收竞争?

支柱二的折中方案既没有明确阐明其政策目标,也没有采用对所有企业利润征收的纯粹最低税模式,因此有人认为,GloBE 能够在多大程度上被实际勾勒出来并发挥减少国际税收竞争的作用,仍然是一个有争议的问题(Englisch,2022)。事实上,二十国集团/OECD 包容性框架(IF)的成员对于通过最低税遏制国际税收竞争的目标存在分歧。先前的立场是,只有"有害的"税收竞争才需要通过协调来解决,但就吸引投资展开的"公平"竞争从未被视为存在问题。这是 OECD 成员国自 1998 年《有害税收竞争报告》发布以来的一贯立场。IF 在 2019 年 5 月通过的《工作计划》中纳入了实施 GloBE 的双重理由——反 BEPS 和为国际税收竞争设定底线,进一步阐述了为什么过度的税收竞争是有问题的,至少从发展中国家的角度来看是存在问题的。这标志着 OECD 立场的一个重大转变。然而,IF 成员并非都支持这一限制国际税收竞争的新目标。一些成员的保留意见体现在 GloBE 制度的折中设计中:从基于经济实质的所得排除(SBIE)规则可以看出,包容性框架放弃了以商定的最低税率为企业税竞争设定底线的想法。相反,SBIE 建立了一个仅适用于超额利润征税的有效底线(15%)。

同时,由于来源国可能通过合格国内最低补足税(QDMTT)自行征收最低税,理论上,基于该底线的税收竞争可能会持续不减,这意味着传统企业税将被模仿 GloBE 补足税的国内最低税所取代。然而,考虑到财政、法律和政治方面的限制,这种极端情况不太可能实现。因此,随着 GloBE 的广泛实施,使用低于 15% 的有效税率吸引高利润率投资的激励措施将减少。尽管如此,《GloBE 示范规则》的某些要素意味着一些形式的企业税竞争将继续存在,甚至会相对更具吸引力。由于 GloBE 对企业税竞争的缓和作用相对温和,GloBE 还可能导致通过其他渠道吸引投资的竞争加剧。

思考讨论题:你认为支柱二方案对国际税收竞争会产生什么样的影响?是缓解还是加剧?

课程思政

国际税收竞争是经济全球化的必然产物,也是各国围绕经济利益在税收领域进行的一场博弈。通过本章学习,培养学生的家国情怀,处理好国际竞争的适度合理性,把握国际税收竞争与国际税收协调之间的战略选择,努力建设具有竞争性的中国税制。

本章小结

税收竞争有国内和国外、横向和纵向之分。

税收竞争的经典理论包括:蒂布特(1956)的"以脚投票"理论;标准税收竞争模型;公共选择学派认为税收竞争有助于通过政府间竞争,保护公民免受政治家和官僚的掠夺,是有益的。

税收竞争有正面效应和负面效应,理论界和OECD对于有害税收竞争给出了各自的认定标准。

复习思考题

1. 什么是税收竞争？历史上税收竞争是怎样发展的？
2. 税收竞争有哪些类型？
3. 蒂布特的"以脚投票"理论的内容是什么？他怎么评价税收竞争的利弊？
4. 标准税收竞争模型的假设和结论是什么？
5. 公共选择学派怎么评价税收竞争？
6. 税收竞争有哪些正面效应和负面效应？
7. 理论上对有害税收竞争的判断标准有哪些？
8. OECD对有害税收竞争的认定标准有哪些？
9. 如何对国内和国际税收竞争进行管理？
10. "双支柱"税改方案的背景和由来是什么？具体内容是什么？如何解读该税改方案？

第十章

税收征管的经济分析

名人名言

一切赋税的征收,须设法使人们所付出的,尽可能等于国家所收入的。　　——亚当·斯密

避税与逃税的区别就是监狱围墙的厚度。　　——丹尼斯·黑勒

对国家造成巨大危害的不是征税本身,而是征税的方式。　　——魁奈

教学目标

通过本章学习,了解逃税有哪些经典的微观经济分析模型,有哪些拓展的方向;税收遵从成本怎么测量;税收缺口的测量有哪些传统和现代方法;税收赦免有哪些长期和短期的影响效应;使用现代技术管理税收遵从风险有什么特点。

第一节　逃税的微观经济分析

广泛的证据表明,逃税现象在几乎所有国家都普遍存在。逃税是一个重要的社会问题,会引发多方面的影响效应。因此,逃税问题得到了研究者们的长期关注,大量研究对个体逃税问题开展了理论和实证分析,先后提出了很多微观经济分析模型。

一、A-S模型

A-S模型是几乎所有关于逃税的研究都使用的基本理论模型。阿林汉姆和桑德莫(Allingham and Sandmo, 1972)最早将贝克尔(Becker, 1968)的犯罪经济学模型应用于逃税分析,从而提出 A-S 模型。该模型聚焦于一个面临个人所得税缴纳义务的代表性个人的行为,假设一个理性的个人会对逃税成功所得收益与被发现逃税后所受处罚进行估算,以最大化该逃税博弈的期望效用。

阿林汉姆和桑德莫在模型中假定,个人是理性的、无道德观念的风险厌恶者,追求期望效用最大化,期望效用仅取决于其所得;有应税所得,如果逃税不被发现,就会获得少交税款的利益;如果被发现,则要遭受比税款数额更高的处罚。他们通过期望效用函数来分析纳税人的行为选择,假定逃税目的是最大化期望效用 $E(U)$:

$$E(U) = (1-p)U(W-tX) + pU[W-tX-\pi(W-X)]$$

其中：
W——个人实际收入，外生给定，纳税人知道但税务局不知道；
X——申报收入；
t——税率；
p——个人逃税被查到的概率；
π——未申报被查到的适用的罚款率（π＞t）。
令：未申报收入（W－X）＝E
Y——逃税未被查到的净收入（Y＝W－tX）
Z——逃税被查到的净收入（Z＝W－tX－πE）
则效用 $E(U)=(1-p)U(Y)+pU(Z)=U(W-tX)-pU[\pi(W-X)]$，
效用最大化一阶条件：$(1-p)U'(Y)t-pU'(Z)(\pi-t)=0$，即

$$U'(Z)/U'(Y)=(1-p)t/p(\pi-t)$$

如果纳税人预期未申报收入的税收大于查到并被罚款的损失，则会选择少报收入。模型可得到的结论包括：(1) 收入变化对纳税申报额的影响不确定；(2) 税率对偷逃税的影响方向不确定；(3) 罚款率和查获概率的提高利于减少偷逃税。其中第二个即税率对所申报收入的影响不明确的结论是令人惊讶的，人们通常认为高税率会刺激逃税。

从 A-S 模型得到的标准结论是，一个人之所以纳税是因为他或她害怕如果没有全额申报收入就会被抓住，受到惩罚。因此，该模型分析给出了看似合理且富有成效的政策结论，即税收遵从取决于稽查和罚款率。然而，根据模型预测的结果与实际观察之间存在鲜明的反差，现实中的税收遵从程度远远高于根据模型测算得到的税收遵从程度，此即经典的"税收遵从之谜"（参见拓展资料 10-1）。

为破解该谜题，人们在 A-S 模型基础上继续探索，出现了大量拓展研究。沃姆（Alm，2018）将其分为两个不同的方向：一个方向仍然沿用基于犯罪经济学模型的期望效用理论框架；第二个方向则突破了该框架，采用了不同于新古典主义的人性假设。

二、期望效用框架内的扩展研究

在期望效用理论框架内的拓展研究，主要是放松模型的前提假定，一方面是纳入了一些之前未被考虑的其他因素，使模型更接近现实，但这也使得逃税的比较静态分析变得更为复杂；另一方面则扩展到基本模型所没有涉及的其他行为主体，如企业，进一步提升了模型的适用范围。

（一）斯里尼瓦桑的累进税率

斯里尼瓦桑（Srinivasan T.N.）于 1973 年发表了《偷逃税：一种模型》（Tax Evasion：A Model）一文，将固定税率的假设放宽，研究累进所得税税率制度下的偷逃税模型，建立了分析个人是否偷逃税的影响因素的预期所得最大化模型。

研究结果表明，除非惩罚的可能性提高引起相互抵消的刺激效应，否则累进所得税制就会对纳税人申报收入产生抑制作用，也就是说，在累进所得税制下，如果边际税率提高的效

应更强,纳税人就会少申报应税收入;但如果预期处罚率提高的效应更强,那么他就会多申报应税收入。

(二) 伊扎崎对罚款基数的修改

伊扎崎(Yitzaki,1974)认为,A-S模型以少申报的收入额为惩罚依据并不符合现实情况,美国等许多西方国家的税收处罚都是以逃税额为依据的,而不是少申报的纳税收入额,因此对A-S模型作了修改,将逃税额作为基数确定罚款数额,从而得出A-S-Y模型:

$$Z = W - tX - (\pi+1)tE = (1-t)W - \pi tE$$

效用最大化一阶条件:$(1-p)U'(Y)t - pU'(Z)\pi t = 0$,即:

$$U'(Z)/U'(Y) = (1-p)/p\pi$$

由此可见,纳税人的申报行为独立于税率 t。由于税收处罚额与税率正相关,税率提高意味着逃税的风险更大而边际收益不会提高,即这种影响将主要通过收入效应来表现,所以税率提高对逃税行为有抑制作用。

伊扎崎对A-S模型的修正使得税率 t 变化对逃税活动的影响得到了明确,但其给出的结论同大多数人对边际税率与逃税总额之间关系的直觉相反,也与许多经验证据相悖。通常认为,高边际税率将会鼓励逃税,因为少报收入可以带来很大的收益。

(三) 动态可追溯性分析

不管是A-S模型,还是A-S-Y模型,都是相对简单的静态分析模型,没有考虑从动态角度可能产生的一些变化。从动态角度看,若一个人在时期 T 逃税被发现,他过去的逃税行为都将会被追溯。

如果一个人在 T 时期没被发现,则其税后收入是(假设其税前收入为 1 个单位,申报收入为 X_T 个单位):

$$Y_T = 1 - tX_T$$

如果其逃税行为被发现,他就要支付罚款,包括补缴过去的逃税以及罚款,这样,其税后所得是:

$$Z_T = 1 - tX_T - (\pi+1)t\sum(1-X_i)$$

其中,X_i 表示从 1 到 T 各个时期的申报收入。可见,如果一个人能够明白,逃税行为一旦被发现,其过往的纳税行为都将被追溯和调查,所有逃税都将被追缴和处罚,那么他可能会选择全额申报,不再逃税。

(四) 引入黑市劳动

A-S模型将逃税决定与其他类型的经济选择隔离开来,其优势是可以形成明确且合理的假设,但缺点是有些不切实际。例如,该模型假设逃税决策发生在纳税人坐下来填写所得税申报表的时刻。但事实上,这之前他可能早就已经考虑过逃税的可能性了,甚至,他在分配工作和闲暇或决定他的工作选择时已经想过这个问题了。众所周知,在正常市场赚取工资不易逃税,而在黑色市场劳动容易逃税。这就涉及劳动供给与逃税的关系。为此,有一类研究引入了黑市劳动来分析逃税行为。

假设在一个一期世界中，收入等于消费，效用取决于赚取的收入，则效用函数为 $U(C,L)$，其中 C 表示消费，L 表示空闲时间。同样假设纳税人是风险规避型，Y 和 N 分别为受稽查和不受稽查状态下的消费水平，则期望效用可以写作：

$$E = (1-p)U(Y,L) + pU(N,L)$$

由于总时间 T 由三部分组成：正常市场工作时间 H、黑色市场工作时间 h 和休闲时间 L，即：$H+h+L=T$。

则税前总收入是：
$$W = w_0 H + w_1 h$$

其中，w_0、w_1 分别表示正常市场和黑市的工资率，均是外生给定的。则两种状态下（不受稽查和受稽查）的税收收入分别写作：

$$Y = (1-t)w_0 H + w_1 h$$
$$N = (1-t)w_0 H + (1-\pi)w_1 h$$

利用逃税效用最大化条件，可以发现结论与传统模型一致。

引入黑市劳动的模型是标准劳动力供给模型和 A-S 逃税模型的复合模型。一般来说，复合模型会比局部模型得出更不清晰的结论，但同时会反映出一些联系，一些来自局部模型的结论可以扩展为更一般的情况。引入黑市劳动的模型下，稽查概率和处罚率的提高都会抑制逃税行为，但边际税率对逃税的影响则仍然不明确，正常市场的工作时间下降，必然伴随黑市工作时间或休闲时间的增加，但两者之间如何分配，模型仍然无法预测。

Pestieau 和 Possen(1991)建立了一种不同的模型，探讨逃税与职业选择之间的联系。假设个人可以在成为没有逃税机会的赚取工资收入者和有逃税机会的企业主之间进行选择，那么税收执法越严格，选择成为企业主的人越少。而 Kolm 和 Larsen(2004)提出了一个相当不同的观点，认为只有体力劳动者才有机会进入黑市劳动市场，他们的模型研究发现，对黑色市场的监管越严格，会导致更多的体力劳动者获得教育。这两种观点貌似大相径庭，可能取决于如何界定"企业主"和"体力劳动者"，但实际上结论是一致的，即更严格的执法会使得逃税或进入黑市劳动的机会变得更少，从而促进税收遵从。关于黑市中的逃税分析，更多因素参见拓展资料10-2。

拓展资料 10-2

黑市中的逃税分析

（五）从个体扩展为公司

A-S 模型及对影响因素的扩展分析大多集中于个人的逃税，而非公司。后来有研究者将行为主体从个体扩展为公司。

1. 公司间接税的逃税分析

Marrelli 和 Martina(1988)将 A-S 模型扩展到对公司间接税的逃税研究，并得出了类似于 A-S 模型的比较静态结论。

由于增值税环环抵扣的属性，决定了中间产品的购买者和销售者有对立的利益关系，对间接税逃税形成限制，因而间接税逃税主要发生在最终环节，即产品和服务最终销售给消费者的环节。现假设企业只生产某种产品，产量为 X，以含税价格 Q 销售，每一单位产出支付特定税收 t。企业申报的销售量为 $X-E$，其中 E 是低报的销量。如果被发现的话，企业必须就逃税数额支付罚款 $\pi(E)$，从而 $\pi'(E) > t$（边际罚款必须大于税收），$\pi''(E) > 0$，即边际罚款递增。假定企业风险中性，则预期利润 $E(R)$ 为：

$$E(R) = (1-p)[QX - C(X) - t(X-E)] \\ + p[QX - C(X) - t(X-E) - \pi(E)]$$

其中,$C(X)$表示成本函数,p为稽查概率。

求预期利润对X和E的导数,得:

$Q = C'(X) + t$,该式决定了产量;

$t = p\pi'(E)$,该式决定了低报的数量。

模型分析表明,公司生产决策同稽查概率和罚款函数无关,逃税决策由税率、稽查概率和罚款函数决定。

这意味着如果税率的设计是为了实现某些具体政策目标,不考虑其对逃税的影响,只是用于实现正确的消费者价格,也即税率t已设定,则逃税决策仅仅由稽查概率和罚款函数决定。

2. 公司直接税的逃税分析

企业不仅可以逃避间接税,也可能逃避企业所得税,这可能具有更大的实际意义。Chen 和 Chu(2005)及 Crocker 和 Slemrod(2005)研究了这个问题。这些作者指出,A-S模型的理论框架在这种情况下可能不充分,因为对企业而言,所有权和控制权的分离对理解逃税至关重要。因此,他们在考虑股东与公司经理之间的关系的背景下研究了逃税决策。分析认为,政府对控制企业逃税的影响可能主要取决于谁受到惩罚,是公司股东还是经理人。

大企业的逃避税行为,同个人和小公司是否存在不同?Slemrod(2004)就A-S模型对大公司税收遵从行为的适用性进行了探究,参见专题10-1。

专题 10-1

大公司的逃避税分析

Slemrod(2004)认为,大型企业,尤其是公开上市公司的税收遵从行为区别于个人和小公司,其逃避税行为可能需要一个不同的概念框架。

(1) 风险偏好的差异。个人对风险的厌恶,限制了逃税金额,也限制了最大化利益的实现,因为他们认为惩罚的边际成本大于逃税的边际收益(虽然都是等额的)。这种风险厌恶假设对那些小型企业来说也是合理的,但对大型上市公司来说未必适用。因为股东往往持有多样化的投资组合,这意味着,即使股东不是风险中性的,整个公司也接近风险中性。

(2) 对非经济因素的考虑。许多非经济学家学者和部分经济学家认为,个人的避税选择涉及的不仅仅是成本效益计算,还反映了纳税人的责任感、税收制度的公正性和对政府和政治体制的信任。很多实验和经验证据表明,纳税人的行为可能受到内在动机(公民道德或责任)和外在动机(惩罚的威胁)的影响,实际的征税效率会比基于A-S模型的推测结果高很多。但上市企业的税收遵从行为是否受到公民道德的驱动或威慑之外因素的影响,比如社会公平因素,仍是一个开放性的问题。因为逃税与避税之间的界限往往并不清晰、明确,企业税收筹划是一种创造性的遵从行为。由于税法极其复杂,而且可能存在其他的解释,这对创造性的税收遵从是有利的,促进了避税的合理化。但这一过程也会带来意想不到的影响。

（3）传达（Convey）问题。在一个大型上市公司，激进的税收决策不是由股东直接做出的，而是由他们的代理人，如首席财务官或税务副总裁决定的。股东希望做多大程度的税收规避，需要传达给做决策的管理层。小型封闭企业的所有者可能不存在委托决策的情况，但大型上市公司是需要传达的。为使决策者的动机与股东的利益相一致，股东可以明确或含蓄地将决策者的薪酬与影响股价的平均有效税率或税后公司盈利能力等可观察结果联系起来，或者直接将薪酬与股价挂钩，比如通过授予股票期权或限制性股票。在这种情况下，标准威慑模型所产生的见解可能就不适用了。因为如果对逃税的处罚适用于代理人，公司可以改变与税务决策者的赔偿合同，来抵消税务局处罚政策的预期后果。针对税务决策者或公司本身的执行策略可能会引致公司有不同的行为反应。

思考讨论题：基于上述差异，大企业和小公司或个人的税收遵从程度最终可能产生什么不同？能否得到结论是大企业的税收遵从程度更高或者更低？

三、偏离期望效用框架的拓展研究

A-S模型是基于期望效用理论框架提出来的，存在三个假设：一是假设人们是理性的，会根据期望效用最大化的原则来做出决策；二是假设人们对每个选项的效用函数是线性的；三是假设人们在决策时只考虑期望效用的最大化，不考虑其他因素。对A-S模型的另一个扩展方向，是偏离这样的理论框架，引入其他社会科学明确考虑的某些方面。

进入21世纪以来，许多学者从心理学、行为学等角度对税收遵从模型进行了研究。例如，McCaffrey和Slemrod（2006）首次提出行为财政学概念，以心理学为基础，从公共经济领域研究税收遵从问题。Kirchler（2007）引入经济心理学视角，提出了税收遵从的合作性路径。与期望效用理论模型下的强制性遵从路径完全不同，Kirchler认为税务机关、纳税人和第三方涉税服务机构之间应该建立起既合作、又信任的新型税企关系——伙伴关系，推动纳税人自愿遵从，从而使税收遵从的程度能够最大化。引入其他社会科学的分析视角后，逃税分析的扩展又可以分出两条研究支线：一是仍将重点放在个体上，但基于非期望效用理论；二是关注由社会互动引发的非财务因素的分析（Alm，2019）。

相对于期望效用理论，基于非期望效用理论的分析改变了个体感知的"概率"和追求的"目标函数"。模型变得更为复杂，但税收遵从的预测更为可信。

根据社会互动理论，个体行为受到他所认同的群体的行为的强烈影响（Alm，2019）。有些人的纳税决策可能只受到财务因素的激励，而另一些人的纳税决策则可能受到名誉、社会地位、公平感等社会因素激励。逃税本质上是一种社会现象，不仅仅受个人的财务动机激励，还受到社会环境中纳税人之间互动的影响，这种影响打破了基本模型中税率与逃税行为之间的联系。

该方向的拓展研究正方兴未艾，尚未成熟。

总之,鉴于逃税可能引发的问题涉及方方面面,产生的影响效应复杂而广泛,不同学科视角都对逃税问题开展了分析,其研究也都有其各自的侧重点(Andreoni et al.,1998),参见专题10-2。

专题 10-2

对逃税的经济学分析的不同视角

(1) 公共财政视角。从公共财政视角研究逃税问题,主要聚焦于税收不遵从带来的税负转嫁和归宿问题,以及由此带来的对公平和效率的影响效应。首先,逃税以不可预测的方式改变了收入分配,产生不公平效应。以法定的税收制度为标准,任何逃税行为都会导致不公平。不同的纳税人会因为他们是否参与了逃税活动以及参与程度的不同而获得不同的利益,从而改变纳税人之间的收入分配格局,那些遵纪守法的纳税人所面临的税率以及所有公民能获得的公共服务都会受到负面影响。其次,逃税会造成资源错配,从而影响税收系统的效率。逃税行为迫使政府花费资源来缩减逃税规模。逃税的存在会提供虚假的宏观经济信息、扭曲统计指标,从而误导宏观经济政策,弱化政策调控效果。任何逃税成本及遵从成本都是一种无谓损失。而且,逃税会使得税收扭曲效应的衡量变得复杂:在固定财政需求下,逃税意味着可能需要对申报收入征收更高和更具扭曲性的税款,而未申报的收入则基本可以免于征税,也不产生由此带来的扭曲效应。

(2) 执法视角。从法学角度对逃税的研究,主要关注税收执法问题。与处罚相关的威慑效应和稽查概率都是税收遵从和执法研究文献的核心问题。执法的严格程度,包括稽查率、处罚率的改变,将影响纳税人的逃税行为。与其他执法人员通常从犯罪行为逆向追踪嫌疑人的方式不同,税收执法者往往通过查看税务记录寻找逃税行为的证据。这引致了一些重要的理论和实证研究上的差异。

(3) 组织设计视角。税收执法还涉及组织上的挑战。设计一个执行税收法律的机构需要考虑许多问题。与经典的委托代理问题相似,一个监管能力有限的税务机构如何设计税收、审计和惩罚机制以实现其财政目标?这个问题很复杂,但对于理论和政策都非常重要。

(4) 劳动供给视角。从劳动经济学的视角,逃税可能影响劳动力市场行为。逃税的程度因职业而异,或者说逃税与工资或纳税档次相关,这可能会影响职业选择、人力资本投资和劳动供给。例如,为逃避税收,一些个体可能会进入"黑色"劳动力市场,或部分工作时间在"黑色"市场、部分在正常市场。由此,基于正常市场的标准劳动力供求模型需要作出调整。

(5) 伦理视角。传统上,经济学家对逃税的建模逻辑,是将之作为家庭投资组合中一项新增的风险资产,然而实践中许多家庭的遵从度高于该方法所预测的水平。经济学家开始探索社会科学的其他研究成果,发现能够解释所观察到的遵从水平,例如家庭对于支付税款具有道义感或社会责任感。

近几十年来,在纳税遵从性方面开展了大量研究。纳税申报和执法决策的新模型已被用于研究各种与政策相关的问题,包括执法规则对遵从程度的影响、执法支出的影子价值以及逃税对劳动供应和资本投资的影响等等。此外还有许多关于较狭义的主题的实证研究,如付费报税人在申报决策中所起作用、以往的审计对逃税造成的影响、对不遵从的检测以及赦免等,也开展了许多其他主题的受控实验。

思考讨论题:近年来行为经济学不断发展,从该视角看,逃税也会引发一系列复杂的行为问题。行为经济学视角与上述各视角是什么关系,有哪些研究问题?

第二节 税收遵从成本的测算

一、税收遵从的相关概念

(一) 税收遵从的定义和测量指标

税收遵从(Tax Compliance)通常被理解为纳税人是否依照税法规定自觉履行纳税义务。如果纳税人未能按照相关法律规定履行自己的纳税义务,则称为税收不遵从。

如何界定"依法纳税",即对于税收遵从的衡量,理论界和实务界存在一定的差异。理论界的学术研究中,例如 A-S 模型,以及大多数调查研究和实验室的实验中,都将税收遵从定义为诚实支付税款的行为,即将税收不遵从等同于税款逃避。税务管理实践部门的定义则要具体和广泛得多,包括如实、准确、及时履行税务登记、纳税申报、缴纳税款等所有纳税人义务。

例如,美国科学院指出,税收遵从是指纳税人在符合国家或者当地政府制定的税法、税收条例和地方规章申报要求的前提下,及时准确地申报缴纳税款,履行纳税人义务。纳税人最终是否及时、准确地申报和按时缴纳税款,是判定该纳税人是否税收遵从的必要条件。OECD(2004)对税收遵从的定义包括:正确登记为纳税人,按时完成纳税报告,报告完整和准确的信息,按时纳税。

类似地,也有的定义将税收遵从分为申报遵从、支付遵从和报告遵从(Brown and Mazur, 2003)。还有的定义将税收遵从划分为管理遵从(即登记、报告和时间要求)和技术遵从(即税款是根据法律的技术要求计算的)。可见实务部门对税收遵从更多地关注过程和程序,这同其职能特点是相适应的。

税收遵从情况一般通过比率指标进行衡量,即税收遵从度。税收遵从度是指纳税人税收遵从的程度,基于外在行为表现的测量指标包括:"及时申报"的遵从程度为及时申报率,"准确申报"为申报准确率,"按时缴纳税款"为准期入库率或是欠税情况及滞纳金情况等。

(二) 税收不遵从与逃税、税收缺口

逃税是个法律概念,各国相关法律对其都有明确规定。如前述,逃税一般是指纳税人采取欺骗、隐瞒手段,使其所支付税款数额小于应纳税额的行为。逃税是税收不遵从的最集中体现,也是理论界对税收不遵从的通常界定。但同样地,实务部门定义的税收不遵从不止于此。从更广义理解,税收不遵从还包括合乎法律规定条文、但有违法律精神和意图的避税行为。

税收缺口(Tax Gap)是某一经济规模总量所蕴含的税收与预算实际税收收入间的差距,即应征数额和实际征收数额的差额。从宏观角度看,税收缺口相当于一国的逃税总额,因此有些研究将税收缺口与逃税(额)相互替代。

二、税收遵从成本的测算方法

税收遵从成本狭义上即指纳税人的纳税成本,包括纳税人的时间和交通费用、未付费协助者的时间、税务代理机构的收费、偶然性开支、心理成本等等。相对于其他成本,纳税人所花费的时间和心理成本很难计算,因此纳税成本也被称为"税收隐蔽费用"。

(一) ATAX 的计算公式

估算纳税成本的一种方法是,与税收不存在的情形进行比较,计算需额外耗费的资源。澳大利亚税收研究计划(ATAX)小组识别了在计算纳税成本时应当考虑的一些抵消因素(如现金流量收益和某些纳税成本的税前扣除),把具体评估实践向前推进了一大步。他们提出了测量纳税成本的两个公式:

$$\text{社会纳税成本(SCC)} = \text{纳税人直接货币支出} + \text{纳税人为纳税而花费的时间和各种资源的推算成本} - \text{纳税人的管理利益}$$

$$\text{纳税人的纳税成本(TCC)} = \text{社会的纳税成本} - \text{纳税人的现金流量收益和税收扣除利益}$$

评估模型中涉及的税种包括所得税、资本收益税(CGT)、附加福利税(FBT)、退休养老保证税(SGC)和批发税(WST)以及各种税款征收制度如预扣税制度、临时税制度、预先核定缴税制度和申报缴税制度。

ATAX 将纳税人分为个人和企业两大类,个人纳税人又分为非营业和营业两类。同时,将个人纳税人按总所得水平分为低、中、高三档;将企业纳税人按企业的组织形式和规模大小分为小型、中型和大型企业。

ATAX 对澳大利亚的研究结果与大多数西方国家的研究结果一致,结论包括:第一,纳税成本比较高;第二,纳税成本负担不均衡,收入越低,承担的纳税成本越高,小型企业的纳税成本负担重于大型企业。

(二) 罗娅(2015)的计算公式

中国学者罗娅(2015)根据中国实际情况,结合国际经验,提出了衡量中国企业纳税成本的一个方法:

$$\text{纳税总成本} = \text{办税时间成本} + \text{税务代理支出} + \text{强制性购置支出} + \text{延迟退税的机会成本} + \text{税务交际接待支出}$$

$$\text{纳税总收益} = \text{现金流量收益} + \text{纳税成本的税前扣除收益} + \text{代扣代缴税款的手续费收益}$$

$$\text{纳税净成本} = \text{纳税总成本} - \text{纳税总收益}$$

其中,强制性购置支出是指企业依照税务机关的要求,为履行纳税义务或办税需要而购买(但不含自行购置)的全部物品和服务所花费的货币支出。

现金流量收益(指由于企业从事纳税活动得到的现金流量收益的价值)＝所涉及的税额×平均持续时间×平均利率。平均持续时间根据相关纳税时间的规定确定。例如《企业所得税法》规定,"企业应当自年度终了之日起五个月内,向税务机关报送年度企业所得税纳税申报表,并汇算清缴,结清应缴应退税款",因此企业现金流量收益的持续时间为150天。

$$\text{纳税成本的扣除收益} = \left(\text{税务代理支出} + \text{强制性购置支出} + \text{办税员工薪金支出} \right) \times 25\%$$

$$\text{代扣代缴税款手续费收益} = \text{全年代扣代缴的税额} \times 2\%$$

其中,时间成本的测量是一个难题。用时间来衡量遵从成本,必然涉及时间价值的衡量问题。企业为纳税所支付的时间价值,根据相关劳动类型的工资率计算即可,但对非企业纳税人、没有付费的协助者、自我雇佣的劳动者、小企业主等而言,小时工资率就不再适用。有人根据调查问卷获得个人自我评估的时间价值,有人用成年人的小时平均工资来计算,有人用时间价值的中位值来计算,有人用受制于"现实的"最大值(如研究者设定每小时100元)的个人时间价值来进行计算。

三、税收遵从成本数据的采集

税收遵从成本数据的收集,一般采用直接观察法和问卷调查法。问卷设计尽量简要,同时采取各种可能的方式,如邮寄纸质问卷、发送电子问卷等,以保证回收率。问卷调查选择在一年的恰当时间进行,一般一年最多一次。

对企业而言,税收遵从成本可能难以通过简短的问卷采集到足够数据,需要补充访谈,或者面对面、或者通过电话交谈来补充数据。最好能够与相关税务机构合作来开展调查。

总的来说,税收遵从成本的测量仍是一个挑战,还需不断探讨和完善。普华永道与世界银行联合发布的《世界纳税报告》,便是其中一个探索性工作(参见专题10-3)。

专题 10-3

中国的税收营商环境和遵从成本

2019年11月26日,普华永道与世界银行联合发布了《2020年世界纳税报告》。世界银行《营商环境报告》通过4项指标评估各经济体的税收营商环境,分别为"纳税次数""纳税时间""总税收和缴费率"和"报税后流程指数"。《世界纳税报告》则是通过对《营商环境报告》中纳税指标的详细解读,测量全球190个经济体的中型民营企业在过去十五年中税收营商环境的变迁。

根据世界银行早前发布的《2020年营商环境报告》,中国的营商环境全球排名在2018年大幅提升32位的基础上,2019年再度提升15位到全球第31位,连续两年成为全球营商环境改善幅度最大的10个经济体之一。其中,纳税指标排名提升了9位到第105位,处于稳步上升通道。

《2020年世界纳税报告》显示,中国税收营商环境持续改善,4项纳税指标均稳中

> 有进,其中"纳税时间"从上年度报告的142小时缩短为138小时;"总税收和缴费率"由64.0%降低为59.2%,企业税负明显减轻;"纳税次数"和"报税后流程指数"继续保持稳定,分别为7次和50分。
> 　　普华观点指出,近两年来,中国在纳税次数、纳税时间以及企业所得税更正申报等方面均处于全球较为领先水平,纳税指标总体在金砖五国中位列前三。世界银行对中国在优化升级电子纳税申报和缴款系统等方面所取得的成果也予以了积极评价。
> 　　**思考讨论题**:世界银行评估税收营商环境的这4项指标,可以在多大程度上反映税收遵从成本?

第三节　税收缺口的测量

税收缺口的测量就是对宏观上逃税规模的测量。由于缺乏可靠的纳税遵从信息,测量逃税规模是很困难的。毕竟,逃税是非法的,避税也可能是不道德的,纳税人具有强烈的掩盖逃避税规模的动机。

衡量税收缺口的方法有很多,Alm(2012)将其分为传统方法和现代方法,其中传统方法又包括直接方法、间接方法和模型方法。

一、传统方法

（一）直接方法

第一种直接测量的方法是通过对个人收益的实际审计测量其逃税情况。这是关于个人纳税遵从最准确的资料来源。例如,从1965年到1988年,以3年为一个周期,美国国税局通过其"纳税人遵从评估计划"(Taxpayer Compliance Measurement Program),对大约5万份个人纳税申报单进行了详细的逐行审计。通过与实际申报的项目相比较,能够计算出个人所得税逃税的规模。此后,TCMP被国家研究计划(National Research Program)所取代。其他国家则很少有系统的审计项目。

第二种直接的方法是基于调查证据。在研究调查中,个人将被问及他们的逃税行为。第三种方法是使用税收赦免数据,赦免者的申报收入被用以衡量逃税规模。

（二）间接方法

间接方法是指寻找逃税行为在各种可识别指标中遗留下来的痕迹,从而间接测量逃税规模。

第一种方法是通过可量化指标的差额来估计,如纳税申报单上的收入与国民收入账户上的收入之间的差额,国民收入账户上的收入与支出差额,或者是官方与实际劳动力之间的差额。

第二种方法是在货币交易中寻找逃税的痕迹。这种方法假设真实的经济活动水平可以通过货币与其周转率之间的费雪关系来确定。这一预测的经济活动水平与官方国民账户水平之间的差距,可以用来衡量"影子经济",而影子经济又可以作为逃税规模的一个替代。货币需求方法是与影子经济相关且更为常用的一种方法,它是指将货币需求作为传统因素(如收入、利率)的函数,同时解释变量还包括一些驱动逃税的因素(如直接和间接税收负担、政府监管、税制复杂性)。货币需求的任何过剩,或解释变量无法解释的部分,都被归因于影子经济,进而用于衡量逃税规模。

第三种间接方法假设某些物理投入(如用电量)与"真实"经济活动之间存在一种恒定的关系,通过测量官方产出与利用物理投入预测的真实经济活动之间的差额,可以估计逃税规模。

(三) 模型方法

上述间接方法都只考虑一项指标,并假定这一指标涵盖了影子经济和(或)逃税的所有影响。而模型方法则明确地包含了导致影子经济的多种原因,以及影子经济随着时间推移产生的多种影响。常见的一种模型是动态多指标—多原因模型(Dynamic Multiple Indicators - Multiple Causes)。DMIMC 一般由两部分组成:首先通过测量模型将不可观测变量与观测指标联系起来;然后利用结构方程模型指定不可观测变量之间的因果关系。

但是,所有直接方法、间接方法和模型方法都存在局限性。首先,直接方法中,NRP 的数据有一些公认的缺陷,审计不能发现所有少报的收入,不申报的人通常未被发现;调查方法的数据不够可靠,因为个人可能不记得他们的申报决定、可能不会如实答复,受访者可能不能代表所有纳税人;税收赦免中也只有一些个人选择参与赦免。其次,许多间接方法也存在问题。例如,各种"差额"估计数将所有差异归因于影子经济和(或)逃税;货币需求方法中的许多假设是有问题的。最后,模型方法中,即使是复杂的 DYMIMIC 方法也面临着内生性和因果关系问题。

二、现代方法

现代方法难以被简单归类,作者通过举例对其进行说明。例如,Dubin 等(1990,2007)假设一个人的总收入必定被分为申报收入和未申报(或漏报)收入两部分,通过使用个人纳税申报单上申报的收入作为逃税的代理变量;Pissarides 和 Weber(1989)使用基于消费、Feldman 和 Slemrod(2007)使用基于减税的方法作为逃税的指标;LeMieux 等人(1994)、DePaula 和 Schneider(2010)采用调查方法,研究特定职业的个人参与影子经济的动机。这些研究都缺乏对逃税的直接测量。

此外也涌现了一些更为新颖的衡量方式。Henderson 等(2009)利用从外太空测量的光度来衡量真实的经济活动,将其与官方收入账户进行比较。有些研究从原始资料中收集纳税遵从数据,如 Chernick 和 Merriman(2009)使用废弃的烟盒来衡量烟叶税的逃税情况。

论文概览 10 - 1

征纳合谋、寻租与企业逃税

田彬彬和范子英(2018)指出,在不完善的税收征管体制下,具备自由裁量权的税收征管人员会通过接受贿赂的方式来纵容企业逃税,征纳双方之间的合谋行为事实上

> 是引发税收收入流失的重要原因。基于2010—2014年中国上市公司的微观层面数据,论文从经验上考察了征纳合谋对企业所得税逃税的影响。以企业的业务招待费支出占比作为其贿赂支出的代理变量,研究发现,企业的业务招待费支出占比越高,其逃税程度也越高。同时,由于合谋的动机是为了逃税,业务招待费支出对于企业逃税的提升作用主要存在于名义税率较高的企业,而在享受税收优惠的企业中则不明显。最后,由于反腐败力度的提升增加了征纳双方合谋的成本,降低了合谋的意愿,研究发现,2012年12月中央"八项规定"实施之后,业务招待费支出对企业逃税的影响显著下降。
>
> 资料来源:田彬彬,范子英.征纳合谋、寻租与企业逃税[J].经济研究,2018(5).

第四节 税收赦免分析

赦免作为一种制度,古已有之,最早适用于刑事犯罪。刑事赦免在多数情况下是以执政者签发行政命令的形式加以实施的,目的在于免除或减轻罪犯的刑事处罚。与之相似,税收法律制度中也存在赦免这一制度。

一、税收赦免的含义和种类

(一) 税收赦免的含义

税收赦免(Tax Amnesties)是指对于此前未按规定期限履行纳税义务的纳税人,只要履行赦免方案所规定的义务,就可免除此前未能履行纳税义务而产生的刑事追诉或行政处罚,特殊情况下甚至可以免除部分或全部未履行的纳税义务。税收赦免是日常税收征管工作的补充。

(二) 税收赦免的种类

根据持续时间(Duration)的长短或频率,税收赦免分为一次性或偶然性赦免、常设性(Standing)赦免和永久性(Permanent)赦免。一次性或偶然性赦免仅在某个特定时期有效,这类赦免较为普遍。常设性赦免是指在一个较长时期内赦免政策均有效。其与永久性赦免在世界各国都比较罕见。

根据覆盖面的不同,税收赦免分为可以覆盖所有逃税者、所有时期、所有税基组成部分的税收赦免,以及只针对不同的纳税人、不同时间、不同税额的税收赦免。

根据内容和目的的不同,税收赦免又可分为:建档赦免,即以免除处罚为条件,鼓励未在税务机关建立档案的纳税人到税务机关进行税务登记;修改记录赦免,即以免除处罚为条件,鼓励纳税人修改纳税登记中不符合法定规定的记录;纠错赦免,即以免除处罚为条件,鼓励纳税人修正纳税申报书中的错误;"洗钱"赦免,即免追查赦免,以不调查收入的来源和合法性为条件,要求纳税人履行一定的义务;刑事赦免,即免除违法者的刑事责任的赦免。

美国联合税收委员会(Joint Committee on Taxation,1998)根据宽严程度和赦免范围的不同,将税收赦免分为四种类型:(1) 要求缴纳所有税款、滞纳金(利息)并接受行政罚款,只免除刑事处罚;(2) 要求缴纳所有税款和滞纳金,免除全部的行政处罚和刑事处罚;(3) 要求缴纳过去偷逃的全部或部分税款,免除全部民事和刑事处罚的同时,还免除全部或部分的滞纳金;(4) 免除过去偷逃的所有税款、滞纳金以及本应给予的行政处罚和刑事处罚。从税收赦免方案制订的目的而言,前三种税收赦免在一定程度上都是为了征收纳税人过往少缴的税款,但是第四种税收赦免的目的并不是为了征收过往少缴的税款,因此各国和地区的税收赦免实践中鲜少出现这类税收赦免。

二、税收赦免的原因和目的

税收赦免制度之所以得到使用,主要是为了解决如下问题:

(1) 由于税法本身缺陷或执法不严,导致偷税漏税普遍,法律失去权威,形同虚设。税法本身有缺陷,过于严苛,或是与经济发展不相适应,在现实中难以执行;或是税务机关执法不严,导致违法者众,形成法不责众的局面。在这种情况下,若税务机关对某一些甚至某一个违反者进行处罚,相对来说就是对该违法者的歧视。这时采用税收赦免是比较适当的。

(2) 税法改革,旧法将被新法替代。违反旧法的行为,包括未被发现的,税务机关难以组织人力进行追查,而违反旧法的行为不作了断,可能会影响新法与旧法的衔接。这时采取税收赦免,可较好地解决这一问题。一国在进行税制改革时,特别是由温和转向强硬严厉的处罚时,改革前实施适当的税收赦免,可以提高改革的效率。

(3) 为吸引外逃资金回流,促进本国经济发展。例如,德国、意大利等国的人为逃避国内高税负等原因,通过各种渠道将资金转移到国外。为促使资金回流,德国和意大利都实施过税收赦免,取得了较好的效果。

(4) 执法资源不足,不能追征所有税款。执法人力物力财力不够,没有能力检查所有纳税人。而且社会经济各层面千差万别,从理论上讲也不可能查清所有纳税人的经济状况和纳税情况。因此,税收赦免有助于节省行政资源。

(5) 集聚财政收入。通过赦免,政府能够集聚一部分非正常的财政收入,这在西方国家被称为"大赦收益"(Amnesty Benefits)。从这个角度,西方的税务专家把大赦看成一种"销售"(Amnesties as Sales),通过"销售赦免",换得"赦免收益"。

三、税收赦免制度的发展历程和各国实践

(一) 税收赦免制度发展概况

古代也存在税收赦免,如在中国古代税收赦免被称为"蠲免",多因自然灾害的发生而适用。为了缓解受灾百姓的困难,在赈灾的同时,君主通常会对灾民的各种赋税进行蠲免,因此当时蠲免的目的主要是缓和灾民的经济现状,这与现代税收赦免理论有着本质上的区别。同时,与刑事赦免相同,古代的蠲免体现的是封建制国家中君主的特权。在近代税收国家出现以后,税收赦免去除了君权的影响,逐渐发展出了一套完整的理论,并被世界各国广泛适用。

自20世纪80年代开始,现代西方主要市场经济国家和地区,如美国的许多州政府和爱尔兰、德国、意大利等,以及发展中国家和地区,如印度、阿根廷、印度尼西亚等都一次或多次使用过税收赦免制度,在短期内快速增加了税收收入,并同时实现了特定的社会目标。其

中,德国、印度尼西亚等甚至通过立法的手段将税收赦免上升为一种固定的制度。

由于美国实行联邦制,州政府拥有较强的自治权,各州在执行联邦税制的基础上,也各自执行着州政府制定的税制,因此美国是目前世界上地方性税收赦免实施次数最多、实施规模最大、实施效果最多样的国家。自20世纪80年代以来,美国大部分州和哥伦比亚特区共进行了60余次涵盖所有或大部分税种的税收赦免。甚至州政府之下的一些地方辖区也实施过税收赦免,一些与州政府的赦免方案相同,另一些则自行出台赦免方案。特朗普时期,为促使美元回流,将资金和就业带回美国本土,政府采取"税收赦免"的方式,规定跨国企业为避税而囤积在海外的2.6万亿美元利润,只需一次性缴纳14%便可合法汇回美国;将全球征税体制转变为属地征税体制,对海外子公司股息所得予以豁免,以此吸引在外美企主动回流。但由于其他国家和地区推出更低的税率,效果并不明显。

除美国以外,大多数国家的税收赦免实践都发生在国家层面,在国家层面发生的税收赦免受到更多因素的影响。

我国自新中国成立以来曾出现过两次税收赦免实践,最近的一次距今已有十余年的时间,两次实施实际上并没有发挥税收赦免应有的效果。在东北老工业区,国家税务总局和财政部就历史欠税问题实施过税收赦免,但此次税收赦免的实施目的是免除纳税人全部未履行的纳税义务,因此与一般意义上的税收赦免存在本质的区别。另一次针对外籍人员的个人所得税的税收赦免,由于政府对税收赦免这一法律制度的认识不足、准备不充分等原因,也未能达到既定的目标。

(二) 各国税收赦免实践和经验

(1) OECD成员国的税收赦免成功率明显高于非OECD成员国。多方面的原因造成了这一差异。第一,大部分非OECD国家的财政收入来源并不主要依靠税收,政府对税收不重视、国内的税收制度不完善、纳税人对税法不理解等原因都将影响税收赦免理论的发展和税收赦免的实践。第二,非OECD国家存在比较大的地下经济体系,这也意味着在这些国家中,现金交易为一项重要的支付形式,而对于现金支付的款项,税务机关很难直接进行监管。第三,非OECD国家的税务执法水平不够高。以OECD国家中的美国为例,其税务机关与其他行政机关之间的信息高度共享,并依赖计算机技术对纳税人的各项收入进行监管,而非OECD国家无法达到这样的执法水平,执法力度不足导致对纳税人的威慑不够,纳税人的税收遵从度会大打折扣。

(2) 地理小国的税收赦免成功率明显高于地理大国。税收赦免成功的国家基本都是地理小国,如爱尔兰、新西兰、印度尼西亚等,而作为地理大国的俄罗斯从未实施过成功的税收赦免。这是由于大国内各地区的税收执法情况存在较大的差异,统一的税收赦免制度缺乏弹性,并不能很好地针对各区域的现实情况。

(3) 赦免频率较低的国家税收赦免成功率明显高于频率较高的国家。如意大利可以称得上实施全国性实收赦免次数最多的OECD国家,但是每次税收赦免所带来的赦免收入都不多,其主要原因还是在于赦免发生得过于频繁,纳税人对未来再次发生税收赦免的期望值过高,直接导致历次赦免的参与度低,从而造成税收赦免的短期效果较差。同时,投机心理导致的赦免后税收遵从性的降低,又削弱了税收赦免的长期效果。两方面原因同时作用之下,造成了意大利税收赦免实践的失败。

(4) 税收赦免目的的异化是导致税收赦免失败的一大原因。比如,阿根廷在几次政府更迭期间实施税收赦免,其可能的目的之一就是新政府暗示对旧政府政策的否定态度,赦免目的的政治性导致当时制订赦免方案不够科学,因此阿根廷的几次税收赦免都比较失败。阿根廷在1987年的赦免中规定,投资者在参与税收赦免的同时,应当提取出一部分投资款,该部分资金只能用于所投资企业的固定资产建设,如购入新设备、完善生产线、兴建新厂房等。虽然本次税收赦免在一定程度上减少了投资者的纳税义务,但是由于存在对投资款的特殊要求,实际上增加了投资者的负担,因此也未能达到预期的目标。

总的来说,历史上有众多税收赦免方案获得了成功,但也有失败的情形。税收赦免能否取得成功,有两个因素和条件至关重要:一是机制和方案的设计;二是外在的支撑环境,即税收赦免政策所规定的约束承诺能否在实际运作中得到切实履行。

四、税收赦免的影响效应

税收赦免的影响,既有积极的一面,也有消极的一面。税收赦免的积极影响体现在:

(1) 通过补征税款,增加当期的税收收入。纳税人主动参与税收赦免,履行赦免规定义务,自愿补交欠缴的税款,可以给政府带来一笔当期税收收入。

(2) 促进赦免后的税法遵从。通过明示纳税人赦免后将加强税收征管,提高处罚力度;同时提高服务水平,加强宣传教育,促使税务登记,加强税源管理,减少地下经济,这些都有助于推进未来纳税人的税法遵从。

(3) 降低征税成本。有助于节省执法资源,降低征税成本。

税收赦免的消极影响包括:

(1) 赦免会减少偷税的罪恶感和羞耻意识,降低守法的自觉性。

(2) 诚实的纳税人会感觉不公平,相应降低其守法自觉性。

(3) 相反会让纳税人对税收违法的现状和税务机关的征管不力有清醒的认识,降低守法自觉性。

(4) 一旦纳税人预期未来会再次实施赦免,反而加剧逃避纳税。

总的来说,税收赦免产生的财政收入相对数额不大,若是已经被查出问题的纳税人也适用赦免,再考虑到实施赦免的费用,那么税收赦免产生的实际收益更小。加上上述对其他方面带来的消极影响,从长期来看,税收赦免对财政收入的影响是消极的。一些学者对修改问题开展了研究,参见专题10-4、专题10-5。

专题 10-4

税收赦免的几个相关研究

(1) 对税收赦免收入的影响。Parle 和 Hirlinger(1986)提出人均收入、个人所得税在税收收入中的占比、宣传成本投入、赦免周期长短等因素可能影响赦免收入,并以美国13个州税收赦免政策的相关数据进行了检验,结果发现:赦免收入与赦免周期无关,而宣传成本投入为影响赦免收入的首要因素,个人所得税占比也在一定程度上影响赦免收入的多少。Alm 和 Beck(1993)则通过理论模型分析了赦免方案设计对赦免收入的影响,结论是,若允许过去的逃税者参与赦免,减免逃税利息,提高赦免后的处罚力度,并在赦免期之后增加税收征管执法资金投入,则可以大幅增加赦免收入。

（2）对赦免后税收遵从水平的影响。Alm，McKee 和 Beck（1990）通过实验发现，实施税收赦免后一段时间内，总体税收遵从水平将会下降，此种下降来源于赦免前遵从水平中等的纳税人，那些完全遵从或者完全不遵从的纳税人基本上不会受到赦免的影响。然而，这些对税收遵从水平造成负面影响的因素可以通过增加赦免后的执法力度予以消除，更重要的是，在实验中，赦免与赦免后更大的执法力度相结合，相较于单纯加大执法力度，更能提高纳税人的税收遵从水平。因此，若政府有意推行一种更为严格的税收制度，税收赦免或许可以成为一种有效的过渡手段。同时，对未来再次实施赦免的期待，也将严重降低赦免后的纳税遵从水平。

思考讨论题： 如何综合评价税收赦免制度的影响效应，其适用和不适用的条件是什么？

专题 10-5

我国个税改革中引入税收赦免制度的可行性

我国个人所得税制度存在的制度性缺陷和征收手段缺陷，造成了个人所得税存在大量的逃税现象，面对如此大规模的税收违法现象，税务机关无法对违法纳税人一一进行稽查并处罚。同时，由于我国个人所得税改革的推进，将来的个税征收势必比目前的手段更为严厉。2021 年 3 月，中共中央办公厅、国务院办公厅印发了《关于进一步深化税收征管改革的意见》，其中明确要依法加强对高收入高净值人员的税费服务与监管。随后，不少省份相关文件也有类似表述。未来高收入、高净值人群偷逃税监管将持续成为社会关注热点话题。

在这种现实局面下，税收赦免制度作为一项税收征管策略值得一试。从长远看，一个既有赦免随后又有从严执法的税收改革项目可能有助于提高纳税人的自觉遵从水平。

思考讨论题： 你认为我国个税引入税收赦免制度是否可行？

课程思政

税收是一门强调可行性的学问，一种不可落实的税制是没有多少价值的。通过本章学习，引导学生不仅要追求税收理论的精深，更要关注税收理论的可实施性，重视税收管理中出现的现实问题和实践问题，把学问做到祖国大地上。

本章小结

经典的逃税模型是 A-S 模型。研究者从收入类型、税率、稽查概率、企业纳税、地下经济、税收征管成本等诸多方面进行了拓展。随着行为经济学的兴起，对逃税的研究也突破了期望效用理论框架，通过引入社会科学的视角和方法进行了拓展。

税收遵从成本的计算非常复杂,且富有争议。衡量税收缺口的方法可分为传统方法和现代方法,其中传统方法又包括直接方法、间接方法和模型方法。

税收赦免是日常税收征管工作的补充。税收赦免能否实现目标,取决于赦免方案的设计和外在的支持环境。税收赦免的影响既有积极的一面,也有消极的一面。

复习思考题

1. A-S模型的具体内容是什么?存在什么问题和缺点?
2. 对A-S模型的扩展有哪些研究工作?
3. 税收遵从问题的缘起是什么?
4. 税收遵从概念和逃税有什么联系和区别?
5. 税收遵从成本怎么测量,有哪些思路?
6. 如何测量逃税?有哪些传统方法和现代方法?
7. 什么是税收赦免?有哪些不同的赦免形式?
8. 各国税收赦免的实践情况是怎样的?
9. 我国实施税收赦免的情况和效果分别怎样?
10. 税收赦免的目的是什么,有哪些具体的动机?
11. 怎么看税收赦免的短期效果?影响税收赦免短期效果的因素是什么?
12. 税收赦免的长期效果是什么?哪些因素影响其长期效果?
13. 税收赦免方案取得成功的条件是什么?

第十一章

税收的行为经济学分析

名人名言

只要是交给一个友好的政府,我愿意纳税。 ——狄克·格里高利

最令人气愤的是要比自己的邻居多缴税。 ——威廉·配第

我就我的收入纳税,这是我生命中最重要的事,让我感到无上光荣。 ——马克·吐温

教学目标

通过本章学习,理解行为经济学与传统经济学的基本区别是什么;哪些税收问题可以通过行为经济学视角得到更好的解释;行为经济学的引入,给税收政策制定和管理带来哪些挑战。

近几十年来,人们越来越认识到,公共领域的问题从来都不是科学的问题,或统计数字的问题,而是主观认识的问题、意识和想象的问题。在社会领域,民众的主观感觉才是最主要的客观事实。因此,在讨论税收问题的时候,看似准确的数字,其实并不像官员、专家们想象的那样重要;相反,要看民众是如何感知自己的税负的。作为社会科学领域"新人"的行为经济学近年来快速发展,为从这样一个"感知"的视角分析税收问题提供了理论支持,但同时也带来了颠覆性挑战。经济学"重镇"哈佛大学一门课程的任课教师交接一事,就是一个信号(参见专题11-1)。

> **专题 11-1**
>
> ### 曼昆"交棒"
>
> 2019年3月22日,哈佛大学经济学教授格里高利·曼昆(Gregory Mankiw)在自己的博客发表了一篇题为"交过接力棒"(Passing the Baton)的博文,宣布自己将在该学期末结束之后不再教授本科生的《经济学原理》课程。这意味着,长达十四年的"曼昆经济学时代"将宣告结束。[①]
>
> 本来,任课教师的调整在高校里是再寻常不过的事情,但曼昆的这次"交棒"却引发了各界的关注。不仅哈佛大学的校报《哈佛红》(Harvard Crimson)对该事件进行了

[①] 资料来源:陈永伟. 曼昆交棒[EB/OL]. 经济观察网(eeo.com.cn),2019-04-11. 本书作者作了缩减和改编。

专门报道,就连很多公共媒体也对此予以了关注。一些观点甚至认为,曼昆"交棒"事件是现代经济学发展史上的一个里程碑,这标志着以哈佛为代表的主流经济学开始对自身进行反思。

为什么一个高校的任课教师调整会引来如此之多的关注和解读? 其原因就在于,曼昆这个教授并不是普通的教授,而他所教的课程更不是一门一般的课程。

(一) 曼昆其人

哈佛是经济学的"重镇",能在哈佛执教的经济学家都可以算得上是同行中的佼佼者。然而,即使在如此高手云集的地方,曼昆也显得极为突出。

在学术界,曼昆最早以新凯恩斯主义"旗手"的形象闻名。20 世纪 80 年代,曼昆和自己的合作者一起完成了多篇关于凯恩斯主义微观基础的论文,奠定了其新凯恩斯主义领军人物的地位。20 世纪 90 年代以后,曼昆将关注的目光转向了经济增长理论。在标准的增长模型中纳入人力资本要素,开创了增长经济学的一个子领域。

当然,无论是对新凯恩斯主义的贡献,还是对增长理论的贡献,都只能让曼昆成为一位业内知名的学者,真正让他成为公众名人的还是那本著名的《经济学原理》教科书。

经济学历史上最有名的教科书,除了萨缪尔森的《经济学》,就当属曼昆的《经济学原理》了。因其特别通俗易懂,成为最受读者欢迎的教科书。而曼昆这个名字,也随着这部教科书逐渐被广大公众知晓。在公众眼中,曼昆这位写出"爆款"教科书的经济学家已经不再是一位单纯的学者,而是主流经济学的代言人,或者说,就是主流经济学本身。

(二) EC10 的前世今生

在哈佛大学的课程列表上,《经济学原理》的课程号是 EC10。这是唯一一门开设给哈佛大学所有本科生的经济学通识课,课程设置的目的是给跨学科的学生提供有关经济问题的背景知识。由于大部分修课学生此后并不会选修经济学的专业课程,因此这门课的内容就会成为他们对整个经济学的全部认知。

EC10 的历史十分悠久,从 1896 年就开始设立,当时的课程名叫"经济发展讲座" (Lectures on Economic Development)。最初,EC10 的授课教师并不固定。但从 20 世纪 60 年代开始,这门课的授课教师逐渐走向了"垄断"。

第一位"垄断者"是奥拓·埃克斯坦(Otto Eckstein),在 EC10 的讲台上一站二十多年。在埃克斯坦时代,EC10 一改原来的跨学科研究风格,开始变得越来越"经济学化",而课程的关注点也逐渐从经济发展转向了对具体经济政策的分析。伴随这种改变,这门课的课程名也从"经济发展讲座"变成了"社会分析"(Social Analysis)。20 世纪 60 年代正值美苏冷战,因此对比资本主义和社会主义这两种经济制度的优劣也成为课程讲授的一个重点。为此,修课的学生被要求阅读大量古典经济学家和马克思主义经济学家的原著。

20 世纪 80 年代,菲尔德斯坦拿过接力棒,成为第二位 EC10 的"垄断者"。作为用经济学研究公共政策的代表人物,菲尔德斯坦比埃克斯坦更加突出了公共政策分析在整个课程中的位置。由于菲尔德斯坦认为如果在一个导论性的课程中过于强调各种学派的观点差异会让学生产生混淆,于是删除了课程中对马克思主义经济学和奥派经济学的讲授内容。从这时开始,主流经济学成为EC10的唯一指导思想。

菲尔德斯坦又"垄断"了EC10二十年。从2005年开始,EC10的接力棒交到了曼昆手里,课程名也被改为了"经济学原理"(Principles of Economics)。从这个时候起,EC10成为一门完完全全的经济学课程。凭借本人的超级人气,以及课程本身的光环,曼昆很快让EC10成为整个哈佛大学最受欢迎的课程。由于选课人数过多,一般教室难以容纳,因此授课地点被安排在了校内的歌剧院里。

(三) 曼昆之过?主流经济学之过?

然而,在赢得超高人气的同时,曼昆的经济学课程也受到了很多质疑。前几年,这种反对声音曾十分高涨,甚至还一度发生过学生集体罢课的事件。尽管曼昆本人并没有透露自己的"交棒"是否与这些激烈的反对相关,但很多人认为,这两个事件之间应该存在很大的关联。

反对者们认为,曼昆的经济学课程刻意忽略甚至压制除了主流经济学之外的其他经济学流派观点,不够关注现实,对现实中的重要问题视而不见。受初学者理解和洞察能力所限,这些批判本身也存在一些问题和误解,但确实有些道理,指出了主流经济学存在的不少问题。尽管以新古典经济学为代表的经济理论从总体上依然具有强大的解释力,但对一些特殊问题的解释力度还不够强;在表述上,也似乎越来越追求建立一个像物理学一样的理论体系,原本关心的实际问题被打散到了这个理论体系的各个部分,使得初学者难以理解自己所学的知识到底有什么用,继而误解经济学是"屠龙之术"。

(四) 曼昆之后

在曼昆宣布"交棒"之后,哈佛大学教务部宣布将由詹森·福尔曼(Jason Furman)和大卫·莱本森(David Laibson)共同接管EC10的教学。

福尔曼是曼昆的弟子、肯尼迪政府管理学院的教授,其优势是拥有极为丰富的政策实践经历。事实上,从1996年毕业起,福尔曼就辗转于政府和各类咨询机构,并曾担任过白宫经济顾问委员会主席、奥巴马政府的首席经济学家。显然,如此丰富的政策实践经历,对于急于了解现实,想知道如何用经济学知识来解释、解决现实问题的经济学初学者,是十分合适的。

与福尔曼相比,莱本森则是一个十足的学院派。在长达二十年多的教学研究经历中,他的关注点一直在行为经济学及其应用。由于莱本森本人是一个不算太主流的"行为经济学家",因此由他出任EC10的教学将会有助于学生用更多、更广的视角来审视经济问题。

从对福尔曼和莱本森这二人组的选择上不难看出,哈佛校方对EC10这门入门课程的规划思路,更关注现实、引入更多的视角将会成为这门课的发展方向。作为经济学的"重镇",哈佛对EC10的这次调整应该会为整个经济学界带来十分有益的启示。

思考讨论题: 作为经济学的"重镇",哈佛对EC10的这次调整有什么重大意义?预示着未来经济学什么样的发展方向?

第一节　行为经济学的基本观点和理论

一、行为经济学的一般观点

作为社会科学领域的一个新兴学科,行为经济学起源于赫伯特·西蒙(1955)关于"有限理性"的开创性工作,并通过丹尼尔·卡尼曼和阿莫斯·特夫斯基(Kahneman and Tversky, 1979)、理查德·塞勒(Thaler, 1980)等的研究工作得到了极大的推动和发展。

(一) 传统经济学的主体假设

正如期望效用理论模型所显示的,传统经济学研究多依赖"理性经济人"假设,其基本观点是人都是完全自利的,且能够做出完全理性的决策。传统经济学对行为主体的特征有如下五个标准假设:(1) 有连贯一致的偏好;(2) 期望实现效用最大化;(3) 是工具理性的,即关心如何以最优手段达成目标;(4) 是在成本—收益计算和(或)战略合理基础上进行决策的;(5) 是自利的。然而,行为经济学家的研究发现,这些标准假设并不是对现实中其如何思考和选择的准确描述。

行为经济学家主要从两个方面进一步审视这些假设:首先,他们认为标准假设违反实际,它既不真实也不可用作建模假设。传统经济学之所以作如上简化,目的只是使得模型容易处理,并不代表这些假设是真实、准确的。其次,经济主体偏离这些假设的方式是有规律可循的,这个规律也是可识别的,因而人们的行为方式是可预测的。行为经济学家对现实生活中人们如何思考、选择、决定和行动收集了许多经验证据,对其偏离标准假设的行为倾向进行了预测和总结。

(二) 行为偏离原因

2017年诺贝尔经济学奖得主、芝加哥大学教授理查德·塞勒将人们的行为对标准假设的偏离分为三种类型,即个人不能做出最优选择的原因包括有限理性、缺乏自我控制以及非标准偏好(Thaler, 1980)。

1. 有限理性(Bounded Rationality)

有限理性表现为个人不善于发现最优选择,个人难以理解什么是最优的。一方面,个人经常只投入有限的注意力用于选择,这导致他们比起全面的优化者更喜欢局部的最优化。另一方面,个人的计算能力有限,在试图最优化过程中会碰到困难。心理账户(Mental Accounting)是个人未能进行最优选择的一个例子(Thaler, 1980)。这方面的例子还包括框架效应、有限注意力、菜单效应、小数定律、投射偏误、过度自信等等。

2011年诺贝尔经济学奖得主、普林斯顿大学讲席教授西姆斯(Christopher Sims)在2003年提出的"理性疏忽"(Rational Inattention)理论,可以视为对塞勒"有限理性"理论的一个补充。西姆斯教授认为,人类大脑与计算机一样,注意力与信息处理能力都是有限的。正因为人们的时间和脑力是有限的,人们在进行经济决策时需要内生地选择如何分配注意力来获取并处理各类信息从而最优化自身的目标。这就是理性疏忽理论的基本假设。"理性疏忽"可视为"完全理性"与"非理性"之间的一种中间状态,它既未能达到完全理性那样的周全,也不是不理性或感性,而是有理性地疏忽。这种状态其实覆盖了现实生活中绝大多数的决策行为。正因如此,"理性疏忽"理论一经提出就被广泛应用于宏观经济学与金融学领域。例如,它能够有力解释价格粘性的微观基础、劳动力市场搜寻与匹配摩擦的产生机制、货币政策的滞后效应等重大问题。在日常生活中,餐馆的菜单价格并不是实时变化,而是半年甚至一年才更新一次,经济上称之为"价格粘性"。针对"价格粘性",传统经济学的解释是商家要控制印刷菜单的成本;而在"理性疏忽"理论看来,这是由于商家不可能随时完全掌握决定价格的相关信息造成的。因为商家获得的市场信息是总是有约束、受限制的,在决策时存在一定的滞后。理性疏忽同前面塞勒所指的有限理性存在关联,是有限理性的组成部分。

2. 有限意志力(Bounded Willpower)

另一方面,个人只能做到有限的自我控制,实现自我意图有困难,因此不能成为有效的最优者。例如,人们常常用购物代替储蓄,吃甜点代替吃沙拉,看电影代替去健身房。

3. 非标准偏好(Non-standard Preferences)

研究发现,人们的实际偏好甚至与标准模型的假设也不一致,也就是说,个人所要的并不是经济学家们通常假设的。这表现在两方面:一是关心他人的偏好,有限自利(Bounded Self-interest)。人们并不总是完全自私自利的,而是会关心他人的福利并且关心公平公正(Andreoni and Miller, 2002; Kahnemen, Knetsch and Thaler, 1986)。二是参照依赖(Reference Dependence),人们的偏好往往会围绕某个参照点形成。

二、行为偏离方面的主要理论

(一) 前景理论

前景理论(Prospect Theory),也有翻译为"预期理论"或"展望理论",意指在不同的风险预期条件下,人们的行为倾向是可以预测的。前景理论是由 2002 年诺贝尔经济学奖得主丹尼尔·卡尼曼(Daniel Kahneman)和已于 1996 年去世的特维斯基(Amos Tversky)提出的,主要是探讨不确定性下的人为判断和决策行为特征。他们对决策者的心理基础做了详细的检验,建立了前景理论体系,现已成为各领域,尤其是公共政策领域决策行为分析必不可少的工具。

前景理论将人的决策过程分为两个阶段,一是信息的收集和处理阶段,二是评估与决策阶段,并认为人类的判断和决策在这两个阶段都存在各种错误。

1. 信息的收集和处理阶段

为评估决策的需要,人们通常在第一阶段对事件进行预处理。个体凭借"框架"(Frame)、参照点(Reference Point)等,对信息进行简化和重新编码,包括编码、分解、删除等操作。在这个过程中,关于如何理解事物,或进入什么样的心理过程,可能存在偏见,导致出现违反逻辑和一致性规律。在人们的决策中观察到的很多异常都源自这一阶段。前景理论通过大量实验和效用函数的运用,概括出人们行为的几种特征:

(1) 确定性效应。确定性效应是指人们在确定的收益与"赌一把"之间往往选择确定的收益。大多数人在面临获利的时候,不愿意冒险,所谓"见好就收,落袋为安",因此称之为确定效应。

(2) 反射效应。反射效应是指当正负前景的绝对值相等时,在负前景之间的选择与在正前景之间的选择呈现镜像关系,与确定性效应对应,人们往往在确定的损失与"赌一把"之间选择"赌一把"。大多数人在面临损失的时候是风险喜好的。

(3) 损失规避。损失规避是指人们对损失和获得的敏感程度不同,损失带来的痛苦要大大超过获得带来的喜悦,可能失去的东西的价值往往高于可能带来收益的东西的价值。因此,决策者如果要放弃现有物会要求用很大的回报作为补偿,前景理论称之为现状偏爱。作为前景理论的核心概念,损失规避在解释无风险选择时被广泛应用。

(4) 小数定律。小数定律是人会迷恋小概率事件,有把从大样本中得到的结论错误地移植到小样本中的倾向。大多数人在判断不确定事件发生的概率时,往往会违背概率理论中大数定律,而不由自主地使用"小数定律",即滥用"典型事件",忘记"基本概率"。买彩票是赌自己会走运,买保险是赌自己会倒霉。虽几率都微乎其微,可还是有很多人心存侥幸搏之。人们知道掷硬币的概率是两面各50%,于是在连续掷出5个正面之后就倾向于判断下一次出现反面的几率较大。这一点已被大量的实验和证券市场上的错误预测所证实。

(5) 参照依赖。人们在评价事物时,总要与一定的参考物相比较,当对比的参考物不同时,即使相同的事物也会得到不同的比较结果。因此,人们对效用的判断往往由与参考点相关的收益或损失来决定,而不是最终的价值水平,在"他人一年挣6万你年收入7万"和"他人年收入9万你年收入8万"的选择题中,大部分人会选择前者。由于参考点的动态变化,投资者在收益区也可能表现出风险偏好,在损失区也可能表现出风险厌恶。

2. 评价和决策阶段

不同于新古典理性选择模型(von Neumann and Morgenstern,1944;Savage,1954),卡尼曼和特维斯基认为,人们的效用函数并不遵循逻辑上一致的选择和决策协议,而是依赖价值函数和主观概率的权重函数,对每一个被整理过的前景予以判断,并做出决策。

卡尼曼和特维斯基把他们的效用函数称作"价值函数",以区别于传统的期望效用函数。价值函数的自变量为决策者的损益水平,因变量是价值即效用。由于前景理论中的决策者对风险的偏好不是一致的,亏损时决策者是风险爱好者,函数是凸的,盈利时决策者是风险厌恶者,函数是凹的,决策者的偏好不一致导致函数呈S形,决策者对损益的评价递减。由于决策者对损失比盈利更敏感,损失曲线要比收益曲线陡峭,函数不对称(见图11-1)。价值函数的不对称性表示决策者偏爱自己现在所拥有的东西,如果失去对他们打击很大,卡尼曼称之为损失厌恶。

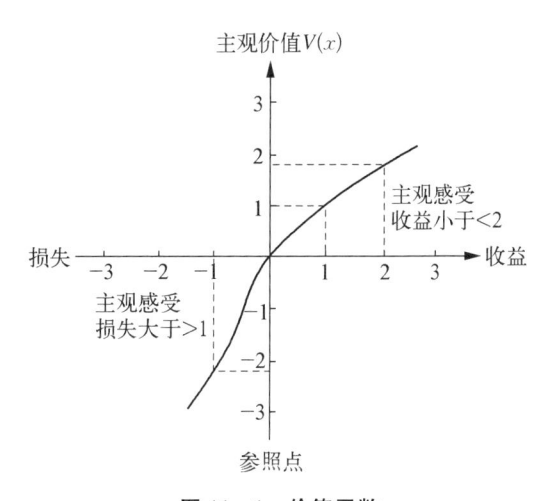

图11-1 价值函数

卡尼曼和特维斯基认为,人类行为本身并不总是理性的,在不确定性情况下,人的思维过程会系统性地偏离理性法则而走捷径,人的思维定式、表象思维、外界环境等因素,会使人出现系统性偏见,采取并不理性的行为。总的来说,人们通常没有能力对环境做出经济学的和概率推断的总体严格分析,人们的推断往往靠的是某种顿悟或经验,所以经常导致系统性偏差。

(二) 双曲贴现——有限意志力

双曲贴现(Hyperbolic Discounting),又称非理性折现,是指人们宁愿要金额较小的眼前酬劳也不要金额较大的日后报酬。这个现象描述折现率并不是一个不变量,具体是指人们在对未来的收益评估其价值时,倾向于对较近的时期采用更低的折现率,对较远的时期采用更高的折现率。

该理论在其他许多领域也有应用,例如药物依赖、赌博等关于自我控制的行为。人们面对同样的问题,相较于延迟的选项更倾向于选择及时兑现的选项。在决定要做出什么样的选择时,延迟的时间是一个重要的考虑因素。

(三) 心理账户

1980年,芝加哥大学教授理查德·萨勒(Richard Thaler)首次提出"心理账户"(Mental Accounting)概念,用于解释个体在消费决策时为什么会受到"沉没成本效应"的影响。萨勒认为,人们在消费行为中之所以受到"沉没成本"的影响,一个可能的解释是卡尼曼教授等提出的"前景理论",另一个可能的解释就是推测个体潜意识中存在心理账户系统。人们在消费决策时把过去的投入和现在的付出加在一起作为总成本,来衡量决策的后果。这种对金钱分门别类的分账管理和预算的心理过程就是"心理账户"的估价过程。

在经济学账户里,每一块钱都是可以替代的,只要绝对量相同。在心理账户里,对每一块钱并不是一视同仁,而是视不同来处、去往何处采取不同的态度,因而影响着人们的消费决策。心理账户有三种情形:一是将各期的收入或者各种不同方式的收入分在不同的账户中,不能相互填补;二是对不同来源的收入持不同的消费倾向;第三种情形是用不同的态度来对待不同数量的收入。

举个例子。2008年金融危机时,美国的汽油价格大幅度下降,在短短几个月内下跌幅度超过了50%。按照正常的经济学原理,美国的消费者从汽油价格下跌中得到了好处,应该会减少在汽油方面的开支,同时增加在家庭其他方面的开支(比如食品、衣服、度假等)。对任何一个家庭来说,在汽油方面支出的1美元,与在食物或者家具方面支出的1美元没有任何区别,一个理性的家庭,会对家庭开支进行统筹安排。但是研究(Hastings and Shapiro, 2013)显示,在这段时间里美国家庭在汽油方面的开支占家庭总开支的比例非但没有下降,反而有所上升。原因在于,当汽油价格下跌后,大多数美国人都选择了购买更好的汽油。比如,本来一名司机习惯买92号汽油,在汽油价格下跌后他选择去加95号汽油;本来习惯加95号汽油的,现在升级去加98号汽油。

这种现象一度让经济学家感到困惑,但是用"心理账户"就不难解释这种行为。对这些司机来说,他们脑中有一个被分割开来的"加油账户",比如每月500美元,当汽油价格下跌时,司机们忽然觉得相同的500美元可以买到更好的油,因此做出这种选择似乎也就可以理解了。

(四) 框架效应

框架效应(Framing Effect)是指因情景或问题表达的不同而对同一组选项做出不同选择。

卡尼曼和特维斯基于1981年提出框架效应,该效应是指人们对一个客观上相同问题的不同描述导致了不同的决策判断。1986年,他们通过研究医疗决策行为验证了框架效应的存在,其所举的经典例子是亚洲疾病问题:要对付一种罕见的亚洲疾病,预计该疾病的发作将导致600人死亡;现有两种与疾病作斗争的方案可供选择,假定对各方案所产生后果的精确科学估算如下所示:

情景一：对第一组被试（$N=152$）叙述下面情景：

采用 A 方案，200 人将生还。（72%）

采用 B 方案，有 1/3 的机会 600 人将生还，而有 2/3 的机会无人将生还。（28%）

情景二：对第二组被试（$N=155$）叙述同样的情景，同时将解决方案改为 C 和 D：

采用 C 方案，400 人将死去。（22%）

采用 D 方案，有 1/3 的机会无人将死去，而有 2/3 的机会 600 人将死去。（78%）

但实质上情景一和二中的方案都是一样的，只是改变了一下描述方式而已。但也正是由于这小小的语言形式的改变，使得人们的认知参照点发生了改变，由情景一的"收益"心态到情景二的"损失"心态。即是以死亡还是救活作为参照点，使得在第一种情况下被试把救活看作是收益，死亡看作是损失。按不同的参照点，人们对待风险的态度是不同的。面临收益时，人们会小心翼翼选择风险规避；面临损失时，人们甘愿冒风险倾向风险偏好。因此，在第一种情况下表现为风险规避，第二种情况则倾向于风险寻求。

亚洲疾病问题的例子很清楚地说明了框架效应的存在：相同的客观问题，通过变换框架，将得到可预知的不同结果。

总之，个人并不总是如标准理论所设想的理性、结果导向、自我控制、自私和利己主义的消费者。行为经济学将这些偏离标准假设的情况作为一个更现实地看待个人如何做出选择的出发点。到目前为止，大量的实验和现实世界观察到的证据（Camerer，2000）——由常识支持——证实了个人并不总是以与标准假设一致的方式思考和行动（List，2004）。

当然，对行为经济学有各种批评，如缺乏单一的统一行为理论、难以判断政策对社会福利的影响、与总体（或市场）行为相比它更注重个人行为，以及许多行为见解的家长式专断的影响。事实上，行为经济学建立在对标准假设的拒绝之上，而不是建立在肯定或接受任何关于人类行为和思想的特定替代理论之上。鉴于此，必须谨慎地将行为模型扩展到新的领域。但也有令人信服的理由继续前进，人们正越来越多地接受行为经济学，认为其可以帮助我们提高对个人和群体行为的理解。

论文概览 11-1

有限理性的税负感知与卷烟消费税率调整

烟草税政策的逻辑是，适当提高卷烟价格不但可以降低卷烟的消费，同时还能增加政府的财政收入。张海峰等（2021）借助 2015 年卷烟消费税率调整的政策冲击，检验了有限理性的税负认知与"替代转移效应"如何弱化税收对消费的调节功能，形成分层式效果。当政府采用从价税率进行价格调节时，消费者个体的税负感知度不足会弱化税收调节机制的作用，税负感知度越不敏感，对税收调节机制的弱化越大。同时，当行业产品可供选择的种类与价格类型较多时，价格调节还会引发商品消费"替代转移效应"，即较低收入人群出于保持消费惯性而转移消费较低价位卷烟，这种效应既削弱了税收的价格调节功能，也会导致这类人群的健康水平进一步下降，加剧人口健康不平等。当税负感知度与内部消费的"替代转移效应"共同作用时，可能会造成税收对消费需求的调节机制失效。

> 税收调节机制的失效使得无法矫正消费外部性,诱发居民消费需求的扭曲,形成似是而非的"理性消费",即消费者从理性角度出发而做出非理性消费行为,也影响到以税收政策引导消费结构升级战略目标的实现。因此,在深化财税体制改革的进程中,需高度重视并积极规避因税收认知不足与商品内部"替代转移效应"而带来的弱化效应,根据不同行业类型与产品特性相机抉择地调整税制结构设计,发挥税收认知理论的因势利导作用。
>
> 资料来源:张海峰,林细细,梁若冰.遵循普遍合意法则的有限理性消费行为选择——税负感知度与"替代转移效应"视角[J].管理世界,2021,37(2).

第二节 行为经济学视角下的税收

行为经济学通过心理学和经济科学的结合,修正了传统经济学关于"理性经济人"等基本假设的不足,从而发现传统经济学模型中存在的缺漏和偏误,也为重新解读税收制度和政策提供了不一样的视角。

一、行为经济视角对逃税模型的解读

如前述,期望效用理论模型存在"税收遵从之谜",A-S模型面临无法有效解释现实的困境。而行为经济学理论中的有限理性、有限意志力和非标准偏好,为该困境的存在提供了新的解释。

(1) 纳税成本和收益的判断。期望效用模型假设个人是基于对逃税所能获得的收益以及逃税被抓而导致的被罚等成本进行权衡做出决策。标准模型假设个人能够充分意识到这些成本和收益。但事实上,由于有限理性、有限计算能力,个人经常不能准确评估和计算他们行动的真正成本和收益。

(2) 时间偏好。对成本的收益的估算还涉及一个折现的考虑因素。人们不进行指数折现,而仅仅进行折现——准双曲函数形式才能对其进行更好描述。具体而言,有一种即时效应导致,当一个人必须在即时评估的成本/效益与未来的成本/效益之间作出选择时,贴现率就会很高。由于时间或认知能力的限制,个人可能无法开展标准优化所要求的所有计算,为此他们可能会采用"经验法则"使自己获得"满意"而非最优的结果。

(3) 损失规避。许多个人对收益的反应与对数值虽相等但为价值损失的反应大相径庭。因此,个人可能基于"价值函数"而不是期望效用理论模型中的效用函数行事。价值函数假定取决于某些"参考点"的收入的变化,而不是收入本身的水平。价值函数也假定对损失的反应比对收益更陡峭,因为收入的损失远比同等的收益不受欢迎,因此当遇到有风险但肯定有收益的赌博时,个人可能表现出规避风险的行为,而当遇到涉及(净)可能损失的赌博时,同一个人可能成为风险爱好者。因此,即便对于同等数额的税款缴纳,也可能因预缴等方式的不同,导致纳税人不同的行为反应。

（4）稽查概率的感知。在不确定性情况下的个人行为，其实会受到个体对概率的感知方式的影响。有相当有力的证据表明，个人会"高估"他们在某些情况下面临的低概率，如税收稽查的概率；即使在充分知情的情况下，个人也会系统地采取行动，就好像他们面临的税务审计或稽查概率远远高于其实际水平。更一般地说，个人可能会基于"主观概率"行事。

（5）非经济因素的激励。同期望效用理论描述个体只考虑经济因素不同，个人往往受广泛的因素的激励，包括自我利益（狭义定义的），但也受更多源自群体因素的概念的激励，如公平、利他主义、互惠、共情、同情、信任、内疚、羞耻、道德、异化、爱国主义、社会规范、社会习俗、税收道德、内在动机和许多其他目的。这些动机（例如内疚）通常是通过在个人的目标函数中引入额外的元素（例如，通过增加与逃避自己的税收义务有关的非金钱或精神成本）来建模的。

（6）框架效应。有时候，个人的决定还取决于选择是如何呈现的，一些纳税方案会导致一些个人的反应偏离新古典所预测的个体行为，这就是"框架依赖"。框架依赖通常与个体的某种心理倾向或某种认知限制有关。个人可能已然适应了某种特定的环境，并感知了相对于这个环境的刺激，从而对这个环境形成依赖。

二、行为经济学视角对最优税制的理解

从经济学视角看，税制关注的焦点便是理解税收对福利的影响，以便更好地设计出最有效率和最公平的税制。为此经济学家建立了有关超额负担和税负归宿的模型，并在这些模型的基础上推导出了最优税收理论的结果，比如 Ramsey（1927）模型中的商品税和 Mirlees（1971）模型中有关对劳动的征税。在把这些模型运用到实际的政策设计中时，往往会通过"拇指法则"的方式把这些理论结果结合起来，即"好的"税收应该是简单的、宽税基和低税率的税收，要对相对缺乏弹性的商品课征等等。然而，这些模型能产生什么样的结果，从根本上取决于个人如何对税制做出反应。

1. 弹性

在标准模型中，影响税收效率和税负归宿（Tax Incidence）的关键因素是弹性。但弹性仅仅是行为反应的参数化体现。行为经济学表明，人们如何对税收做出回应，并不像标准模型的假设那么直接和简单。非完全理性的人在对税收做出反应时会受到心理因素的调节。个人不是对设定的税率，而是按照他们自己所理解的税率做出反应。因此，有必要重新思考税制简化问题。

2. 简化

从税收的标准福利分析中得出的实用设计规则之一是，如果其他条件不变，简化是税收政策的一个目标。这部分是因为简化与效率有关，设计宽税基、低税率的税制效率相对较高；部分也来自复杂性对税收遵从和征管成本的影响，税法越复杂，遵从成本越高，税务部门管理成本越高。行为经济学考虑了那些针对复杂税制的行为反应，结论与标准理论的结论有些微差别，甚至在某些情况下可以推翻那些结论（Congdon et al., 2009）。例如，鉴于不完全理性的纳税人可能不能准确觉察到复杂和不透明的税法，决策者可以通过故意操纵税收显著性（Tax Salience）来改善福利结果（参见专题11-2）。另一个机会来自税收复杂性与税收公平之间的关系，最公平的税法往往不是最简单的。行为经济学强调个人也关心他人的

福利,关心产生结果的过程的公平性。因此,采用有一定复杂性的税制有利于实现更高程度的公平。

> **专题 11-2**
>
> **复杂性、精明度筛选与政策效率**
>
> Congdon et al.(2009)指出,一个与税收复杂性相关而且单独考虑的是精明程度。例如,教育投资的社会回报很高,因此对教育投资进行税收抵免是可取的。但教育的社会回报存在的个体差异与他们感知税收的敏锐性相关。假设存在两类人:一类聪明人,教育投资具有社会回报;一类不够聪明,教育投资只有私人回报。政府可以采用不同的税收抵免政策,简单的税收抵免政策允许每个人都参与,政府对两类人均进行补贴;复杂的税收抵免政策只有聪明的人也就是具有社会回报的人才能理解并获得补贴,这样就提高了补贴的目标效率。
>
> **思考讨论题:** 你如何看待行为经济学在政策实施对象筛选中的应用?类似的机制还有其他应用吗?

第三节 基于行为经济学的税收问题研究

> 拓展资料 11-1
>
> 行为科学涌入政策制定的全球浪潮

从行为经济学视角所进行的税收领域的研究,目前比较突出的方向包括前景理论应用于预缴税款制度、框架效应理论应用于税收宣传和催缴,以及税收显著性的实证检验等方面。

一、前景理论应用于预缴税款制度

Yaniv(1999)研究了预缴税款的高低对纳税人决策的影响,发现纳税人对收益的判断可能受损失依赖参照点的影响,预缴制度的存在会影响到这个参照点。纳税人会把预缴税款之后的收入作为参照点,当预缴税款高于实际应纳税额时,纳税人会把征收方退回的税额看成是一种收益,出于对收益的保护,纳税人愿意依法纳税,避免偷逃税被发现而损失这部分收益。

Per Engström 等(2005)对瑞典的一个研究①也发现,相比处于初始盈余(实际纳税义务<预扣款)的纳税人,处于初始赤字(实际纳税义务>预扣款)的纳税人更可能去申报"其他赚取工资收入的开支"扣除,并且申报扣除的平均金额更高,证明损失规避心理是影响纳税申报行为的重要原因。

因此,在税制设计时,可以增加预提额,尽量使纳税人纳税申报时处于可获退税的"收

---

① Per Engström, Katarina Nordblom, Henry Ohlsson and Annika Persson, 2005. Tax Compliance and Loss Aversion[J]. American Economic Journal: Economic Policy, 7(4): 132-164.

益"状态,从而减少甚至消除税收不遵从的动机。

二、框架效应理论应用于税收宣传和催缴

框架效应又称文字表述效应,即对于同一事物,不同的表述会使个人做出不同的选择。在税收领域也是如此,宣传策略在很大程度上影响纳税人对税收的定位。

信息框架会影响纳税人的缴税行为,采用将道德成本纳入纳税人沟通是有价值的。提供与社会规范(包括描述性和禁令性)、公共服务和道德责任相关的信息,道德成本可能会增加。例如,Hallsworth 等(2014)对英国的实验研究发现,如下三种表述,对少数群体规范依次增加:

(1)"英国十分之九的人按时缴税";
(2)"十分之九的人同意英国每个人都应该按时缴税";
(3)"英国十分之九的人按时缴税,你目前属于那些尚未支付给我们的少数人"。

因而对提高人们对遵守规范益处的感知(羊群效应)也依次增加,从而促进纳税遵从作为。

三、税收显著性的定量和实证研究

根据 Chetty、Looney 和 Kroft(2009)的定义,信息的凸显性是指信息被个人感知的程度。信息完全凸显,则意味着所有的信息都能完全被行为人感知,而且行为人在做决策时会考虑所有的信息。传统经济学研究认为,信息是完全凸显的,理性的纳税人会根据期望效用最大化做出决策(Allingham and Sandmo, 1972)。然而,在真实经济环境中,信息并非完全凸显的,个人认知的形成取决于他们接收到的信息、信息被表达的方式以及个人的潜在认知(Thaler and Sunstein, 2008;Chetty, Looney and Kroft, 2009)。个人往往根据凸显的税收信息形成认知、进行决策,与税法设计者所预期的行为反应不一致(McCaffery and Baron, 2006)。税收相较于价格或其他更广义对比物,对某种行为的影响程度的不同,就是税收凸显性,或译为税收显著性(Tax Salience)。税收显著性可以反映非理性因素或者其他因素对行为的扭曲。不完全理性的个人是不能够正确地察觉到税收的真实情况的。

克拉克奖(俗称"小诺贝尔经济学奖")得主 Chetty 基于心理学和行为经济学,分析了个人对税收信息和外部环境存在内在认知偏差的原因,形成了税收显著性理论。

首先,他提出了税收显著性的定量测定方法。他将税收显著性描述对某种行为的影响,税收相较于价格或更广义的其他对比物的显著性,即税收相对于价格的可见(凸显)程度。通过这种相对变化反映非理性因素或者其他因素对行为的扭曲。

定义:与价格变动对某种行为决策的影响相比,税收变动对该行为决策影响的相对显著程度。

$$\omega = (\partial x/\partial t)/(\partial x/\partial p)$$

其中,ω 表示税收显著性,x、t 和 p 分别表示需求量、税额和价格。

这一概念与税收变动对某一行为的影响的区别在于,税收显著性可以通过这种相对变化反映非理性因素或者其他因素对行为的扭曲,即高估或低估。

税收显著性理论认为,由于个人的认知能力有限,纳税人往往根据能够直接被感知的信

息形成认识,忽略或者未充分处理在逻辑上相关但不能被直接感知的信息。正因为纳税人在信息收集和处理过程中的不完全,导致了内在认知偏差的广泛存在(McCaffery and Baron,2006)。

改变税收信息的凸显性,能够显著影响纳税人的决策行为(Chetty, Looney and Kroft, 2009)。虽然税收显著性理论和前景理论都认为纳税人是有限理性的,但二者的研究内容并不相同。前景理论认为,在不确定性情形下,有限理性行为人的决策会受到认知偏差和外部环境的双重影响(Alm,2012)。但前景理论并没有解释产生该现象的具体原因。与之相比,税收显著性理论认为,由于信息的不完全凸显和纳税人认知能力有限,纳税人并不能完全地收集和处理信息,从而造成税收认知偏差的广泛存在,对前景理论进行了很好的补充。

基于税收显著性理论,有国外研究认为,直接税存在税收显著性效应,相比税收信息凸显程度低的情景,纳税人在信息高度凸显时的遵从水平更高。例如,Hallsworth 等(2014)对英国的纳税人进行了大规模的实验研究,结果发现,在标准的纳税支付提醒函中添加社会道德和公共产品的提示信息,显著地提高了个人所得税纳税遵从水平。以房产税为研究对象,Castro 和 Scartascini(2015)实验发现,基于税收执法、互惠效应和同伴效应的凸显信息,对提高阿根廷市民的房产税纳税遵从水平具有显著作用。

在国内,随着行为经济学的快速发展,学者们也逐渐开始关注税收显著性的相关问题。在理论分析方面,童锦治和周竺竺(2011)从税收显著性的概念、税收显著性的存在性以及税制改革应用等方面对国外税收显著性研究成果进行了综述性介绍。在实证检验方面,樊勇等(2018)学者对间接税凸显性进行了一定的研究(参见论文概览 11-2)。

论文概览 11-2

企业税负、税收凸显性与企业固定资产投资

樊勇等(2018)尝试用心理账户理论解释税收凸显性的内在机制,并使用 2011—2015 年的微观企业数据首次考察了企业固定资产投资行为中所存在的税收凸显性。不同于以往研究结论认为直接税税收凸显性较高的观点,该研究发现,对企业固定资产投资行为而言,企业增值税税负的凸显性显著高于企业所得税税负的税收凸显性,同时我国企业间存在税收凸显性两极分化现象。

资料来源:樊勇等.企业税负、税收凸显性与企业固定资产投资[J].财贸经济,2018(12).

虽然行为经济学尚未明确说明税收政策应该如何在最大限度上反映个人不完全理性的事实,但它显然提出了一些相关和重要的问题。来自经济学和心理学的现有证据既引发了对税收政策中一些标准结论的怀疑,也为一些初步的新结论指明了方向。但是,全面地重新考虑这些结果的过程以及它最终需要的理论和实证研究,现在才刚刚开始。

课程思政

人们不是对设定的税制起反应,而是对他们所理解的税制起反应。通过本章学习,引导学生在政策制定和设计的思考中同时要关注人的多方面需求,除了经济需求,也要关注道德和伦理及对公平、信任、尊重等的感知和需求,这样才能提高税制实施的效率和效果。

本章小结

行为经济学认为,个人行为偏离传统经济学的假设表现为三种类型:有限理性、有限意志力、非标准偏好。

行为经济学通过心理学和经济科学的结合,修正了传统经济学关于"理性经济人"等基本假设的不足,对期望效用理论模型进行了重新解读,也对最优税收理论有新的理解。

从行为经济学视角所进行的税收领域的研究,目前比较突出的研究方向包括前景理论应用于预缴税款制度、框架效应理论应用于税收宣传和催缴,以及税收显著性的实证检验等方面。

复习思考题

1. 行为经济学与传统经济学的假设有何不同?
2. 人的行为偏离有哪几种原因?
3. 行为偏离负面有哪几种主要理论?其观点分别是什么?
4. 什么是前景理论?有哪几个基本观点?
5. 什么是框架效应和心理账户?
6. 曼昆交棒意味着什么?
7. 从行为经济学视角如何重新理解税制的简单和复杂?复杂有什么好处?
8. 从行为经济学视角,税收政策的制定和实施要有些什么考虑?
9. 目前从行为经济学视角对税收的研究主要是哪几个方向?
10. 什么是税收显著性?定量测量方法是什么?

"论文概览"中的文献目录

Congdon, W. J., K. R. Jeffrey and S. Mullainathan, 2009. Behavioral Economics and Tax Policy[J]. National Tax Journal (Nber Working Papers), 62(15328): 375-396.

Feldstein, M. 2008. Effects of Taxes on Economic Behavior[J]. National Tax Journal, 61(1): 131-139.

Keen, M., A. Klemm and V. Perry, 2010. Tax and the Crisis[J]. Fiscal Studies, 31(1): 43-79.

Slemrod, J., 2009. Lessons for Tax Policy in the Great Recession[J]. National Tax Journal, 62(3): 387-397.

邓力平,詹凌蔚. 税制优化中的不确定性[J]. 税务研究,1999(10).

樊勇等. 企业税负、税收凸显性与企业固定资产投资[J]. 财贸经济,2018(12).

樊勇,李昊楠,蒋玉杰. 企业税负、税收凸显性与企业固定资产投资[J]. 财贸经济,2018(12).

范子英,田彬彬. 税收竞争、税收执法与企业避税[J]. 经济研究,2013(9).

高培勇. 我国宏观税负水平的理论分析——基于"政府履职必要成本"[J]. 税务研究,2023(2).

高松,刘宏,孟祥轶. 烟草需求、烟草税及其在中国的影响[J]. 世界经济,2010(10).

胡洪曙,武锶芪. 企业所得税税负粘性的成因及其对地方产业结构升级的影响[J]. 财政研究,2020(7).

黄健,刘蓉,祖进元. 供给学派减税理论与政策评析[J]. 经济学动态,2018(1).

蒋震等. 数字经济转型与税制结构变动[J]. 经济学动态,2021(5).

蒋震,苏京春,杨金亮. 数字经济转型与税制结构变动[J]. 经济学动态,2021(5).

刘金东,王生发. 新房产税的累进性与充分性测试——基于家户调查数据的微观模拟[J]. 财经论丛,2015(12).

刘啟仁,赵灿. 税收政策激励与企业人力资本升级[J]. 经济研究,2020(4).

刘行,陈澈. 中国研发加计扣除政策的评估——基于微观企业研发加计扣除数据的视角[J]. 管理世界,2023(6).

倪娟,彭凯,苏磊. 增值税非税收中性?——基于可抵扣范围与税负转嫁能力的分析框架[J]. 会计研究,2019(10).

滕淑娜,杨帅. "量入为出"与"量出制入":中英税制原则比较及异向发展[J]. 经济社会史评论,2022(1).

田彬彬,范子英. 征纳合谋、寻租与企业逃税[J]. 经济研究,2018(5).

田彬彬,陶东杰,李文健. 税收任务、策略性征管与企业实际税负[J]. 经济研究,2020(8).

王凤平,张文铖. 周期性下滑还是结构性拐点?经济新常态下我国税收增速下降的考察[J]. 经济问题探索,2019(6).

王军. 论税收效率问题[J]. 税务研究,2015(12).

席鹏辉. 中国非税收入的顺周期研究——以国企分红为例[J]. 财政研究,2020(6).

许玮仪,莫松奇,马金华. 中国税制改革的十年(2012—2022):回顾与前瞻[J]. 财政监督,2023(6).

杨斌. 宏观税负与微观税负差异的原因分析[J]. 经济研究参考,1993(Z1).

张海峰,林细细,梁若冰. 遵循普遍合意法则的有限理性消费行为选择——税负感知度与"替代转移效应"视角[J]. 管理世界,2021(2).

参考文献

Alesina, A., F. Campante and G. Tabellini, 2008. Why is Fiscal Policy Often Procyclical[J]. Journal of the European Economic Association, 6: 1006–1036.

Allingham, M. G. and A. Sandmo, 1972. Income Tax Evasion: A Theoretical Analysis[J]. Journal of Public Economics, 1(3–4): 323–338.

Alm, J., 1996. What is an "Optimal" Tax System[J]. National Tax Journal, 49(1): 117–133.

Alm, J., 2012. Measuring, Explaining, and Controlling Tax Evasion: Lessons from Theory, Experiments, and Field Studies[J]. International Tax and Public Finance, 19(1).

Alm, J., 2019. What Motivates Tax Compliance? [J]. Journal of Economic Surveys, 33(2): 353–388.

Alt, J., I. Preston and L. Sibieta, 2008. The Political Economy of Tax Policy[J]. Ecumenical Review, 53(4): 501–508.

Anderson, S. P., A. De Palma and B. Kreider, 2001. The Efficiency of Indirect Taxes Under Imperfect Competition[J]. Journal of Public Economics, 81 (3): 231–251.

Andreoni, J. and J. H. Miller, 2002. Giving According to GARP: An Experimental Test of the Consistency of Preferences for Altruism[J]. Econometrica, 70(2): 737–753.

Andreoni, J., B. Erard and J. S. Feinstein, 1998. Tax Compliance[J]. Journal of Economic Literature, 36: 818–60.

Ardalan, A. and S. G. Kessing, 2019. Tax Pass-through in the European Beer Market[J]. Empirical Economics, 60: 919–940.

Atkinson, A.B. and J.E. Stiglitz, 1976. The Design of Tax Structure: Direct Versus Indirect Taxation[J]. Journal of Public Economics, 6(1–2): 55–75.

Auerbach, A.J. and M. Feldstein, 2002. Handbook of Public Economics, Vol.4, Amsterdam, London: North Holland.

Bacchetta, P. and M. P. Espinosa, 1995. Information Sharing and Tax Competition among Governments[J]. Journal of International Economics, 39 (1–2): 103–121.

Bacchetta, P. and M. P. Espinosa, 2000. Exchange-of-Information Clauses in International Tax Treaties[J]. International Tax and Public Finance, 7 (3): 275–293.

Bankman, J., 2008. Using Technology to Simplify Individual Tax Filing[J]. National Tax Journal, 61(4, Part 2): 773–789.

Barlow, M., et al., 1966. The Effects of Income Taxation on the Supply of Labor[J]. The Economic Journal, 76(303): 255–269.

Barro, R., 1979. On the Determination of the Public Debt [J]. Journal of Political Economy, 87: 940–971.

Becker, G., 1983. A Theory of Competition among Pressure Groups for Political Influence[J]. Quarterly Journal of Economics, 98 (3): 371–400.

Becker, G.S., 1968. Crime and Punishment: An Economic Approach[J]. Journal of Political Economy, 76: 169–217.

Becker, J. and C. Fuest, 2010. Internationalization and Business Tax Revenue-Evidence from Germany[J]. International Tax and Public Finance, 17(2): 174-192.

Benedek, D., R. A. Mooij, M. Keen and P. Wingender, 2020. Varieties of VAT Pass Through[J]. International Tax and Public Finance, 27(4): 890-930.

Benzarti, Y. and D. Carloni, 2019. Who Really Benefits from Consumption Tax Cuts? Evidence from a Large Vat Reform in France[J]. American Economic Journal: Economic Policy, 11(1): 38-63.

Bernasconi, M., 1998. Tax Evasion and Order of Risk Aversion[J]. Journal of Public Economics, 67(1): 123-134.

Bewley, T. F., 1981. A Critique of Tiebout's Theory of Local Expenditures[J]. Econometrica, 49: 713-40.

Bird, R.M. and O. Oldman, 1990. Taxation in Developing Countries[M]. 4th ed., Baltimore: Johns Hopkins University Press.

Bjorvatn, K. and G. Schjelderup, 2001. Tax Competition and Public Input[J]. Journal of Public Economics, 79(2): 285-299.

Blankart, C.B., 2002. A Public Choice View of Tax Competition[J]. Public Finance Review, 30(5): 366-376.

Blau, F. D. and L. M. Kahn, 2005. Changes in the Labor Market for Women, 1970-2000. In Handbook of Labor Economics[M]. Elsevier.

Blundell, R. and A. Shephard, 2012. Optimal Income Taxation with Endogenous Education and Borrowing Constraints[J]. The Economic Journal, 122(561): 46-72.

Boskin, M. J., 2005. A Broader Perspective on the Tax Reform Debate[J]. The Economists Voice, 3(1): 1-8.

Brazer, H. and J. Morgan, 1966. The Economic Behavior of the Professional Worker[J]. Journal of Political Economy, 74(5): 485-500.

Break, G., 1957. Taxation and Labor Supply[J]. Journal of Political Economy, 65(3): 265-276.

Break, G., 1974. The Incidence of a Tax on Corporation Profits[J]. The Review of Economics and Statistics, 56(3): 321-327.

Brill, A. and K. Hassett, 2007. Revenue-maximizing Corporate Income Taxes: The Laffer Curve in OECD Countries[J]. American Enterprise Institute Working Paper, 137.

Brown, D. J. and J. Mazur, 2003. Tax Compliance and Tax Evasion. In Encyclopedia of Taxation and Tax Policy[M]. Urban Institute Press.

Browning, E. K., 1978. The Burden of Taxation[J]. Journal of Political Economy, 4: 649-671.

Brown, J. and H. Levin, 1974. The Effect of Income Taxes on Labor Supply: The Case of the United States[J]. The Review of Economics and Statistics, 56(1): 12-20.

Brueckner, J. K. and L. A. Saavedra, 2001. Do Local Governments Engage in Strategic Property-tax Competition?[J]. National Tax Journal, 54: 203-229.

Buchanan, J., 1967. Public Finance in Democratic Process[M]. University of North Carolina Press.

Buchanan, J., 1993. The Limits of Liberty: Between Anarchy and Leviathan[M]. University of Chicago Press.

Buchanan, J. and R. Tollison (eds.), 1972. Theory of Public Choice[M]. University of Michigan Press.

Buchanan, J. M., 1972. Public Choice: A Theory of Collective Decision-Making[M]. University of Michigan Press.

Bucovetsky, S., 1991. Asymmetric Tax Competition[J]. Journal of Urban Economics, 30: 167-181.

Bucovetsky, S. and A. Haufler, 2008. Tax Competition when Firms Choose their Organizational Form:

Should Tax Loopholes for Multinationals Be Closed? [J]. Journal of International Economics, 74 (1): 188-201.

Bucovetsky, S. and J.D. Wilson, 1991. Tax Competition with Two Tax Instruments[J]. Regional Science and Urban Economics, 21: 333-350.

Bull, N., K. A. Hassett and G. E. Metcalf, 1994. Who Pays Broad-based Energy Taxes? Computing Lifetime and Regional Incidence[J]. Energy Journal, 15(3): 145-64.

Caballero, R. and A. Krishnamurthy, 2004. Fiscal Policy and Financial Depth [J]. NBER Working Paper, 10532.

Caffrey, M., S., 2006. Behavioral Public Finance[M]. New York: NewYork Russell Sage Press.

Camerer, C., 2000. Prospect Theory in the Wild: Evidence from the Russian Lottery Market[J]. The American Economic Review, 90(5): 1409-1441.

Castro, R. and C. Scartascini, 2015. Tax Compliance and Social Interactions: Evidence from Property Tax in Argentina[J]. Journal of Public Economics, 128: 1-11.

Charles, B. B., 2002. A Public Choice View of Tax Competition[J]. Public Finance Review, 30(5): 366-376.

Charles, M. T., 1956. A Pure Theory of Local Expenditures[J]. The Journal of Political Economy, 64(5): 416-424.

Chen, K. P. and C.Y. Chu, 2005. Internal Control versus External Manipulation: A Model of Corporate Income Tax Evasion[J]. The RAND Journal of Economics, 36 (1): 151-164.

Chen, Y. and Y. Chu, 2002. Tax Evasion and the Ownership Structure of Firms[J]. Journal of Public Economics, 84(1): 1-24.

Chernick, H. and D. Merriman, 2009. Using Littered Pack Data to Estimate Cigarette Tax Avoidance in NYC[J]. CUNY Working Paper. New York, NY.

Chetty, R., 2009. The Simple Economics of Salience and Taxation[J]. NBER Working Papers, 15246.

Chetty, R., A. Looney and K. Kroft, 2009. Salience and Taxation: Theory and Evidence[J]. Finance and Economics Discussion, 99(4): 1145-1177.

Chirinko, R. S., 2002. Corporate Taxation, Capital Formation, and the Substitution Elasticity between Labor and Capital[J]. National Tax Journal, 55(2): 339-355.

Congdon, W. J., J. R. Kling and S. Mullainathan, 2009. Behavioral Economics and Tax Policy[J]. National Tax Journal (Nber Working Papers), 62(15328): 375-396.

Corneo, G., 2002. The Efficient Side of Progressive Income Tax[J]. European Economics Review, 46(7): 1359-1368.

Cosgel, M.M. and T.J. Miceli, 2009. Tax Collection in History[J]. Public Finance Review, 37 (4): 399-420.

Cowell, F. A., 1992. Tax Evasion and Inequity[J]. Journal of Economic Psychology, 13(4): 521-543.

Crocker, K. J. and J. Slemrod, 2003. Corporate Tax Evasion and Managerial Responsibility[J]. Journal of Public Economics, 87(9): 1853-1869.

Crocker, K. J. and J. Slemrod, 2005. Corporate Tax Evasion with Agency Costs[J]. Journal of Public Economics, 89 (9-10): 1593-1610.

Daniel, B.C. and S. Gao, 2015. Implications of Productive Government Spending for Fiscal Policy[J]. Journal of Economic Dynamics and Control, 55: 148-175.

David, U., 2010. Tax Progressivity, Income Distribution and Non-compliance[J]. European Economy Review, 54: 549-607.

Delipalla, S. and M. Keen, 1992. The Comparison between Ad Valorem and Specific Taxation under Imperfect Competition[J]. Journal of Public Economics, 49(3): 351-367.

DePaula, R. and J. Schneider, 2010. The Informal Sector: An Equilibrium Model and Some Evidence From Brazil[J]. Penn Institute for Economic Research Working Paper, 10-024. Philadelphia, PA.

Desai, M. A., C. F. Foley and R. H. James, 2006a. The Demand for Tax Haven Operations[J]. Journal of Public Economics, 90 (3): 513-531.

Desai, M. A., C. F. Foley and R. H. James, 2006b. Do Tax Havens Divert Economic Activity? [J]. Economic Letters, 90 (2): 219-224.

Domar, E. D. and R. A. Musgrave, 1944. Proportional Income Taxation and Risk-Taking[J]. Quarterly Economics, 58 (3): 388-422.

Dominique, G. and V. P. D. L. Bruno, 2003. The Impact of Public R&D Expenditure on Business R&D[J]. Economics of Innovation and New Technology, 12(3).

Dubin, J. A., et al., 2002. An Empirical Analysis of Income Tax Evasion and Auditing[J]. Journal of Public Economics, 83(1): 1-24.

Dubin, J. A., M. J. Graetz and L. L. Wilde, 1989. The Effects of Tax Law Changes on Compliance Costs and Tax Evasion[J]. National Tax Journal, 42(4): 505-520.

Dubin, J. A., M. J. Graetz and L. L. Wilde, 1990. The Effect of Audit Rates on the Federal Individual Income Tax, 1977-1986[J]. National Tax Journal, 43(4): 395-409.

Dwenger, N., H. Kleven, I. Rasul and J. Rincke, 2016. Extrinsic and Intrinsic Motivations for Tax Compliance: Evidence from a Field Experiment in Germany [J]. American Economic Journal: Economic Policy, ISSN 1945-773.

Edgeworth, F. Y., 1897. The Pure Theory of Taxation. In Classics in the Theory of Public Finance[M]. Edited by R. A. Musgrave and A. T. Peacock, 119-36. Reprint, Houndmills, UK: Macmillan.

Edwin, M., 1986. The R&D Tax Credit and Other Technology Policy Issues [J]. The American Economic Review, 76(2).

Eggert, W. and M. Kolmar, 2002. Residence-Based Capital Taxation in a Small Open Economy: Why Information is Voluntarily Exchanged and Why it is Not[J]. International Tax and Public Finance, 9 (4): 465-482.

Eggert, W. and M. Kolmar, 2004. The Taxation of Financial Capital under Asymmetric Information and the Tax Competition Paradox[J]. Scandinavian Journal of Economics, 106(1): 83-105.

Eissa, N., 2001. Taxation and Labor Supply of Married Women: The Case of Germany[J]. The Review of Economics and Statistics, 83(1): 68-81.

Erin, H., M. Norman and T. Erin, 2016. Increased Tax Disclosures and Corporate Tax Avoidance[J]. NTJ.

Feldman, N. and J. Slemrod, 2007. Estimating Tax Compliance with Evidence from Unaudited Tax Returns [J]. The Economic Journal, 117(518): 327-352.

Feldstein, M., 1995. Behavioral Responses to Tax Rates: Evidence from the Tax Reform Act of 1986[J]. The American Economic Review, 85(2): 170-174.

Feldstein, M., 1999. Tax Avoidance and the Deadweight Loss of the Income Tax[J]. Review of Economics and Statistics, 81(4): 674-680.

Feldstein, M., 2008. Effects of Taxes on Economic Behavior[J]. National Tax Journal, 61(1): 131-139.

Fields, G. and W. Stanbury, 1970. The Incidence of a Tax on Earnings[J]. The Review of Economics and Statistics, 52(1): 1-12.

Fisher, D. G., 1992. Assessing Taxpayer Moral Reasoning: The Development of an Objective Measure[D].

Ph.D. University of Missouri-Columbia.

Friedman, M.(eds.), 1952. The Methodology of Positive Economics. In Essays in Positive Economics[M]. University of Chicago Press.

Fullerton, D. and G. E. Metcalf, 2002. Tax Incidence. In Handbook of Public Economics[M]. A. J. Auerback and M. S. Feldstein eds. Philadelphia: Elsevier.

Fève, P. et al., 2013. The Laffer Curve in An Incomplete-market Economy[J]. Banque de France Working Paper, No.438.

Genschel, P. and P. Schwarz, 2011. Tax Competition: A Literature Review[J]. Socio-Economic Review, 9(2): 339–370.

George, R. C. and S. S. Russell, 2011. Does Fiscal Decentralization Constrain Leviathan? New Evidence from Local Property Tax Competition[J]. Public Choice, 149: 5–30.

Georges, C., 2021. Optimal Income Taxation with Tax Avoidance[J]. Journal of Public Economic Theory, 23(3): 1097–3923.

Godwin, M., 1995. The Compliance Cost of the United Kingdom Tax System [A]. In: Tax Compliance Costs: Measurement and Policy[M]. Cedric Sandford. Bath U. K: Fiscal Publications.

Gravelle, J. G. and K. Smetters, 2001. Who Bears the Burden of the Corporate Tax in the Open Economy [M]. MA: Camhridge, NBER.

Hallsworth, M., et al., 2014. The Behavioralist as Tax Collector: Using Natural Field Experiments to Enhance Tax Compliance[R]. Cambridge: The National Bureau of Economic Research.

Hallsworth, M., et al., 2017. Using Social Norms to Increase Tax Compliance[J]. Behavioural Public Policy, 1(1): 44–72.

Harberger, A. C., 1962. The Incidence of the Corporation Income Tax[J]. Journal of Political Economy, 70(3): 215–240.

Harju, J., T. Kosonen and O. Nordstrom, 2018. Firm Types, Price-setting Strategies, and Consumption-Tax Incidence[J]. Journal of Public Economics, 165: 48–72.

Hastings, J. and J. Shapiro, 2013. The Incidence of Gasoline Price Changes on the Poor[J]. American Economic Journal: Economic Policy, 5(4): 179–208.

Haufler, A. and I. Wooton, 1999. Country Size and Tax Competition for Foreign Direct Investment[J]. Journal of Public Economics, 71: 121–139.

Havek, J., 1960. The Incidence of Taxation[J]. The Swedish Journal of Economics, 62(1): 1–22.

Heathcote, J., 2005. Fiscal Policy with Heterogeneous Agents and Incomplete Markets[J]. Review of Economic Studies, 72(1): 161–188

Heckman, J. J., 1974. Shadow Prices, Market Wages, and Labor Supply[J]. Econometrica, 42(4): 679–694.

Henderson, J. V., A. Storeygard and D. N. Weil, 2009. Measuring Economic Growth from Outer Space[J]. NBER Working Paper, 15199. Cambridge, MA.

Hettich, W. and S. L. Winer, 1988. Economic and Political Foundations of Tax Structure[J]. American Economic Review, 78(4): 701–12.

Hicks, J. R. and E. Joseph, 1939. The Measurement of the Elasticities of Demand[J]. The Review of Economic Studies, 7(2): 88–100.

Holcombe, R. G., 1985. Public Finance and the Political Process[M]. Carbondale: Southern Illinois University Press.

Holcombe, R. G., 1997. Selective Excise Taxes from an Interest-group Perspective. In Taxing Choice: The

Predatory Politics of Fiscal Discrimination[M]. edited by William F. Shughart II, 81 - 103. New Brunswick, NJ: Transaction Books.

Holcombe, R.G., 2002. The Ramsey Rule Reconsidered[J]. Public Finance Review, 30(6): 562 - 578.

Holland, D., 1977. Managerial Attitudes to Taxation[J]. National Tax Journal, 30(4): 513 - 524.

Hong, Q. and M. Smart, 2007. In Praise of Tax Havens: International Tax Planning and Foreign Direct Investment[J]. CESifo Working Paper, No. 1942. Center for Economic Studies, Institute for Economic Research, Munich.

Hotelling, H., 1932. Edgeworth's Taxation Paradox and the Nature of Demand and Supply Functions[J]. Journal of Political Economy, 40(5): 577 - 616.

Hoyt, W.H. and R.A. Jensen, 1996. Precommitment in System of Hierarchical Governments[J]. Regional Science and Urban Economics, 26: 481 - 504.

Huizinga, H. and G. Nicodème, 2004. Are International Deposits Tax-Driven? [J]. Journal of Public Economics, 88(6): 1093 - 1118.

Huizinga, H. and S. B. Nielsen, 2003. Withholding Taxes or Information Exchange: The Taxation of International Interest Flows[J]. Journal of Public Economics, 87(1): 39 - 72.

IFS, CPB, CAPP, CASE, CEPII, ETLA, IFO and HIS, 2011. A Retrospective Evaluation of Elements of the EU VAT System[R]. Technical Report, TAXUD, European Commission.

James, A., 2012. Measuring, Explaining, and Controlling Tax Evasion: Lessons from Theory, Experiments, and Field Studies[J]. International Tax and Public Finance, 19: 54 - 77.

James, A. and C. Todd, 2010. Taxpayer Information Assistance Services and Tax Compliance Behavior[J]. Journal of Economic Phycology, 31: 577 - 586.

James, A. and W. Beck, 1993. Tax Amnesties and Compliance in the Long Run: A Time Series Analysis [J]. National Tax Journal, 46: 53 - 60.

James, A., M. McKee and W. Beck, 1990. Amazing Grace: Tax Amnesties and Compliance[J]. National Tax Journal, 43: 23 - 37.

James, S. and A. Edwards, 2007. A Strategic Approach to Personal Tax Reform[J]. Australian Tax Forum, 22: 105 - 126.

James, S. and A. Edwards, 2008. Developing Tax Policy in a Complex and Changing World[J]. Economic Analysis and Policy, 38(1): 35 - 53.

James, S. and C. Alley, 2008. Successful Tax Reform: The Experience of Value Added Tax in the United Kingdom and Goods and Services Tax in New Zealand[J]. Journal of Finance and Management in Public Services, 8(1): 35 - 47.

Janeba, E. and J. A. Wilson, 1999. Taxation and Capital Mobility in the World Economy[J]. Journal of Public Economics, 71(1): 1 - 32.

Janeba, E. and W. Peters, 1999. Tax Evasion, Tax Competition and the Gains from Nondiscrimination: The Case of Interest Taxation in Europe[J]. Economic Journal, 109: 93 - 101.

Jha, R. 1998. Tax Reform in Developing Countries: The Case of India. In Tax Policy in Emerging Markets [M]. MIT Press.

Joachim, E., 2022. Non-harmonized Implementation of a GloBE Minimum Tax: How EU Member States Could Proceed[J]. EC Tax Review, 30(5/6): 207 - 219.

John, D. W. and D. E. Wildasin, 2004. Capital Tax Competition: Bane or Boon[J]. Journal of Public Economics, 88(6): 1065 - 1091.

Kahneman, D. and A. Tversky, 1979. Prospect Theory: An Analysis of Decision-making Under Risk[J].

Econometrica, 47: 263-291.

Kahneman, D. and A. Tversky, 1983. Choices, Values and Frames[J]. American Psychologist, 39: 341-350.

Kahnemen, D., J. L. Knetsch and R. Thaler, 1986. Fairness as a Constraint on Profit Seeking: Entitlements in the Market[J]. American Economic Review, 76(4): 728-41.

Keen, M., 2001. Preferential Regimes Can Make Tax Competition Less Harmful[J]. National Tax Journal, 54: 757-762.

Keen, M. J. and J. E. Ligthart, 2006a. Information Sharing and International Taxation: A Primer[J]. International Tax and Public Finance, 13 (1): 81-110.

Keen, M. J. and J. E.Ligthart, 2006b. Incentives and Information Exchange in International Taxation[J]. International Tax and Public Finance, 13 (2): 163-180.

Kirchler, E., 2007. The Economic Psychology of Tax Behaviour[M]. Cambridge: Cambridge University Press.

Kolm, S. C. and B. Larsen, 2004. The Informal Labour Market and the Black Economy: A Theoretical and Empirical Analysis[J]. Journal of Public Economics, 88(1-2): 35-58.

Kosonen, T., 2015. More and Cheaper Haircuts after Vat Cut? On the Efficiency and Incidence of Service Sector Consumption Taxes[J]. Journal of Public Economics, 131: 87-100.

Kosters, M., 1969. The Supply of Labour and the Incidence of Taxation[J]. Economica, 36(143): 345-353.

Krueger, A. O., 1974. The Political Economy of the Rent-seeking Society[J]. American Economic Review, 64 (3): 291-303.

LeMieux, T., B. Fortin and P. Frechette, 1994. The Effect of Taxes on Labor Supply in the Underground Economy[J]. The American Economic Review, 84(1): 231-254.

Ligthart, J. E. and J. Voget, 2009. The Determinants of Cross-Border Information Sharing[M]. Tilburg University, Tilburg.

List, J. A., 2004. Neoclassical Theory and Behavioral Economics: The Case of Auctions. In Advances in Behavioral Economics[M]. Princeton University Press.

Little, I. M. D., 1951. The Economics of Advertising[J]. The Review of Economic Studies, 18(3): 141-153.

Lohmann, S. and D.M. Weiss, 2002. Hidden Tax and Representative Government: The Political Economy of the Ramsey Rule[J]. Public Finance Review, 30 (6): 579-611.

Mankiw, N. G., W. Matthew and Y. Danny, 2009. Optimal Taxation in Theory and Practice[J]. Journal of Economic Perspectives, 23(4): 147-174.

Marrelli, M., 1984. The Economics of Tax Evasion: A Literature Review[J]. Journal of Public Economics, 25(1): 1-33.

Marrelli, M. and R. Martina, 1988. Tax Evasion and Strategic Behavior of the Firms[J]. Journal of Public Economics, 37 (1): 55-69.

Masson, P., R. P. B.Jayanthi and R.S. Kumar, 1998. Seigniorage in a Growing Economy[J]. IMF Working Paper, WP/98/25.

McCaffery, E. J. and J. Baron, 2006. Behavioral Economics and Tax Policy. In Heuristics and Biases: The Psychology of Intuitive Judgment[M]. J. S. Baron and J. J. Gigerenzer (Eds.), Cambridge University Press.

McCaffery E. J. and J. Slemrod (Editors), 2006. Behavioral Public Finance [M]. New York Russell Sage

Press.

McClure, C. E., 1974. The Incidence of a Tax on Corporation Profits: A Comment[J]. The Review of Economics and Statistics, 56(3): 328–330.

McClure, C. E., 1975. General Equilibrium Incidence Analysis: The Harberger Model After Ten Years[J]. Journal of Public Economics, 4(2): 125–161.

Metcalf, G. E. and D. Fullerton, 2002. The Distribution of Tax Burdens: An Introduction[J]. NBER Working Paper, 8978.

Michael, J. B., 2005. A Broader Perspective on the Tax Reform Debate[EB/OL]. Economists' Voice, www.bepress.com/ev December.

Michael, K., K. Alexander and P. Victoria, 2010. Tax and the Crisis[J]. Fiscal Studies, 31(1): 43–79.

Mieszkowski, P. M., 1967. On the Theory of Tax Incidence[J]. The Journal of Political Economy, 3: 250–263.

Mieszkowski, P. M., 1969. The Incidence of a General Sales Tax[J]. Journal of Political Economy, 77(3): 341–355.

Ming-Chin, C. and G. Sanjay, 2017. The Incentive Effects of R&D Tax Credits: An Empirical Examination in an Emerging Economy[J]. Journal of Contemporary Accounting & Economics, 13(1).

Miravete, E.J.et al., 2017. Market Power and the Laffer Curve[J]. CEPR Discussion Paper, No. DP12502.

Mirrlees, J.A., 1971. An Exploration in the Theory of the Optimal Income Tax[J]. Review of Economics Studies, 38: 175–208.

Mirrlees, J. A., 1976. Optimal Tax Theory: A Synthesis[J]. Journal of Public Economics, 6 (4): 327–58.

Monika, C., F. Murray, 2009. Business Culture and Tax Evasion: Why Corruption and the Unofficial Economy Can Persist[J]. Journal of Economy Behavior and Organization, 72: 811–822.

Morag, J., 1959. The Incidence of Taxation: A Dynamic Approach[J]. The Economic Journal, 69(275): 636–653.

Neumann, K., 1992. Seigniorage Theory and Tax Revenue in the United States[J]. Journal of Public Economics, 48(1): 35–61.

Nick, B., G. Rachel and V. R. John, 2002. Do R&D Tax Credits Work? Evidence from a Panel of Countries 1979–1997[J]. Journal of Public Economics, 85(1).

Nicodeme, G., 2009. On Recent Developments in Fighting Harmful Tax Practices[J]. National Tax Journal, 62(4): 755–771.

Oates, W.E., 1999. An Essay on Fiscal Federalism[J]. Journal of Economic Literature, 37: 1120–1149.

Oates, W. E., 2005. Toward A Second-Generation Theory of Fiscal Federalism[J]. International Tax and Public Finance, 12: 349–373.

OECD, 2004. Compliance Risk Management: Managing and Improving Tax Compliance[R]. Guidance Note.

Oliveira, F. and L. Costa, 2015. The VAT Laffer Curve and the Business Cycle in the EU27: An Empirical Approach[J]. Economic Issues, 20(2): 29–44.

Olson, M., Jr., 1965. The Logic of Collective Action[M]. Cambridge, MA: Harvard University Press.

Owens, E., 1971. The Supply of Labour and the Rate of Income Tax[J]. The Manchester School of Economic Studies, 39(1): 1–19.

Owens, J., 2006. Fundamental Tax Reform: An International Perspective[J]. National Tax Journal, 59(1): 131–164.

Parle, W. M. and M. W. Hirlinger, 1986. An Analysis of Tax Amnesty Programs in the United States[J]. National Tax Journal, 39(4): 473–485.

Paul, A. S., 1954. The Pure Theory of Public Expenditures[J]. Review of Economics and Statistics, XXXVI, No. 4, 387–389.

Pechman, J. A., 1987. Tax Reform: Theory and Practice[J]. Journal of Economic Perspectives, 1(1): 11–28.

Pencavel, J. and M. R. Killingsworth, 1986. The Distribution of Work Effort and the Division of Labor in a Factory[J]. The Quarterly Journal of Economics, 101(2): 327–341.

Per, E. and K. Nordblom, 2005. Henry Ohlsson and Annika Persson, Tax Compliance and Loss Aversion[J]. American Economic Journal: Economic Policy, 7(4): 132–164.

Per, E., N. Katarina, O. Henry and P. Annika, 2005. Tax Compliance and Loss Aversion[J]. American Economic Journal: Economic Policy, 7(4): 132–164.

Pestieau, P. and U. M. Possen, 1991. Tax Evasion and Occupational Choice[J]. Journal of Public Economics, 45(1): 107–125.

Pissarides, C. A. and G. Weber, 1989. An Expenditure-based Estimate of Britain's Black Economy[J]. Journal of Public Economics, 39(1): 17–32.

Pyle, D. J., 1991. The Economics of Taxpayer Compliance[J]. Journal of Economic Surveys, 5(2): 163–198.

Ramsey, F. P., 1927. A Contribution to the Theory of Taxation[J]. The Economics Journal, 37(145): 47–61.

Randall, G. H., 2002. The Ramsey Rule Reconsidered[J]. Public Finance Review.

Riascos, A. and C. Vegh, 2003. Procyclical Government Spending in Developing Countries: The Role of Capital Market Imperfections[R]. Manuscript, UCLA.

Richard, A. M., 1939. The Voluntary Exchange Theory of Public Economy[J]. Quarterly Journal of Economics, LII, 213–217.

Rosen, S., 1980. Taxes and the Distribution of Education: The Case of the United States[J]. The Journal of Political Economy, 88(5): 833–860.

Saez, E., 2010. Do Taxpayers Bunch at Kink Points? [J]. American Economic Journal: Economic Policy, 2(3): 180–212.

Sandford, C., M. Godwin and P. Hardwick, 1989. Administrative and Compliance Costs of Taxation[M]. Fiscal Publications, Bath.

Sanyal, A. et al., 2000. Corruption, Tax Evasion and the Laffer Curve[J]. Public Choice, 105(1): 61–78.

Saul, L., 2002. Do R&D Subsidies Stimulate or Displace Private R&D? Evidence from Israel[J]. The Journal of Industrial Economics, 50(4).

Savage, L. J., 1954. The Theory of Statistical Decision[J]. Journal of the American Statistical Association, 49(268): 55–67.

Scott, J. W., 2000. The Effects of Government-Industry R&D Programs on Private R&D: The Case of the Small Business Innovation Research Program[J]. The RAND Journal of Economics, 31(1).

Simon, J. and A. Clinton, 2008. Successful Tax Reform: The Experience of Value Added Tax in the United Kingdom and Goods and Services Tax in New Zealand[J]. Journal of Finance and Management in Public Services, 8(1).

Simon, J. and A. Edwards, 2008. Developing Tax Policy in a Complex and Changing World[J]. Economic Analysis and Policy, 38(1): 35–53.

Slemrod, J., 1990. Optimal Taxation and Optimal Tax Systems[J]. Journal of Economic Perspectives, 4(1): 157–178.

Slemrod, J., 2004. The Economics of Corporate Tax Selfishness[J]. National Tax Journal, 57(4): 877-899.

Slemrod, J., 2009. Lessons for Tax Policy in the Great Recession[J]. National Tax Journal, 62(3): 387-397.

Slemrod, J. and J. D. Wilson, 2006. Tax Competition with Parasitic Tax Havens[J]. NBER Working Paper, No. 12225. National Bureau of Economic Research, Cambridge, MA.

Slemrod, J. and N. Sorum, 1984. The Compliance Cost of the U.S. Individual Income Tax System[J]. National Tax Journal, 37(4): 461-74.

Slemrod, J. and N. Sorum, 1984. The Compliance Cost of the U.S. Individual Income Tax System[J]. National Tax Journal, 37: 461-74.

Slemrod, J. and S. Yitzhaki, 2002. Tax Avoidance, Evasion, and Administration. In Handbook of Public Economics[M]. A. J. Auerbach and M. Feldstein (Eds.), Amsterdam: Elsevier.

Srinivasan, T. N., 1973. Tax Evasion: A Model[J]. Journal of Public Economics, 2(4): 339-346.

Stiglitz, J. E., 2000. Economics of the Public Sector[M]. New York: Norton and Company.

Talvi, E. and C. Vegh, 2005. Tax Base Variability and Procyclicality of Fiscal Policy[J]. Journal of Development Economics, 78: 156-190.

Thaler, R. H., 1980. Toward a Positive Theory of Consumer Choice[J]. Journal of Economic Behavior and Organization, 1(1): 39-60.

Tiebout, C. M., 1956. A Pure Theory of Local Expenditures[J]. Journal of Political Economy, 64: 416-424.

Trabandt, M. and H. Uhlig, 2012. How do Laffer Curves Differ Across Countries?[J]. NBER Working Paper, No. w17862.

Tullock, G., 1967. The Welfare Cost of Tariffs, Monopolies, and Theft[J]. Western Economic Journal, 5(3): 224-32.

Tversky, A. and D. Kahneman, 1974. Judgment under Uncertainty: Heuristics and Biases[J]. Science, 185.

Vaillancourt, F., 1989. The Compliance Costs of Taxation in Canada[J]. Canadian Tax Journal, 37(4): 646-666.

Vasin, A. A. and K. Navidi, 2003. Optimal Tax Inspection Strategy[J]. Computational Mathematics and Modeling, 2003, 14(2): 160-171.

Voget, J., 2008. Headquarter Relocations and International Taxation[M]. Centre for Business Taxation, Oxford University, Oxford.

von Neumann, J. and O. Morgenstern, 1944. Theory of Games and Economic Behavior[M]. Princeton, NJ: Princeton University Press.

Wallace, E. O., 1999. An Essay on Fiscal Federalism[J]. The Journal of Economic Literature, XXXVII, 1120-1149.

Watanabe, S., 1995. Underground Economy and General Laffer Curve. Bulletin of University of Osaka Prefecture. Series D, Economics, Business Administration and Law[M]. 39: 11-21.

Weiner, J. M. and J. A. Hugh, 1998. The OECD's Report on Harmful Tax Competition[J]. National Tax Journal, 51(3): 601-608.

Weingast, B. R., A. S. Kenneth and J. Christopher, 1981. The Political Economy of Benefits and Costs: A Neoclassical Approach to Distributive Politics[J]. Journal of Political Economy, 89(4): 642-64.

Weyl, E. G. and M. Fabinger, 2013. Pass-Through as an Economic Tool: Principles of Incidence under Imperfect Competition[J]. Journal of Political Economy, 121(3): 528-583.

Wicksell, K., 1967. A New Principle of Just Taxation in Classics on the Theory of Public Finance[M]. edited by Richard A. Musgrave and Alan T. Peacock. New York: St. Martin's Press.

Wildasin, D.E., 1989. Interjurisdictional Capital Mobility: Fiscal Externality and a Corrective Subsidy[J]. Journal of Urban Economics, 25: 193-212.

William, C., J. R. Kling and S. Mullainathan, 2009. Behavioral Economics and Tax Policy[J]. National Tax Journal (Nber Working Papers), 62(15328): 375-396.

Wilson, J., 1991. Tax Competition with Interregional Differences in Factor Endowments[J]. Regional Science an Urban Economics, 21: 423-451.

Wilson, J.D., 1999. Theory of Tax Competition[J]. National Tax Journal, 52(2): 269-304.

Wittman, D., 1989. Why Democracies Produce Efficient Results[J]. Journal of Political Economy, 97(6): 1395-1424.

Yaniv, G., 1999. Tax Compliance and Advanced Tax Payments: A Prospect Theory Analysis[J]. National Tax Journal, 52(4): 753-764.

Yitzhaki, S., 1974. A Note on Income Tax Evasion: A Theoretical Analysis[J]. Journal of Public Economics, 3: 201-202.

Zanetti, F., 2012. The Laffer Curve in a Frictional Labor Market[J]. B.E. Journal of Macroeconomics, 12(1): article29.

Zodrow, G. R. and P. Mieszkowski, 1986. Pigou, Tiebout, Property Taxation, and the Underprovision of Local Public Goods[J]. Journal of Urban Economics, 19: 356-370.

鲍灵光. 公共选择理论与税收政策[J]. 涉外税务, 2003(1).

曹润林, 陈海林. 税收负担、税制结构对经济高质量发展的影响[J]. 税务研究, 2021(1).

陈永伟. 曼昆交棒[EB/OL]. 经济观察网(eeo.com.cn), 2019-04-11.

程宏伟, 吴晓娟. 税制结构、股权性质及企业税负粘性[J]. 中南大学学报(社会科学版), 2018(7).

程宏伟, 杨义东. 税负粘性: 一个诠释企业税负痛感的新视角[J]. 商业研究, 2019(1).

储德银等. 税制结构优化与地方政府治理[J]. 税务研究, 2020(11).

丛屹, 周怡君. 当前我国税制的"税负刚性"特征、效应及政策建议——基于2013—2016年制造业上市公司数据的实证分析[J]. 南方经济, 2017(6).

崔耕瑞. 新时代下税制结构安排与经济高质量发展——来自中国分税制改革后的省际证据考察[J]. 经济体制改革, 2021(4).

邓力平, 詹凌蔚. 税制优化中的不确定性[J]. 税务研究, 1999(10).

杜剑等. 企业税负粘性研究: 基于税务机关税收稽查的视角[J]. 贵州财经大学学报, 2020(2).

樊勇等. 企业税负、税收凸显性与企业固定资产投资[J]. 财贸经济, 2018(12).

冯海红, 曲婉, 李铭禄. 税收优惠政策有利于企业加大研发投入吗?[J]. 科学学研究, 2015(5).

高培勇. 我国宏观税负水平的理论分析——基于"政府履职必要成本"[J]. 税务研究, 2023(2).

国华. 促进就业的税收政策研究[J]. 山西财政税务专科学校学报, 2004(1).

国家税务总局关于印发《2002年—2006年中国税收征收管理战略规划纲要》的通知[Z], 2003-03-04.

郝晓薇. 新公共管理运动对瓦格纳定律的冲击[M]. 西南财经大学出版社, 2012.

赫伯特·西蒙. 现代决策理论的基石: 有限理性说[M]. 北京经济学院出版社, 1989.

胡洪曙, 武锶芪. 企业所得税税负粘性的成因及其对地方产业结构升级的影响[J]. 财政研究, 2020(7).

蒋建军, 齐建国. 激励企业R&D支出的税收政策效应研究[J]. 中国软科学, 2007(8).

蒋震等. 数字经济转型与税制结构变动[J]. 经济学动态, 2021(5).

寇恩惠, 刘柏惠, 张醒. 增值税负担机制研究——来自采矿业税率改革的证据[J]. 经济研究, 2021(10).

匡浩宇. 论税收遵从度对我国税收征管工作的启示[J]. 当代经济, 2018(8).

李丽青. 我国现行R&D税收优惠政策的有效性研究[J]. 中国软科学,2007(7).
李文. 我国房地产税收入数量测算及其充当地方税主体税种的可行性分析[J]. 财贸经济,2014(9).
林羿,胡勇. 我的退休方案什么样[N]. 经济观察报,2002-10-14.
林志帆,王茂森. 国地税合并对企业税负粘性的影响研究[J]. 财政研究,2023(1).
刘邦驰,汪叔九. 财政学[M]. 西南财经大学出版社,1995.
刘剑文. 财税法教程[M]. 法律出版社,2002.
刘骏,刘峰. 财政集权、政府控制与企业税负——来自中国的证据[J]. 会计研究,2014(1).
刘啟仁,赵灿. 税收政策激励与企业人力资本升级[J]. 经济研究,2020(4).
刘行. 税率的粘性——来自所得税改革的经验证据[J]. 山西财经大学学报,2012(5).
刘振亚,李伟. 我国税制演变影响因素分析——以税收结构变动为视角[J]. 中国人民大学学报,2016(3).
陆雄文等. 管理学大辞典[M]. 上海辞书出版社,2013.
吕民,常世旺. 税收竞争与协调:综述与启示[J]. 经济研究导刊,2008(6).
罗娅. 关于纳税成本的几点思考[J]. 现代经济信息,2015(11).
罗志恒. 稳定宏观税负势在必行[EB/OL]. 新经济学家,http://baijiahao.baidu.com/s?id-1757355737301764818&wfr=spider&for=pc,2023-02-09.
缪志涛,王艳红. 法制环境下的税收遵从研究[J]. 时代金融,2016(10).
倪娟,彭凯,苏磊. 增值税非税收中性?——基于可抵扣范围与税负转嫁能力的分析框架[J]. 会计研究,2019(10).
潘美丽. 最优铸币税、通货膨胀与财政可持续性研究[J]. 商业研究,2020(7).
秦皓楠,程宏伟,彭茜. 会计—税收差异与企业税负粘性[J]. 商业会计,2018(2).
神野直彦. 财政学——财政现象的实体化分析[M]. 彭曦等译. 南京大学出版社,2012.
司言武,朱伟松,沈玉平. 中国房产税税率设计研究——基于浙江省Y县的实证分析[J]. 财经论丛,2014(4).
苏国灿,童锦治,魏志华,刘诗源. 中国间接税税负归宿的测算:模型与实证[J]. 经济研究,2020,55(11).
唐博,张凌枫. 税收信息化建设对企业纳税遵从度的影响研究[J]. 税务研究,2019(7).
陶东杰,陈政弘. 税收征管数字化升级与企业税负粘性[J]. 财政科学,2023(4).
田彬彬,陶东杰,李文健. 税收任务、策略性征管与企业实际税负[J]. 经济研究,2020,55(8).
田时中,余本洋. 税制结构对技术创新水平的影响效应研究——对直接税和间接税的双重考察[J]. 山东财经大学学报,2021,33(2).
童锦治,苏国灿,魏志华. "营改增"、企业议价能力与企业实际流转税税负——基于中国上市公司的实证研究[J]. 财贸经济,2015(11).
童锦治,周竺竺. 税收显著性的理论研究综述[J]. 税务研究,2011(11).
万莹. 税收经济学[M]. 复旦大学出版社,2016.
汪昊,郭玉清,陆毅. 中国增值税转嫁、归宿及减税效应:一般均衡分析[J]. 经济研究,2022,57(2).
王惠. 论税法与税收、税收制度和税收政策的联系与区别[J]. 浙江省政法管理干部学院学报,2000(4).
王军. 论税收效率问题[J]. 税务研究,2015(12).
王霞等. 税制结构、预算约束与创新发展[J]. 会计之友,2021(15).
魏志华,卢沛. 经济政策不确定性与税负粘性:基于税盾视角的解释[J]. 财贸经济,2022(4).
吴俊培等. 税制结构、参与式治理与国家治理现代化[J]. 税务研究,2021(9).
吴晓娟,程宏伟. 税收治理、税会差异向度与企业税负粘性[J]. 财会月刊,2021(4).
吴易风. 当代西方经济学流派与思潮[M]. 首都经济贸易大学出版社,2005.
武博,严旭,陈晓文. 管理学与经济学的区别和联系[EB/OL]. 百度文库资料.
肖育才. 数字经济时代与工业经济时代税制的比较分析[J]. 税务研究,2022(2).

许文. 税收与就业问题思考[J]. 税务研究,2003(10).
杨斌. 宏观税负与微观税负差异的原因分析[J]. 经济研究参考,1993(Z1).
杨志勇. 税收经济学[M]. 东北财经大学出版社,2011.
詹凌蔚,韩露. 不确定性:税制优化研究必须重视的一个前提[J]. 税务经济,1999(6).
张海峰,林细细,梁若冰. 遵循普遍合意法则的有限理性消费行为选择——税负感知度与"替代转移效应"视角[J]. 管理世界,2021,37(2).
张阳. 税负归宿理论研究进展[J]. 经济学动态,2008(5).
赵周华. 行为经济学述评[J]. 前沿,2004(7).
周叶. 税收遵从度的衡量[J]. 税务研究,2006(6).
朱德米. 行为科学与公共政策:对政策有效性的追求[J]. 中国行政管理,2018(8).
朱富强. 实证经济学中"致命的自负"——实证分析的合理性、可信性及有用性质疑[J]. 社会科学战线,2008(7).
朱力. 机器人税:人工智能和自动化时代的税收挑战[J]. 未来与发展,2022(4).